Haftungsausschluss:
Die Ratschläge im Buch sind sorgfältig erwogen und geprüft. Alle Angaben in diesem Buch erfolgen ohne jegliche Gewährleistung oder Garantie seitens des Autors und des Verlags. Die Umsetzung erfolgt ausdrücklich auf eigenes Risiko. Eine Haftung des Autors bzw. des Verlags und seiner Beauftragten für Personen-, Sach- und Vermögensschäden oder sonstige Schäden, die durch die Nutzung oder Nichtnutzung der Informationen bzw. durch die Nutzung fehlerhafter und/oder unvollständiger Informationen verursacht wurden, ist ausgeschlossen. Verlag und Autor übernehmen keine Haftung für die Aktualität, Richtigkeit und Vollständigkeit der Inhalte und ebenso nicht für Druckfehler. Es kann keine juristische Verantwortung und keine Haftung in irgendeiner Form für fehlerhafte Angaben und daraus entstehende Folgen vom Verlag bzw. Autor übernommen werden.

Sollte diese Publikation Links auf Webseiten Dritter enthalten, so übernehmen wir für deren Inhalte keine Haftung, da wir uns diese nicht zu eigen machen, sondern lediglich auf deren Stand zum Zeitpunkt der Erstveröffentlichung verweisen.

Bibliografische Informationen der Deutschen Nationalbibliothek

Die Deutsche Nationalbibliothek verzeichnet diese Publikation in der Deutschen Nationalbibliografie; detaillierte bibliografische Daten sind im Internet über http://dnb.dnb.de abrufbar.

1. Auflage 2023
© 2023 by Remote Verlag, ein Imprint der Remote Life LLC, Oakland Park, US
Alle Rechte vorbehalten. Vervielfältigung, auch auszugsweise, nur mit schriftlicher Genehmigung des Verlages.

Redaktion: Melanie Krauß
Lektorat und Korrektorat: Lena Bauer, Markus Czeslik, Fabian Galla
Umschlaggestaltung: Zarka Bandeira
Satz und Layout: Zarka Bandeira
Illustrationen und Grafiken: Zarka Bandeira
Abbildungen im Innenteil: © Nicole Schaser – mit Ausnahme von Seite 323 (Porsche AG), Seite 334 (Continental AG), Seite 345 (Dr. Sidonie Golombowski-Daffner), Seite 357 (Andreas Rapp) sowie Seite 368 (Matthias Pohl).

ISBN Print: 978-1-955655-85-9
ISBN E-Book: 978-1-955655-86-6
www.remote-verlag.de

NICOLE SCHASER

DIE ERFOLGSFORMEL STARKER FÜHRUNGSKRÄFTE

Wie du Mitarbeiter motivierst und damit das Unternehmen zum Erfolg führst

SICHERE DIR DEIN BONUSMATERIAL!

Zusätzlich zu diesem Buch gibt es kostenloses Bonusmaterial zum Download für dich. Du erhältst ergänzende mentale Übungen, Tools, Videos und Erläuterungen zu diesem Buch. Außerdem findest du dort auch ein ergänzendes Workbook, mit dem du Übungen zu den einzelnen Kapiteln der Erfolgsformel machen kannst.

Scanne dir dazu jetzt den QR-Code:

INHALTSVERZEICHNIS

1. EINLEITUNG — 13
Meine Geschichte — 14
Entscheidung: Selbstverantwortung — 16
Die Erfolgsformel — 17
Warum ich dieses Buch geschrieben habe — 18
Nutze dieses Buch für dich — 19

2. WARUM GERADE JETZT VERÄNDERUNG SO WICHTIG IST — 22
Studien: Herausforderungen steigen weiter — 23

3. ERFOLGSBREMSEN: TYPISCHE DENK- UND VERHALTENSWEISEN, DIE DICH UND DEIN TEAM BLOCKIEREN — 28

DIE 13 ERFOLGSBREMSEN, DIE STARKE FÜHRUNG VERHINDERN — 29
Dauerstress und Spitzenleistungen — 30
Stress und die äußeren Umstände — 32
Arbeit als Kampf — 33
Dienst nach Vorschrift — 34
Wutausbrüche sind normal — 35
Den Körper ausbeuten und ignorieren — 37

# Wenn ich es nicht selbst mache, macht es niemand	38
# Unmotivierte, faule und unfähige Mitarbeiter	39
# Aufstiegsangst und Verantwortung	41
# Zeitmangel	42
# Führung ist ein Selbstläufer	43
# Ich löse meine Probleme allein	43
# Stress-Profilierung	44

4. DIE ERFOLGSFORMEL STARKER FÜHRUNGSKRÄFTE — 47

DIE ZEHN PRINZIPIEN DER ERFOLGSFORMEL STARKER FÜHRUNGSKRÄFTE — 48

1. DU HAST DIE MACHT, DEINE WELT ZU VERÄNDERN — 49

# Deine Welt ist real – und doch selbst erzeugt	52
# Die Begegnungen in deinem Leben sind real – aber selbst erzeugt	53
# Wie du deine Realität erzeugst	56
# Deine Realität steuert dein Verhalten	63
# Realität und dein Selbstwertgefühl	67
# Möglich oder nicht? – Deine Gedanken bestimmen deinen Erfolg	69
# Negative Gedanken loswerden	72
# Die kleinen Wutausbrüche im Alltag	73
# Kapitelzusammenfassung	74
# Was bedeutet das für dich als Führungskraft?	76

2. DU BIST, WAS DU TUST UND WIE DU DICH FÜHLST — 77
\# Bist das du oder kann das weg? — 81
\# Übernommene Werte — 83
\# Lebst du das, was dir wichtig ist? — 86
\# Deine Stimmung, deine Gefühle, dein Leben — 88
\# Dein emotionales Zuhause — 92
\# Spiegelneuronen: Dein Gefühlszustand überträgt sich auf deine Mitarbeiter — 95
\# Deine Lebenslinie und die Ebenen deiner Identität — 98
\# Kapitelzusammenfassung — 103
\# Was bedeutet das für dich als Führungskraft? — 104

3. SEI EIN VORBILD UND HOL DAS BESTE AUS MENSCHEN HERAUS — 106
\# Vorbild sein — 112
\# Growth Mindset oder Fixed Mindset — 116
\# Selbstwert und Selbstvertrauen — 120
\# Wie du deine Identität veränderst — 123
\# Was macht dich besonders? — 125
\# Selbstzweifel und Vergleiche: Du kannst nur verlieren — 128
\# Pygmalion-Effekt: Du erntest, was du säst — 130
\# Kapitelzusammenfassung — 132
\# Was bedeutet das für dich als Führungskraft? — 134

4. MIT BEGEISTERUNG ERFOLGREICH ANS ZIEL — 135
\# Menschliche Treiber — 138
\# Motivation und Willenskraft — 144
\# Dein Warum als Basis — 147
\# Werte als dein Navigationssystem — 150
\# Der Berggipfel: die große Vision — 151

# Groß denken ist wichtig	155
# Camps und Zwischenziele: greifbar und erreichbar	157
# Starke Ziele formulieren	161
# Die zwei Seiten der Medaille	163
# Leistung und Motivation im Beruf steigern	164
# Kapitelzusammenfassung	167
# Was bedeutet das für dich als Führungskraft?	169

5. PROBLEME SIND DIE GRÖSSTEN WACHSTUMSHEBEL 170

# Problem- oder Chancen-Blick	174
# Hürden und Stolpersteine	176
# Wachstumsbremse: die Angst, loszulassen	177
# Komfortzone neu gedacht: Ängste als Ausgangspunkt für Wachstum	183
# Wachstum und Weiterbildung als menschliche Bedürfnisse	187
# Lernerfahrungen als Basis von Problemen oder Chancen	188
# Muster verändern, Probleme lösen	193
# Qualität deiner Fragen	197
# Die Macht der kleinen Schritte	198
# Kapitelzusammenfassung	202
# Was bedeutet das für dich als Führungskraft?	204

6. BEHARRLICHKEIT MACHT ERFOLGREICH 206

# Falsche Glaubenssätze in Bezug auf Erfolg	209
# Handeln und Umsetzen	212
# Momentum und schnelle Entscheidungskraft	213
# Dranbleiben und durchhalten	214
# Innovationen	217
# Kapitelzusammenfassung	218
# Was bedeutet das für dich als Führungskraft?	220

7. DEIN NETZWERK AUF ERFOLG AUSRICHTEN 221
\# Einfluss des Umfeldes 224
\# Deine fünf Haupteinflüsse 225
\# Kraft von Expertenkreisen und Vorbildern 228
\# Positive Bindung als wichtiger Faktor 230
\# Retterdrang und Mitleid 231
\# Systeme und ihre Wirkungen 233
\# Kulturelle Normen beeinflussen Systeme 235
\# Macht und sozialer Status ziehen uns an 236
\# Schubladendenken 238
\# Gruppendynamik 239
\# Kapitelzusammenfassung 241
\# Was bedeutet das für dich als Führungskraft? 243

8. SICHTBARKEIT UND GEWINNBRINGENDES ÜBERZEUGEN 245
\# Verständnis und Zuhören 247
\# Lobe oft, aber nur ehrlich 249
\# Feedback und Kritik 250
\# Kommunikation 255
\# Transparenz und Verletzlichkeit 266
\# Starkes Standing 262
\# Zielgerichtete Delegation 263
\# Sichtbarkeit als Führungskraft 269
\# Kapitelzusammenfassung 271
\# Was bedeutet das für dich als Führungskraft? 273

9. DU BIST SO GUT WIE DEIN KÖRPER — 274
\# Die Energie des menschlichen Körpers — 276
\# Energieräuber Stress — 278
\# Gesunder und toxischer Stress — 282
\# Stress ist selbst verursacht — 284
\# Stress überträgt sich auf dein Umfeld — 286
\# Umgang mit Stress — 287
\# Sport und Bewegung — 290
\# Ernährung und Trinken — 291
\# Schlaf — 292
\# Emotionen und Gedanken — 294
\# Kapitelzusammenfassung — 294
\# Was bedeutet das für dich als Führungskraft? — 296

10. MEHR FREIRAUM UND BESSERE PERFORMANCE — 297
\# Fokus durch Ziel- statt Zeitmanagement — 299
\# Operatives vs. strategisches Arbeiten — 303
\# Loslassen und Verantwortung abgeben — 304
\# Der Teufelskreis des persönlichen Leistungszwangs — 306
\# Leistungsfähiges Team-Set-up — 310
\# Mitarbeiter-Kategorisierung für Klarheit statt Duldung — 311
\# Optimale Leistungskurve — 315
\# Kapitelzusammenfassung — 318
\# Was bedeutet das für dich als Führungskraft? — 320

5. LERNE VON ERFOLGREICHEN DEUTSCHEN TOPUNTERNEHMERN — 321

Albrecht Reimold – Vorstandsmitglied der Porsche AG — 323
Dr. Ariane Reinhart – Vorstandsmitglied der Continental AG — 334
Dr. Sidonie Golombowski Daffner – Vorstandsvorsitzende und Präsidentin der Novartis Advanced Accelerator Applications — 345
Andreas Rapp – Vice President EMEA & CALA Sales Consumer von Jabra — 357
Matthias Pohl – Inhaber und geschäftsführender Gesellschafter der Kölle Zoo-Gruppe — 368

6. FAZIT — 379

DANKSAGUNG — 384

ÜBER DIE AUTORIN — 386

QUELLEN — 391

Die Autorin bezieht mit ihrer Ansprache jedes Geschlecht sowie diverse Personen ein. Das generische Maskulinum wurde ausschließlich für eine bessere Lesbarkeit gewählt.

«In meiner Laufbahn habe ich mehr als 9.000 Würfe verschossen.
Ich habe fast 300 Spiele verloren.
26-mal war ich derjenige, der das Spiel gewinnen konnte, und ich habe danebengeworfen.
Ich bin immer und immer wieder gescheitert.
Und genau deshalb bin ich erfolgreich.»

Michael Jordan
(einer der erfolgreichsten Basketballspieler der Welt)

1
EINLEITUNG

«Menschen, die etwas für unmöglich
halten, sollten niemals andere stören,
die es gerade vollbringen.»

George Bernard Shaw
(Literaturnobelpreisträger und Oscargewinner)

MEINE GESCHICHTE

Es war ein windiger Tag im Herbst 1996. Ich war 12 Jahre alt und stand wieder einmal auf dem Fußballplatz. Ich spielte in der Abwehr – wie bereits seit acht Jahren. So kam es zu einer Situation, wie ich sie schon viele Male auf dem Feld erlebt hatte: Ich sah, wie der Ball in meine Richtung gespielt wurde und dass der Gegner gefährlich nah an ihm dran war. Ich wusste: Jetzt kam es auf mich an. Von hinten hörte ich meinen Trainer, der schrie: «Nicki, du musst loslaufen!» In dem Moment wollte ich zum Sprint starten – meine Beine wollten aber nicht. Sie waren steif wie Stöcke, sodass ich umfiel. Ich lag auf dem Boden und tastete nach ihnen. Spüren konnte ich sie, aber nicht anwinkeln oder sonst wie bewegen. Sie taten weh, ich spürte einen starken Druck. Um mich herum herrschte ein völliges Durcheinander. Ich hörte nur, wie alle irgendetwas sagten von Schmerzen, Arzt, Eltern. Aber das Stimmengewirr war ganz weit weg. Innerlich fragte ich mich: «Verdammt, was ist das? Was passiert da gerade mit mir? War's das jetzt? Oder kommt da noch etwas Schlimmeres auf mich zu?»

Später im Krankenhaus wurden viele Tests gemacht. Ich musste Arme und Beine in Eisbäder legen, eine riesige Nadel wurde in meinen Oberschenkel gebohrt und Strom in meinen Muskel geschossen. Und ich erinnere mich noch genau: Nach einer Weile kam der Arzt und strahlte über das ganze Gesicht. Also erwartete ich gute Nachrichten und nahm freudig an, ich könne wieder normal Fußball spielen. Denn ihr müsst wissen, Fußball war für mich damals das Wichtigste im Leben. Ich habe als Sechsjährige im Verein angefangen, seitdem war ich jede freie Minute auf dem Platz.

Jedenfalls stand der Arzt im Krankenhaus vor mir und sagte: «Du bist ein spannender, aber auch sehr seltener Fall. Die

Chance, das zu bekommen, was du hast, liegt bei eins zu einer halben Million.» Für mich klang der Arzt wie die Lottofee. War er aber leider nicht, denn statt Geld übergab er mir eine Diagnose. Und die war gar nicht schön: «Myotonie – eine Belastungslähmung. Ein unheilbarer Gendefekt, bei dem Nervenkanäle kaputt sind und Reize nicht mehr an den Muskel übertragen werden. Dadurch entstehen bei Kälte, Belastung und Krankheit Lähmungen am ganzen Körper.» Am besten lässt sich das anhand von Wasser erklären: Im Normalzustand fließt Wasser, so fließen auch bei mir Reize von Muskel zu Muskel, Bewegungen sind flüssig. Wenn Wasser gefriert, fließt nichts mehr, alles ist starr, blockiert. Ungefähr so ist es bei mir. Bei Belastungen werden die Reize nicht mehr an den Muskel übertragen. Es kommt zu Lähmungen.

Damals habe ich das noch nicht verstanden. Ich war ratlos und genervt, dass keine klare Aussage kam. Also fragte ich den Arzt: «Aber was heißt das jetzt? Welche Medikamente muss ich nehmen, damit das weggeht und ich wieder normal Fußball spielen kann?»

Auf einmal verfinsterte sich seine Miene und er sagte knallhart: «Eine Heilung dieser Krankheit ist nicht möglich. Du musst dich damit arrangieren und dein Leben anpassen.» Dann sagte er einen Satz, der mich gnadenlos traf: «Fußball und Sport sind für dich für immer gestorben.» Für mich, damals 12 Jahre alt, glich das einem Weltuntergang. Denn ohne Sport, ohne Fußball hatte für mich damals nichts Sinn.

ENTSCHEIDUNG: SELBSTVERANTWORTUNG

Weißt du, was damals mein großes Glück war? Fußball war wirklich das Allerwichtigste für mich und ich konnte es mir nicht so einfach nehmen lassen. Das hört sich aus Erwachsenensicht heute vielleicht banal an, aber für mich war Fußball mein Leben. Für Fußball hätte ich alles andere aufgegeben.

«Wenn das ‚Warum' groß genug ist, dann kann der Mensch jedes ‚Was' ertragen», sagte schon Friedrich Nietzsche. Weil es für mich keine Alternative gab, außer weiter Fußball zu spielen, musste ich meinen Weg finden, mit der Diagnose umzugehen. Und ihr könnt mir glauben, da waren verrückte Sachen dabei. Ich stand im Sommer bei 35 Grad mit Thermounterwäsche auf dem Fußballplatz, um nicht auszukühlen, oder trank in Sprudelwasser aufgelöste Brühwürfel wegen der Salze. Die Erfolge waren mäßig bis nicht vorhanden. Meistens endete es damit, dass ich irgendwann wieder auf dem Boden lag und man mich vom Platz trug.

Es waren viele Jahre voller Kampf, Frust und vor allem Selbstkritik und Scham, da ich nicht «normal» funktioniert habe. Oft habe ich mich gefragt: «Warum passiert das gerade mir? Womit habe ich das verdient?» Ich habe mir immer wieder gewünscht, dass sich die äußeren Umstände ändern, die Krankheit einfach weg ist. Ich wollte wie alle anderen sein. Doch genau das hat mir rein gar nichts gebracht. Es führte nur zu Ohnmacht, Hilflosigkeit und Selbstablehnung.

Erst als ich verstanden habe, dass die Umstände nun mal so sind, wie sie sind, habe ich angefangen, nach Möglichkeiten zu schauen, die in meinem Einflussbereich liegen. So konnte ich Stück für Stück meine Situation verändern.

Diese Lektion gilt für alle Herausforderungen im Leben – Wirtschaftskrisen, Lebenskrisen oder Konflikte. Es wird sie immer geben, doch die Frage ist: Wie gehst du damit um? Fühlst du dich hilflos und ausgeliefert oder hast du den Mut loszulaufen, nach neuen Möglichkeiten zu suchen und an deinem Ziel dranzubleiben?

Wichtig ist, dass du dir Folgendes klarmachst: Egal wie schlimm deine Situation ist, du hast immer zwei Optionen, mit ihr umzugehen.

> **1** Du suchst die Schuld in den äußeren Umständen, siehst dich als Opfer und stagnierst.
> **2** Du übernimmst Selbstverantwortung, wirst zum Meister der Umstände und findest einen eigenen Weg, um mit ihnen umzugehen.

Es sind nicht die äußeren Umstände, die uns blockieren, sondern unsere Gedanken, Emotionen und Verhaltensweisen. Statt dir Fragen zu stellen wie: «Warum passiert das ausgerechnet mir, womit habe ich das verdient?», nimm die äußeren Umstände so an, wie sie sind, und stell dir folgende Fragen: «Wie kann ich meine Belastungsgrenze erhöhen?», «Was kann ich aus der Situation lernen?» oder «Was kann ich verändern?»

DIE ERFOLGSFORMEL

Meine Geschichte soll dir genau das zeigen: Statt die Schuld auf die äußeren Umstände zu schieben (in meinem Fall die Krankheit) und in Mitleid zu baden, ist es wichtig, knallhart ehrlich zu sich selbst zu sein, das Mitleid wegzuschieben und hinzuschauen, was einen wirklich blockiert. Nur so kann man Lösungen finden, die einem aus der vermeintlich ausweglosen Situation heraushelfen. Das gilt für Probleme mit deinen Mitarbeitern, Überarbeitung, Stress, Partnerschaftsprobleme usw. – also jede zunächst schwierige Situation in unserem Leben.

Du selbst hast die Macht, jede Situation ins Positive zu verändern und das Beste aus deinen Möglichkeiten zu machen. Die Erfolgsformel hilft dir genau dabei.

WARUM ICH DIESES BUCH GESCHRIEBEN HABE

Ich habe selbst 15 Jahre lang als Führungskraft, u. a. im Topmanagement, gearbeitet und kenne daher die Probleme von Führungskräften. Überarbeitung, Zeit- und Motivationsmangel, Dauerstress, fehlende Freizeit, Unzufriedenheit mit der Arbeitslast und der Leistung der Mitarbeiter, Krisen … Ein Teufelskreis. Auch ich habe lange Zeit die Schuld auf das Außen geschoben – auf Mitarbeiter, Chefs, Unternehmen, Projekte, Partner, Familie. Erst als ich anfing, mich selbst zu hinterfragen, konnte ich meinen eigenen Anteil erkennen, die Ursachen in der Tiefe verstehen und so aus dem Teufelskreis aussteigen. Genau diese Erkenntnisse möchte ich an andere Führungskräfte weitergeben. Denn es wird Zeit, dass sich etwas verändert.

Wie du in Kapitel zwei lesen wirst, werden die Herausforderungen für Unternehmer und Führungskräfte immer größer. Die bisherigen Versuche wie Zeitmanagementschulungen, Trainings für bessere Kommunikation oder Mitarbeiterbenefits haben bisher nicht die erhoffte Lösung gebracht. Aus meiner Sicht ist das wenig verwunderlich. Denn der Großteil dieser Maßnahmen setzt nicht auf der richtigen Ebene an.

Statt weiter wie bisher an der Oberfläche zu kratzen, wird es Zeit, endlich tiefgehende Veränderungen zu schaffen. Denn es sind immer starke Führungspersönlichkeiten, die Menschen zum Erfolg führen und für Motivation und Leidenschaft sorgen – im Sport, in Unternehmen, in der Politik.

Mein Ziel ist es daher, ein Verständnis dafür zu schaffen, wie Menschen ticken, wie man starke Beziehungen aufbaut und sich zu einer innerlich starken Persönlichkeit entwickelt.

Denn starke Menschen, also starke Führungskräfte, sind dazu fähig, starke, einflussreiche Beziehungen zu ihren Teams aufzubauen und die Teammitglieder zu motivieren. Nur wer selbst innerlich vor Motivation und Leidenschaft brennt, kann die Leidenschaft in anderen Menschen entzünden und sie in ihrem Potenzial fördern. Führungskräfte sollten sich dieses Einflusses auf ihr Umfeld bewusst werden.

Das Buch und das ihm zugrunde liegende Konzept sollen genau dabei helfen. Dabei geht es nicht um Kompetenz und Fachthemen. Vielmehr liegt der Fokus darauf, einen starken Bezug zu der eigenen Persönlichkeit und inneren Stärke zu finden und Wirkungsweisen zwischenmenschlicher Beziehungen sowie ihre Bedeutsamkeit für übergeordnete Systeme – wie Unternehmen – zu verstehen und bewusst einzusetzen.

NUTZE DIESES BUCH FÜR DICH

Die Ausführungen in diesem Buch berufen sich auf aktuelle Studien verschiedener wissenschaftlicher Bereiche – Neurowissenschaft, Biologie, Psychologie und Sportwissenschaften. Darüber hinaus soll dir dieses Buch aber auch Beispiele aus dem realen Leben liefern. Denn mir haben bisher Bücher gefehlt, welche die Erfahrungen und Geschichten von erfolgreichen Führungskräften geteilt haben. Dabei glaube ich an das Lernen von den Besten. Umso mehr freue ich mich, mit diesem Buch einen Anfang zu machen. Denn hier teile ich auch die Gespräche, die ich mit fünf deutschen Topunternehmern zu ihren Erfahrungen und Erlebnissen aus ihrer Karriere als Führungskraft geführt habe.

Es gibt keinen allgemeingültigen Weg zu mehr Erfolg. Doch ein wichtiger Erfolgsfaktor ist das Hier und Jetzt. Wer Veränderung erreichen möchte, sollte neue Erkenntnisse im praktischen Leben umsetzen und trainieren. Triff daher heute die Entscheidung, nutze die Erkenntnisse dieses Buchs für dich und setze sie um: Erkenne deine Herausforderungen – im Unternehmen, in der Führung und für dich persönlich, und nutze die Erfolgsformel für positive Ergebnisse in deinem Leben.

Starke Menschen führen starke Beziehungen und fördern starke Menschen. Los geht's.

2
WARUM GERADE JETZT VERÄN-DERUNG SO WICHTIG IST

«Das größte Risiko ist, kein Risiko einzugehen. In einer Welt, die sich unglaublich schnell verändert, ist keine Risiken zu wagen, die einzige Strategie, die garantiert scheitert.»

Mark Zuckerberg
(Unternehmer und Gründer von Facebook)

In diesem Kapitel möchte ich zusammen mit dir einige aktuelle Studien betrachten. Denn die Komplexität und die Menge an Herausforderungen für Unternehmer und Führungskräfte steigen stetig. Umso wichtiger ist es, Veränderungen proaktiv anzugehen und nicht abzuwarten, bis man gezwungen wird, etwas zu verändern. Das gilt für dich persönlich und als Führungskraft genauso wie für dein Unternehmen.

STUDIEN: HERAUSFORDERUNGEN STEIGEN WEITER

Die Herausforderungen für Führungskräfte und Unternehmer werden weiter zunehmen. Dazu gehören die Inflation, steigende Zinsen, Versorgungsengpässe bei Energie und Rohstoffen, Wettbewerbsdruck, Innovationsfähigkeit, Digitalisierung und Automatisierung. Hinzu kommen Faktoren wie die digitale Zusammenarbeit, Fachkräftemangel, demografischer Wandel, mentale Gesundheitsproblematiken und hohe Ausfall- und Krankheitskosten durch den Anstieg an Stress und Burn-out-Risiken.

Das hat Auswirkungen. Mitarbeiter sind unzufrieden und gestresst, da sie zu viele Projekte stemmen und ständig unter Druck stehen. Die Stimmung ist innerhalb der Belegschaft entsprechend oft schlecht. Hinzu kommt, dass viele der Leistungsträger in einer Art Dauerstressspirale gefangen sind und trotz zahlreicher Verbesserungsversuche keine wirkliche Besserung eintritt. Gleichzeitig steigen Ansprüche von Mitarbeitern an Unternehmen, da sie nach mehr Sinn, Freiraum, Flexibilität und Geld streben. Der Druck auf Unternehmen, einen starken, überzeugenden Außenauftritt zur Mitarbeitergewinnung hinzulegen, ist dadurch hoch. Der Zwiespalt, Kunden und gleichzeitig Mitarbeitern gerecht zu werden, ist enorm.

Zahlreiche Studien belegen diese vielfältigen Herausforderungen, mit denen sich Führungskräfte konfrontiert sehen:

- Die Stressstudie zeigt auf, dass Stress aufgrund der schnellen technischen Fortschritte immer weiter zunimmt. Dabei ist auch klar belegt, dass Stress die Motivation und Lebensfreude senkt und sogar nachweislich krank macht. Laut der Studie leidet von den häufig Gestressten ein Großteil unter Erschöpfung (80 Prozent), Schlafstörungen (52 Prozent), Kopfschmerzen und Migräne (40 Prozent) oder Niedergeschlagenheit bzw. Depressionen (34 Prozent). Die Coronapandemie hat das Stressempfinden der Menschen in Deutschland nochmals deutlich verstärkt. In der Studie hat rund die Hälfte der Befragten bestätigt, dass seit Beginn der Pandemie ihr Leben stressiger geworden ist (47 Prozent).[1] Das zeigt sich auch in den Zahlen des Instituts der deutschen Wirtschaft: Im Schnitt war jeder Arbeitnehmer in Deutschland in 2020 18,2 Tage krankgeschrieben, die Krankheitskosten von Arbeitgebern belaufen sich auf 74,3 Milliarden Euro.[2]

- Die durch Fachkräftemangel entstandene Lücke hat sich im Jahr 2021 mehr als verdoppelt. So berichtet es das Kompetenzzentrum Fachkräftesicherung des arbeitgebernahen Instituts der deutschen Wirtschaft in seinem Jahresrückblick 2021. Für immer mehr Stellen gibt es keine qualifizierten Fachkräfte. Die Lücke wird nicht gefüllt werden können, da auch der demografische Wandel sein Übriges tut.[3] Gemäß einer neuen Studie des Wirtschaftsforschungsinstituts Prognos für die Vereinigung der Bayerischen Wirtschaft werden im Jahr 2025 2,9 Millionen Fachkräfte am deutschen Arbeitsmarkt fehlen.[4]

- Gemäß der IDG-Studie Smart Workplace 2020 und der Bitkom Research Studie arbeiten 50 Prozent aller Berufstätigen nicht an ihrem Büroarbeitsplatz, sondern remote – also an einem beliebigen Ort. Eine Zahl, die vor der Coronapandemie noch undenkbar schien und sowohl Vor- als auch Nachteile mit sich bringt. Denn einerseits wird so das Einzugsgebiet für Mitarbeiter größer, andererseits erfordert es aber auch neue, vertrauensvollere Arbeitsweisen und eine neue Führungskultur.[5]

- Gemäß der Gallup Engagement Index Studie 2021 fühlen sich 38 Prozent der Beschäftigten innerlich ausgebrannt. Der volkswirtschaftliche Schaden aufgrund von innerer Kündigung (der Arbeitnehmer distanziert sich mental von seiner Arbeit und erbringt nur noch ein Mindestmaß an Leistung) beläuft sich auf eine Summe zwischen 92,9 und 115,1 Milliarden Euro. 14 Prozent geben an, gar keine emotionale Bindung zu dem Unternehmen, bei dem sie beschäftigt sind, zu empfinden, 69 Prozent sprechen von einer geringen Bindung. Durch diese mangelnde Bindung hat die Wechselbereitschaft der Arbeitnehmer zugenommen.[6]

- In einer Gallup-Studie zeigte sich, dass 79 Prozent der Mitarbeiter sich nicht durch ihre Führungskraft motiviert fühlen. Auf der anderen Seite gaben 97 Prozent der Führungskräfte an, dass sie sich für eine gute Führungskraft halten. Ein klarer Widerspruch zwischen Selbst- und Fremdbild deutscher Führungskräfte.[7]

- Darüber hinaus wird auch der Restrukturierungsbedarf von Unternehmen steigen. In der «Restrukturierungsstudie 2022» von Roland Berger wird aufgezeigt, dass sich die Unternehmen aufgrund erschwerter Rahmenbedingungen – wie Krieg, Inflation, steigenden Zinsen, Pandemie und Versorgungsengpässen bei Energie und Rohstoffen – zwingend proaktiv mit Risiken auseinandersetzen und geeignete Strategien und Maßnahmen etablieren müssen.[8]

- Aufgrund der hohen Arbeitsbelastung möchten immer weniger junge Menschen Führungskraft werden. Die Studie «Human-centered leaders are the future of leadership» der Boston Consulting Group aus dem Jahr 2021 zeigt auf, dass nur noch 14 Prozent der Befragten sich selbst in einer Führungsposition sehen. Sie stellen das private Leben an erste Stelle, erst dann folgt der Beruf.[9]

Aus meiner praktischen Erfahrung aus Coachings, Befragungen und Gesprächen mit über 200 Unternehmern und Führungskräften sowie aus meiner eigenen Zeit als Führungskraft kann ich die Ergebnisse der Studien nur bestätigen. Denn auch mir zeigte sich, dass viele Berufstätige einerseits erfolgreich ihr Team voranbringen möchten, gleichzeitig möchten sie das nicht um jeden Preis.

Es wird daher Zeit für ein Umdenken. Die Arbeit als Führungskraft muss wieder spannend, motivierend und energiespendend sein.

Nicole Schaser

3
ERFOLGSBREMSEN: TYPISCHE DENK- UND VERHALTENSWEISEN, DIE DICH UND DEIN TEAM BLOCKIEREN

«Wenn du Angst vor dem Versagen hast, dann wirst du wahrscheinlich versagen.»

Kobe Bryant
(einer der erfolgreichsten Basketballspieler der Welt)

In diesem Kapitel möchte ich zusammen mit dir ein paar typische Glaubenssätze und daraus entstehende Verhaltensweisen von leistungswilligen, ehrgeizigen Menschen betrachten. Denn meist sind es deine eigenen, unbewussten limitierenden Denkweisen, die deinen Erfolg bremsen. Limitierende Denkweisen sind negative Glaubenssätze oder Überzeugungen, die dich selbst betreffen und einschränkend wirken. Sie hindern dich daran, Chancen zu ergreifen und neue Erfahrungen zu machen. Dadurch verursachen sie Stress und haben unter Umständen schädliche Auswirkungen auf die Gesundheit.[1] Wenn du jedoch diese Muster und Denkweisen erkennst, kannst du sie verändern und somit dein volles Potenzial ausschöpfen.

DIE 13 ERFOLGSBREMSEN, DIE STARKE FÜHRUNG VERHINDERN

Maria klagt: «Boah, wie kann man nur so schwer von Begriff sein. Jetzt schreibe ich extra schon Anleitungen bis ins kleinste Detail und gebe alles vor, aber letztlich muss ich es doch immer wieder selbst machen. Es wäre doch einfach nur schön, wenn es mal Mitarbeiter geben würde, die so viel Einsatz bringen wie ich oder zumindest mal das umsetzen, was man ihnen sagt. Aber nein – das scheint ein Ding der Unmöglichkeit zu sein. Ohne mich läuft einfach gar nichts, das ist sehr frustrierend. Wenn ich nicht da wäre, dann würde es richtig knallen.»

Max erzählt: «Meine Mitarbeiter sind wie dressierte Affen. Man muss ihnen wirklich jeden einzelnen Schritt vorgeben, aber selbst dann sind sie noch nicht mal fähig, die Dinge richtig zu machen. Man kann einfach nichts laufen lassen. Ich muss immer wieder einspringen, kontrollieren und sicherstellen, dass die Dinge richtig gemacht werden. Es geht hier ja schließlich um mein Unternehmen.»

Ob Maria, Max, Daniel oder Tanja – dies sind typische Sätze von Unternehmern und Führungskräften. Genauso wie sich viele Mitarbeiter darüber beschweren, dass die «da oben» ohnehin nichts Sinnvolles tun, gibt es kaum einen Unternehmer oder eine Führungskraft, die sich nicht darüber beschweren, dass die Mitarbeiter nicht die erforderliche Leistung bringen.

In diesem Kapitel lernst du die typischen Erfolgsbremsen kennen, die starke Führung verhindern, das tägliche Denken und Handeln belasten und einem permanent Energie rauben. Selbst wenn du bisher dachtest, du würdest alles richtig machen, wirst du hier neue Erkenntnisse für dich gewinnen.

DAUERSTRESS UND SPITZENLEISTUNGEN

Glaubenssatz: Dauerstress kann mir nichts anhaben – ich erbringe trotzdem permanent Bestleistungen.

Dieser Glaubenssatz ist ein Trugschluss – die Wissenschaft zeigt das ganz klar. Denn um Höchstleistungen erbringen zu können, braucht es einen Wechsel zwischen Anspannung und Entspannung.
　Während kurzfristiger Stress durchaus leistungsfördernd ist, ist Dauerstress schädlich.[2]
　Wenn wir über Stunden, Tage und Wochen auf der Arbeit einen Dauersprint hinlegen und von Termin zu Termin, von Projekt zu Projekt hetzen und permanent Vollgas geben, dann schadet das unserer Leistungsfähigkeit mehr, als dass es hilft.

Durch den Dauerstress werden Stresshormone ausgeschüttet, die über unser Nervensystem in die Organe verteilt werden und sich dort absetzen. Langfristig bringt das unser Nervensystem ins Ungleichgewicht und macht uns krank. Außerdem versetzt Stress unseren Körper immer in einen Alarmzustand.[3]

Menschen, die im Dauerstress sind, haben keine gute Selbstführung. Dadurch leidet auch die Führung anderer. Stress überträgt sich und schwächt so nicht nur die eigene Leistung, sondern die des ganzen Teams. Die Fehlerquote steigt durch den Mangel an Zeit und Aufmerksamkeit, da die Führungskraft nicht wirklich präsent ist und richtig zuhört. Als Nebeneffekt fühlt sich das Team nicht wertgeschätzt.

Wie ist es denn im Fußball? Wer gewinnt in der Regel? Die Mannschaft, die komplett defensiv auf Risikovermeidung spielt, oder die, die voll offensiv ihre Chancen sucht? Meist die Offensiven. Wer permanent im Alarmzustand und auf Verteidigung aus ist, verpasst Chancen und setzt sich unnötig unter Druck, sodass die Leistungsfähigkeit leidet.
    Im Profisport wurde das schon längst erkannt. Wenn man denselben Muskel über einen längeren Zeitraum hinweg unter Höchstleistungen dauerbeansprucht, führt das zu Leistungseinbrüchen und einem anhaltenden Leistungsrückgang. Im Profisport wechselt man deshalb zwischen Anspannung und Entspannung, setzt also bewusst auf Regenerationsphasen. Wenn während der Regenerationsphase zum richtigen Zeitpunkt neue Belastungsimpulse gesetzt werden, wird sogar eine Leistungssteigerung erreicht.[4]
    Beides – sowohl Anspannung als auch Entspannung – ist elementar wichtig für Bestleistungen und benötigt daher Platz im täglichen Leben.

STRESS UND DIE ÄUSSEREN UMSTÄNDE

Glaubenssatz: An meinem Stress sind die äußeren Umstände schuld – die Mitarbeiter, die Kollegen, der Druck, die vielen Projekte.

Solang du die Schuld für deinen Stress auf die äußeren Umstände schiebst, heißt das, dass du diesen hilflos ausgeliefert bist und somit auch nichts verändern kannst. Das ist der bequeme Weg, aber auch der, der dich immer wieder in stressige und problematische Situationen bringt.

Dieser Glaubenssatz ist falsch. Stress ist zum Großteil selbst verursacht.

Denk jetzt mal an einen Kollegen, der immer gestresst ist – welche Meinung hast du über ihn und seinen Stress? Vermutlich, dass er sich zu sehr in seine Themen hineinsteigert, sich für alles verantwortlich sieht und einfach nicht mit Belastungen umgehen kann.
    Bei anderen fällt es uns leicht, zu sehen, wie sie ihre Themen stressfreier lösen könnten. Bei uns selbst schaffen wir das nicht, da die Muster, die den Stress auslösen, tief in uns verankert sind. Das ist ein blinder Fleck, der uns die Realität nicht sehen lässt.

Vielleicht hast du schon mal den Job gewechselt – oder auch den Partner? Weil dir alles zu stressig und zu anstrengend war? Dann gab es den neuen Job oder Partner. Und siehe da: Nach kurzer Zeit kamen wieder genau dieselben Themen auf. Alles anders, nur du bist wieder dabei – inklusive deiner Erfahrungen und Muster.

Die Wissenschaft hat längst belegt, dass Stress, Konflikte und Probleme durch die eigene Bewertung einer Situation entstehen.[5] Genau an dieser Bewertung kann man arbeiten, um den Stress zu mindern.

ARBEIT ALS KAMPF

Glaubenssatz: Meine Arbeit ist eben hart und anstrengend.

Kennst du Menschen, die sich jeden Montagmorgen aus dem Bett und zur Arbeit quälen? Die erschöpft sind und trotzdem mit großem Kraftaufwand weiterhin versuchen, Bestleistungen zu erbringen? Die eigentlich die Lust auf die Arbeit verloren haben, aber auch keine Alternative sehen, da sie glauben, Erfolg müsse hart erarbeitet sein?

Hast du auf der anderen Seite schon mal Kinder gesehen, die völlig vertieft spielen und dabei schwer atmen, ganz erschöpft nach einer Pause schreien oder Angst haben, einen Burn-out zu bekommen? Vermutlich nicht. Kennst du Menschen, die neben der Arbeit ein Herzensprojekt zum Erfolg führen? Oder Menschen, die mal nebenbei den Hausbau meistern? Bei der richtigen Motivation haben wir eine immense Energie übrig. Das zeigt klar: Nicht die Menge an Leistung ist das Problem, sondern das Wie und das Warum dahinter.

Daher ist der oben genannte Glaubenssatz falsch. Bestleistungen werden im Flow erbracht. In diesem Zustand werden verstärkt aktivierende Hormone wie Dopamin ausgeschüttet, die deine Energie und Leistungsfähigkeit steigern, damit der Körper befähigt wird, Bestleistungen zu erbringen.[6] Der Flow-Zustand zeigt sich durch völlige Präsenz und Fokus auf den jetzigen Moment und die Aufgabe – man vergisst völlig die Zeit, die Vorfreude auf das Ergebnis steigt. Der britische Weltrekordläufer Roger Bannister lief als erster Mensch eine Meile in unter vier Minuten. Das galt damals als unmöglich. Er beschreibt diesen Weltrekord als ein Flow-Erlebnis.[7]

«Wähle einen Beruf, den du liebst, und du brauchst keinen Tag im Leben zu arbeiten», sagte bereits Konfuzius. Wenn du einen Job hast, den du nicht wirklich magst, der dich nicht erfüllt, dann zehrt das an deinen Energiereserven. Besser ist es daher, dir einen Beruf zu suchen, der dir Spaß macht, in dem du die meiste Zeit im Flow bist und so auch dazu bereit bist, gut gelaunt durch Zeiten zu gehen, in denen mehr Willenskraft als Leidenschaft benötigt wird.

DIENST NACH VORSCHRIFT

Glaubenssatz: Wenn meine Leistung nicht anerkannt wird und ich nichts zurückbekomme, dann mach ich eben gar nichts mehr.

Viele Menschen, die zu lange zu viel geleistet und genug von Erschöpfung, Stress und womöglich Krankheiten haben, machen eine Kehrtwende. Sie ziehen sich zurück und erbringen nur noch das Minimum an Leistung, was nötig ist. Sie glauben, sie würden nur dem Unternehmen schaden und es ihm heimzahlen, wenn sie einfach weniger leisten. Sie glauben, indem sie dauerhaft weniger leisten, würden sie für sich wieder mehr aus der Situation herausholen.

Dieser Glaubenssatz ist falsch. Alles im Leben ist Bewegung. Was nicht mehr wächst, baut sich ab und stirbt irgendwann.

Schau dir die Natur an: Gewässer, die nicht mehr fließen, kippen um. Ein Muskel, der nicht genutzt wird, baut sich ab und ist so nicht mehr funktionsfähig.

Wer aus Unzufriedenheit innerlich aufgibt, sich mit einem Job arrangiert, weil er unterfordert ist, keine Anerkennung erhält oder Dienst nach Vorschrift leistet, der macht sich unglücklich. Denn sowohl große Überforderung (Burn-out) als auch Unterforderung (Bore-out) führen zu innerem Stress, der nicht gut für uns ist.[8]

Anspannung ohne Entspannung führt zu Erschöpfung. Entspannung ohne Anspannung führt zur Lethargie. Wer acht Stunden am Tag in Lethargie versinkt, der nimmt das auch in andere Lebensbereiche mit und es wirkt sich dort ebenfalls aus. Besser ist es, herauszufinden, welche Tätigkeit und welches Umfeld dir Energie und Motivation geben und wo du aufblühst.

WUTAUSBRÜCHE SIND NORMAL

Glaubenssatz: Bei Stress kann es schon mal passieren, dass ich oder meine Mitarbeiter ausrasten.

Kennst du das? In einer an sich harmlosen Situation brechen schlagartig Wut, Ärger und Frust aus dir heraus, und du lässt es an deinem Gegenüber aus. Kurze Zeit später schämst du dich dafür und fragst dich, warum du dich nicht besser kontrollieren konntest. Doch wir glauben, das passiere einfach jedem Menschen mal, wir ignorieren die Ausraster und verdrängen sie. Wenn es ausnahmsweise passiert, okay. Doch oftmals werden bei besonders wichtigen Mitarbeitern viel zu lange cholerische Züge akzeptiert und unfreundliche Verhaltensweisen auf den

Stress oder das Fehlverhalten des Gegenübers geschoben, weil wir glauben, das sei normal und könne nicht beeinflusst werden. Doch an dieser Auffassung sollte gearbeitet werden. Wutausbrüche sind große Energie- und Leistungsräuber!

Ausraster haben fast nie etwas mit dem Gegenüber zu tun, sondern meist mit uns selbst. Sie entstehen durch emotionale Wunden aus früheren Erlebnissen, die in der neuen Situation reaktiviert werden. Wusstest du, dass mindestens 90 Prozent deiner heutigen Persönlichkeit und damit deines Verhaltens schon in der Kindheit bis zum siebten Lebensjahr geprägt wurden? Aus dem, was dir vorgelebt wurde und was du erlebt hast? Wenn es in der Kindheit Ereignisse gab, die negative Emotionen hervorgerufen haben und nicht verarbeitet wurden, dann sind diese Wunden bis heute nicht verheilt. Wenn dich nun eine Person zum Ausrasten bringt, ist sie nur der Pfeil, der sich in eine alte, schmerzende Wunde bohrt. Hier übernimmt dann im Gehirn das Emotionszentrum kurzzeitig die Steuerung, der Verstand (präfrontaler Cortex) schaltet sich ab und wir rasten aus. Damit wir nicht permanent ausrasten, bringt unser Gehirn jeden Tag enorm viel Energie auf, um diese alten Wunden versteckt zu halten.

Deine Ausraster und Situationen, die dich besonders ärgern und stressen, zeigen dir solche alten Wunden auf. Zeit, diese Energieräuber loszuwerden und, egal was um dich herum passiert, bei dir zu bleiben.

DEN KÖRPER AUSBEUTEN UND IGNORIEREN

Glaubenssatz: Mein Körper hält den Druck und Stress schon aus.

Viele Menschen vernachlässigen und ignorieren ihren Körper sehr. Aufgrund der vielen Verpflichtungen bleibt keine Zeit mehr, um auf das zu hören, was der Körper gerade braucht. Dauerstress, Termindruck, ungesundes Essen, kaum Bewegung, schlechte Schlafqualität, Flüssigkeitsmangel gehören daher für viele zum Alltag. Hinzu kommt, dass uralte Denkweisen wie «Ich muss stark sein» oder «Wer Schwäche zeigt, verliert» die Fähigkeit blockieren, den eigenen Körper überhaupt zu spüren. Wenn du stark unter Stress stehst, dann schadet intensiver Sport sogar zusätzlich. Oft höre ich Überlegungen wie: «Ich muss die Schlafzeit reduzieren» oder «Ich mache jetzt intensiver Sport, um Stress zu reduzieren». Kein Wunder also, wenn der Körper erschöpft und müde ist. In Erholungsphasen wie z. B. im Urlaub, genau dann, wenn wir zur Ruhe kommen, werden wir krank. Der Körper nutzt die Chance und holt sich die volle Ladung Regeneration. Denn im Alltag haben wir keine Zeit, um unsere Erschöpfung wahrzunehmen.

Dieser Glaubenssatz ist falsch. Dauerstress schadet deinem Körper und mindert deine Leistungsfähigkeit. Denn ein gesunder Geist lebt in einem gesunden Körper. Der Körper ist unser Hauptarbeitsgerät und damit die Basis für Höchstleistungen.
Woher sollen Energie und Leistung kommen, wenn dein Körper erst mal dafür Energie aufbringen muss, dich von ungesundem Fast Food zu entgiften? Woher soll er Energie bekommen, wenn du nachts nicht tief schläfst, sondern grübelst? Woher soll Energie kommen, wenn dein Körper permanent durch Stresshormone belastet wird?

Für eine dauerhaft hohe Leistung und mehr Energie ist es wichtig, für erholsamen Schlaf, gesunde Ernährung, Bewegung, Flexibilität, Flüssigkeitszufuhr und gutes Stressmanagement zu sorgen.

WENN ICH ES NICHT SELBST MACHE, MACHT ES NIEMAND

Glaubenssatz: Wenn ich nicht alles selbst mache, wird das nichts.

Gerade unter Unternehmern, Führungskräften und sehr leistungsbereiten, ehrgeizigen Mitarbeitern herrscht oft der Gedanke: «Alles bleibt an mir hängen, immer bin ich für alles verantwortlich». Egal welche Aufgaben kommen, bevor sie niemand macht oder sie nicht gut erledigt werden, springt die Person selbst ein. Sie erledigen die liegen gebliebenen Aufgaben und versuchen, die Welt zu retten – ärgern sich dabei aber über die anderen, die zu wenig Einsatz oder Kompetenz an den Tag legen.

Meist liegt dem ein unbewusstes Muster zugrunde. Leistungsorientierte Menschen werden oft durch ihre innere kritische Stimme und innere Unsicherheit zu Bestleistungen angetrieben. Größere Unternehmen haben eine Zeit lang Mitarbeiter bewusst nach der Klassifizierung «Insecure Overachievers» ausgewählt.[9] Unterbewusst werden sie von Glaubenssätzen wie «Nur wenn ich Leistung erbringe, werde ich geliebt» und «Ich bin nicht gut genug» angetrieben. Daher versuchen sie, durch Leistung zu überzeugen und sich so Wert und Bestätigung zu verschaffen. Diese Menschen sind oft erfolgreich und wirken stark im Außenauftritt (starker äußerer Selbstwert). Trotzdem kritisieren sie sich innerlich selbst, werten sich ab und treiben sich zu immer mehr Leistung an (niedriger innerer Wert, der sich durch einen starken inneren Kritiker zeigt).

Indem sie Aufgaben übernehmen (für die andere vermeintlich zu unfähig oder zu verantwortungslos sind) und damit das Ruder an sich reißen, zeigen sie, wie außergewöhnlich gut sie sind, besser als alle anderen. Im Umkehrschluss heißt das aber auch: Das ganze Umfeld wird darauf trainiert, dass sie ohnehin alles verbessern oder einspringen, wenn es brennt. Die Mitarbeiter werden so unbewusst zu Unfähigkeit und Verantwortungslosigkeit erzogen. Ein unbewusster Teufelskreis – denn einerseits will die Person ja, dass andere Verantwortung übernehmen, gleichzeitig bekommen die Mitarbeiter gar nicht die Chance und das Vertrauen, selbst Fehler zu machen. Frustrierend!

UNMOTIVIERTE, FAULE UND UNFÄHIGE MITARBEITER

Glaubenssatz: Meine Mitarbeiter sind faul und unfähig – aber mit mir hat das nichts zu tun.

Viele Führungskräfte verurteilen ihre Mitarbeiter als faul und unmotiviert. Dabei wird leider oft vergessen, dass genau diese Mitarbeiter zu Beginn eine hohe Motivation hatten. Statt sich selbst und die Situationen zu hinterfragen, werden voreilig Schlüsse gezogen und der Mitarbeiter auf das Abstellgleis gestellt. Dabei sind die wenigsten Mitarbeiter von Natur aus faul.

Wichtig zu wissen ist: Ein Mitarbeiter kann durch die Führungskraft demotiviert werden. Unfähigkeit kann durch falsches Delegieren entstehen. Wenn Führungskräfte einen Mitarbeiter erst einmal in eine Schublade gesteckt haben, dann wechselt automatisch auch der Fokus nur noch auf dessen Fehler und mangelnden Einsatz. Positive Dinge werden nicht mehr gesehen. Damit sich solche Fälle nicht mehren, lohnt es sich, sich selbst zu hinterfragen.

Falls du also immer wieder auf Menschen triffst, bei denen du darum kämpfen musst, dass sie Einsatz zeigen, die aus deiner Sicht faul, unmotiviert oder unfähig sind, dann überleg dir, woran das liegen könnte. Denn in einem wissenschaftlichen Experiment (Pygmalion-Effekt)[10] wurde nachgewiesen, dass das, was wir über andere Menschen denken, unser Verhalten ihnen gegenüber beeinflusst und damit auch entsprechende Leistungen bzw. Nicht-Leistungen fördert.

Mitarbeiter werden demotiviert durch:

1. Aufgaben außerhalb ihrer Komfortzone
2. Unpassendes Einsatzgebiet oder nicht sinnvolle Aufgaben
3. Mangelnde Kommunikation bzw. Kommunikation, welche die einzelnen Personen nicht abholt
4. Mangelnde Erfüllung der individuellen Bedürfnisse
5. Negative Beziehungsdynamik, weil die Führungkraft aufgrund ihres internalisierten Leistungszwangs alle Aufgaben an sich reißt

Mitarbeiter werden unfähig durch:

1. Mangelnde Delegationsfähigkeit der Führungskraft
2. Zu wenig Zeit für die Ausbildung des Mitarbeiters und den Transfer von Wissen
3. Zu wenig Zeit und Raum für eine Fehlerkultur
4. Zu viel Druck und Angst aufgrund von Zeitmangel, hohen Ansprüchen etc.

5. Das «Rettersyndrom» der Führungskraft
6. Inkonsequentes Handeln während der Probezeit: Zum einen werden neue Mitarbeiter zu wenig auf gute Leistung überprüft, oder es werden nach dem Prinzip Hoffnung nicht rechtzeitig klare Entscheidungen getroffen.

AUFSTIEGSANGST UND VERANTWORTUNG

Glaubenssatz: Wenn ich mehr Verantwortung übernehme, gerate ich noch mehr unter Druck und muss noch mehr Zeit investieren.

Viele Mitarbeiter scheuen sich, neue, höhere Positionen anzunehmen, die ihnen aufgrund sehr guter Leistungen angeboten werden. Oft glauben sie, dass sie dann noch mehr Stress haben und noch mehr als ihre ohnehin schon 70 Stunden pro Woche arbeiten müssen. Sie befürchten, dass sie dann völlig ausbrennen.

Doch dieser Glaubenssatz ist falsch. Menschen, die in der Führung oft unter Zeitdruck und Stress leiden, leben täglich Muster, die sie eher blockieren als fördern. Diese Muster leben sie unabhängig von der Position. Daher ist es viel wichtiger, an diesen inneren Mustern zu arbeiten, die zu Überarbeitung und Erschöpfung führen, und nicht das «Mehr» an Verantwortung kategorisch abzulehnen.
 Außerdem ist es wichtig, alte Themen beim Aufstieg abzugeben und sich an die neue Aufgaben- und Entwicklungsstufe anzupassen. Mit jedem Aufstieg im Führungslevel steigt der Anteil an strategischen und unternehmerischen Tätigkeiten, der operative Anteil sinkt. Viel zu viele halten zu sehr am Operativen fest, weil sie das gewohnt sind.

Ein Schritt aus der eigenen Komfortzone heraus, um etwas Neues zu lernen und zu wachsen, kann sehr förderlich und motivierend sein und muss nicht zusätzlichen Stress und Druck bedeuten. Denn mit jeder Stufe erhält man auch mehr Gestaltungs- und Entscheidungsspielraum.

ZEITMANGEL

Glaubenssatz: Ich habe einfach zu wenig Zeit. Nach dem nächsten Projekt, dem nächsten Urlaub oder dem nächsten Zeitmanagementkurs wird es bestimmt endlich besser.

Doch wirklich ändern tut sich nie etwas. Dabei weiß jede Führungskraft eigentlich genau, was zu tun ist: pünktlich Feierabend machen, nicht immer alles annehmen, delegieren. Und trotzdem schafft sie es nicht, ihre Gewohnheiten zu verändern.

Denn nicht die Zeit ist der Grund für die dauerhafte Überarbeitung. Jeder Mensch hat 24 Stunden zur Verfügung. Erfolgreiche Menschen zeichnet aus, dass sie sehr fokussiert und zielgerichtet arbeiten. Außerdem füllen sie ihre 24 Stunden am Tag mit Tätigkeiten, die ihnen Energie geben und nicht rauben.
Vielmehr ist Zeitmangel durch einen mangelnden Fokus und einen verinnerlichten Leistungszwang bedingt. Unser Verstand weiß ganz klar, dass wir endlich Feierabend machen, die E-Mails nicht mehr abrufen und mehr Zeit mit der Familie verbringen sollten. Und trotzdem werden wir unbewusst doch immer wieder dazu angetrieben, noch mehr und länger zu arbeiten. Hier gilt es, das eigene Selbstsabotagemuster zu verstehen und zu verändern.

FÜHRUNG IST EIN SELBSTLÄUFER

Glaubenssatz: Teamführung kann jeder – ich brauche keine Unterstützung.

Das Gegenteil ist der Fall. Führungskräfte sollten mit Bedacht ausgewählt werden, denn sie beeinflussen das ganze Team und damit das Unternehmen. Oft passiert es, dass Personen nur aus Karriere- und Geldgründen Führungspositionen anstreben. Oder sie werden in eine Führungsposition gebracht, ohne entsprechende Weiterbildungen oder Vorbilder an die Hand zu bekommen. Führung ist kein Selbstläufer. Starke Führung braucht Menschen mit einer guten Selbstführung, Selbstreflexion, einem starken Mindset und einem Gespür für Menschen – also mit einer hohen Beziehungsintelligenz.

Starke Führung braucht starke Menschen, die in ihrer Mitte sind und auch in schwierigen Situationen stark agieren. Wer permanent schon im Dauerstress und nahe der Belastungsgrenze ist, der wird beim kleinsten Konflikt in die Knie gehen. Starke Führungskräfte vermögen es, bewusst zurückzutreten und die Teammitglieder in den Mittelpunkt zu stellen. Sie sind resilient, präsent und bauen starke Beziehungen auf.

ICH LÖSE MEINE PROBLEME ALLEIN

Glaubenssatz: Ich muss alles allein regeln und stark sein. Ich darf keine Hilfe annehmen.

Weißt du, was das große Problem vieler Unternehmer und Führungskräfte ist? Sie stehen vor einigen Herausforderungen und glauben, dass sie diese allein bewältigen müssen und können. Das ist grundsätzlich eine starke Einstellung. Jedoch fehlt oft die Selbstreflexion, um sich einzugestehen, dass man nicht weiterkommt oder völliges Neuland betritt, wo man durch Unterstützung viel schneller und effizienter vorankommen würde. Man will nicht das nötige Geld oder die Zeit investieren. Statt ‚Trial and Error' kann es oftmals hilfreich sein, andere nach Rat zu fragen und sich zum Beispiel einen Mentor zur Seite zu nehmen. Meist spart genau das deutlich mehr Geld und Zeit.

Du kannst es mit einer Bergtour vergleichen: Wenn du an Kletterpassagen kommst, dann kannst du es zigmal selbst versuchen, in der Hoffnung, die Hürden unbeschadet zu meistern. Oder du holst dir einen Klettertrainer, der dir die benötigte Technik zeigt und dich anleitet, sodass du schneller und mit mehr Energie oben ankommst.

STRESS-PROFILIERUNG

Glaubenssatz: Ich hab so viel Stress und muss so viele Aufgaben erledigen. Die anderen müssen davon wissen.

Sicher kennst du Menschen, die schon um neun Uhr früh schwer atmen und sich beschweren, welche anstrengenden Meetings sie schon hatten, was sie bis Mitternacht alles erledigt haben und was sie heute alles Wichtiges tun müssen. Sie glauben, dass sie auf ihren Stress stolz sein können und es allen erzählen müssen, um sich Bewunderung und Lob einzuholen.

Wenn wir oft davon reden, wie viel wir zu tun haben oder wie wenig wir schlafen, dann wird das positiv bestärkt durch die

Bestätigung von außen. Wir erhalten Anerkennung durch Sätze wie: «Wow, was du alles schaffst!» oder «Du bist ja ein richtiger Performer!». Diese Anerkennung ist das, was wir immer mehr suchen – und damit auch den Stress. Dabei schadet Stress-Profilierung dir selbst und auch deinem Team. Ob wir hier Stress real erleben oder nur an eine stressige, konfliktbehaftete Situation denken oder davon erzählen, das ist völlig egal. Der Prozess, der im Körper ausgelöst wird, ist genau der gleiche. Wir stressen uns dadurch nur zusätzlich. Hinzu kommt, wie du in diesem Buch noch erfahren wirst, dass alle, die zuhören, dadurch auch automatisch gestresst werden.

Daher ist es wichtig, die Stress-Profilierung zu stoppen. Hör auf, anderen zu erzählen, wie viel Stress du hast, weil du so viel zu tun hast. Wer viel Stress hat, sollte lernen, sich besser zu führen, und nicht länger stolz auf seinen Stress sein.

4

DIE ERFOLGSFORMEL STARKER FÜHRUNGSKRÄFTE

«Erfolg ist kein Zufall. Er ist das Ergebnis von harter Arbeit, Ausdauer, Lernen, Studieren, Aufopferung und vor allem Liebe zu dem, was du tust oder dabei bist zu lernen.»

Pelé
(brasilianische Fußballlegende)

Hast du dich schon mal gefragt, warum manche Menschen und Teams schneller erfolgreich sind als andere – und dies langfristig aufrechterhalten? Warum gibt es die einen Menschen, die erfolgreich und dabei gleichzeitig glücklich sind, und die anderen, die sich permanent aufreiben und immer wieder scheitern?

In diesem Kapitel werden wir uns die Erfolgsformel starker Führungskräfte genauer anschauen. Ziel ist es, ein Verständnis dafür zu schaffen, was es braucht, um andere Menschen besser zu führen, um so dich, dein Unternehmen und dein Team erfolgreicher zu machen.

DIE ZEHN PRINZIPIEN DER ERFOLGSFORMEL STARKER FÜHRUNGSKRÄFTE

Der Erfolg eines Unternehmens steht und fällt mit der Stärke seiner obersten Führungskräfte.
 Denn der Unternehmer und die Führungskräfte geben ihre Stärke oder ihre Schwäche an das gesamte Team weiter. Sie haben den größten Einfluss auf alle Beteiligten. Führung ist einer der wichtigsten Faktoren dafür, ob ein Unternehmen wächst oder ausgebremst wird. Wer ein starkes Unternehmen führen will, braucht starke Führungskräfte.

Die «Erfolgsformel starker Führungskräfte» meint die Macht, seine Ziele zu erreichen, indem man sich selbst und andere in ihrer Stärke, Begeisterung und damit Leistungsfähigkeit fördert – ohne sich aufzuopfern. Mithilfe der Erfolgsformel können Führungskräfte Mitarbeiter motivieren und damit ihr Unternehmen zum Erfolg führen.

Die Umsetzung der Erfolgsformel ist deine persönliche Bergexpedition. Damit du den Gipfel erreichst, schauen wir uns in den nächsten Kapiteln Folgendes an:

Zuerst beginnen wir beim Bergsteiger, bei dir selbst. Wir analysieren, wer du wirklich bist und wie deine Weltsichten sind. Dann geht es darum, den richtigen Berggipfel zu finden. Wo möchtest du hin, was sind deine großen Ziele, die dich und damit auch dein Team begeistern, motivieren und antreiben? Schließlich gilt es, mehr Stärke, Leistungsfähigkeit und starke Beziehungen aufzubauen, damit du mit einem leistungsstarken Team, der richtigen Ausstattung und kompetenten Bergführern an deiner Seite trotz möglicher Stolpersteine oben ankommst.

1. DU HAST DIE MACHT, DEINE WELT ZU VERÄNDERN

> «Die Realität ist nur eine Illusion,
> wenn auch eine sehr hartnäckige.»
>
> Albert Einstein
> (weltweit bekannter Physiker und Nobelpreisträger)

Eines Abends saß ich im Restaurant und wartete auf Max, wir waren zum Essen verabredet. Max war leitender Angestellter. Mit etwas Verspätung kam er herein und sah nicht besonders glücklich aus. Er war wohl in den Regen gekommen und dadurch etwas nass. Es kam nur ein kurzes ‚Hallo'. Noch bevor er sich richtig hingesetzt hatte, begann er: «Was für ein scheiß Wetter schon wieder, es wird echt Zeit, auszuwandern. Ich kann mich nicht daran erinnern, dass es dieses Jahr überhaupt schon mal schönes Wetter gegeben hat. Aber gut, warum soll das Wetter gut sein, wenn die Arbeit eigentlich genauso scheiße läuft?» Kurz schnappte er nach Luft und schon ging es weiter. «Du glaubst ja gar nicht, was heute schon wieder passiert ist. Es gibt Momente, in denen ich mich frage, ob ich wirklich nur von unfähigen Idioten umgeben bin. Wir hatten heute Abgabetermin, und da ich meine Mitarbeiter ja kenne, habe ich gestern Abend extra noch dreimal nachgefragt, ob für heute alles klar ist und passt. Und was passiert heute? Die Deadline rückt näher und es kommt einfach nichts. Wieder muss ich ihnen hinterherlaufen und alles einsammeln. Und dann die Qualität – einfach nur unterirdisch. Wieder einmal bleibt mir nichts anderes übrig, als mich selbst hinzusetzen und die ganzen Fehler auszubügeln, damit wir eine anständige Qualität abliefern können. Ich weiß auch nicht, warum das immer so läuft und ich immer wieder in derselben Scheiße lande. Deswegen bin ich auch zu spät, sorry.»

Ich bin ehrlich, ich war früher auch mal wie Max. Ich habe mich genauso beschwert, dass immer alles an mir hängen bleibt, dass niemand denselben Einsatz oder die Leistung bringt wie ich, dass immer ich die Welt retten muss. Bis ich zum Glück irgendwann erkannt habe, dass mein Ego und mein eigenes Muster die Ursache für diese Auffassung sind. Und diese Erkenntnis hat alles verändert. Ich habe angefangen, meine Realität, die ich mir erschaffen habe, zu hinterfragen. Ich habe meinen negativen Fokus auf positive, neue Sicht- und Denkweisen verändert und damit meinen Umgang und den Glauben an andere Menschen komplett gedreht. Mit der Änderung meiner Einstellung haben sich auch die Ergebnisse und die Menschen um mich herum geändert.

Sich beschweren oder mit anderen vergleichen, kritisieren, lästern, klein machen – diese negativen Muster trainieren unser Gehirn darauf, die Realität schwarzzumalen und nur das Negative, Ärgerliche zu sehen – und genauso fühlt es sich auch an.

Es gibt Menschen wie Max. Und dann gibt es Menschen, deren Welt leuchtet und strahlt. Menschen, die auf der Sonnenseite des Lebens stehen und sich auf jeden Tag freuen. Die dankbar sind für das, was sie im Leben haben.

Wenn wir so etwas hören, denken wir meist: Denen ist das Glück zugeflogen, dann ist das ja einfach. Doch das passiert in den seltensten Fällen. Die meisten haben Schicksalsschläge gemeistert, die man selbst nicht erleben möchte. Sie sind einen langen Weg gegangen und haben sehr an sich gearbeitet, um aus der dunklen Höhle in die Sonne zu treten. Das passiert nicht einfach so. Das ist ein Prozess, in dem man lernt, alte emotionale Verletzungen und Blockaden aufzuarbeiten, die eigene Realität durch positive Denkweisen und einen positiven Blick zu verändern. Durch Dankbarkeit und Demut für das, was man hat.

Nick Vujicic sagte einmal: «Ich habe die Wahl, entweder wütend auf Gott zu sein für das, was ich nicht habe, oder dankbar für das zu sein, was ich habe.» Nick Vujicic kam ohne Arme und Beine auf die Welt und haderte selbst viele Jahre mit seinem Schicksal. Er wollte sich sogar das Leben nehmen.[1] Bis er sein Leben nicht mehr als Bestrafung, sondern als Auftrag sah.[2] Nick surft, schwimmt, spielt Golf und ist heute ein weltweit berühmter Motivationsspeaker. Er ist das beste Beispiel dafür, dass, egal wie die Voraussetzungen sind, nur du selbst darüber bestimmst, ob du dein Leben als positiv oder negativ empfindest.

Es gibt eine einfache Übung für den Alltag, mit deren Hilfe du deine Gedanken auf das Positive in deinem Leben lenken kannst: Für jede destruktive Kritik und für jedes Mal Lästern schreibst du ab sofort zehn positive Eigenschaften zu dir oder deinem Gegenüber auf. Dadurch lernst du, gnädiger zu dir und zu anderen zu werden. Gleichzeitig wirst du erkennen, dass jeder Mensch mehr gute Seiten hat als schlechte.

Achte auch auf die Kleinigkeiten im Alltag. Wenn du dich mit Freunden oder Kollegen triffst, artet das ganz oft in Lästereien oder Kritik an anderen aus. Indem wir andere abwerten, fühlen wir uns selbst überlegen und stärken unseren Status. Durch diese Themen schaffen wir auch ein Gefühl der Verbundenheit. Doch eigentlich zieht es uns alle nur herunter, wir rauben uns gegenseitig Energie und Lebensfreude. Geh daher ab sofort nicht mehr auf negative Themen ein, wechsle das Thema. Denn du selbst erzeugst deine Realität. Ob deine Welt wie die von Max düster und traurig ist oder strahlt und glänzt, steht und fällt mit deinen Denkweisen und Bewertungen. In diesem Teil des Buches gehen wir darauf ein, wie du deine Realität selbst erzeugst und sie ins Positive steuern und verändern kannst.

DEINE WELT IST REAL – UND DOCH SELBST ERZEUGT

Du hast die Macht, dein Leben zu verändern – sobald du dir deiner Bewertungsmechanismen bewusst wirst. Weißt du, warum ich das sage? Weil du über alles, wirklich alles im Leben einen positiven oder einen negativen Bewertungsfilter legen kannst. Du selbst erzeugst deine Realität und damit dein Leben.

Nehmen wir mal den Worst Case – den Tod eines geliebten Menschen. Wir haben hier in Deutschland unsere Betrachtungsweise zum Tod. Tod ist schwarz, traurig, erdrückend. Auf der Welt gibt es andere Betrachtungsweisen, die wir uns nur schwer vorstellen können: Eine Freundin war vor Kurzem in Ghana, um das Leben ihres Vaters zu feiern – ein Fest mit lauter Musik, Tänzen und Geschichten über ihn und sein Leben. Das Fest dauerte drei Tage. Es war seine Beerdigungsfeier, denn man glaubt dort an die Wiedergeburt und ist dankbar für das Leben. Entsprechend war das Szenario bunt, farbenfroh, feierlich.

Wenn du positive Geschichten in deinem Leben erlebst – eine erfolgreiche Karriere, Erfolg im Sport oder eine leidenschaftliche Beziehung –, dann bewertest du sie positiv. Du bist zuversichtlich, hast Selbstvertrauen, weißt, was du kannst, und agierst entsprechend.

Wenn du aber negative Geschichten in deinem Leben erlebst, immer wieder in Konflikte gerätst, Stress in deiner Beziehung hast oder an Erschöpfung leidest, dann liegt es daran, dass du negativ bewertest. Du glaubst nicht an dich, du handelst zögerlich oder ergreifst meist nicht einmal die sich bietenden Chancen.

Dein aktuelles Leben zeigt dir ganz klar auf, in welchen Lebensbereichen (Gesundheit, Beziehungen, Karriere) du positive und negative Bewertungen vornimmst. Im Endeffekt befindet sich in deinem Gehirn eine Kopie der Welt, wie du sie im Außen mit deinen Augen siehst. Selbst dein Blick auf die Zukunft ist geprägt von deinen bisherigen Erlebnissen.

DIE BEGEGNUNGEN IN DEINEM LEBEN SIND REAL – ABER SELBST ERZEUGT

Egal welcher Mensch in deinem Leben auftaucht oder welche Situation du erlebst, es hat immer mehr mit dir selbst zu tun, als wir es wahrhaben wollen.

Oft sorgt diese Aussage erst einmal für Verwunderung. Es kommt die Frage auf: «Ich soll für alles, was in meinem Leben passiert, selbst verantwortlich sein? Für meinen schrecklichen Chef, meinen toxischen Expartner, die Eltern und die Arbeitslast? Die habe ich ja nicht erzeugt, die sind doch real.» Ja, sie sind real. Aber du bestimmst selbst darüber, was du in deinem Leben geschehen lässt. Du entscheidest, ob du dir Energie rauben lässt oder bei dir bleibst. Im Endeffekt bestimmst nur du darüber, welche Menschen du in dein Leben lässt, wie lange du es mit ihnen aushältst und wie viel Zeit du mit diesen Menschen verbringst. Du bestimmst, ob du die Person als Bestrafung ansiehst oder als wichtigen Lehrmeister für dein Wachstum.

Statt dich über den toxischen Ex oder den Chef zu ärgern, frag dich besser, welchen Vorteil du davon hattest, den Menschen so lange auszuhalten. Denn nichts im Leben passiert von jetzt auf gleich. Muster sitzen tief, ein Mensch war nicht gestern gut und ist heute schlecht. Frag dich daher, welche Prägung dich dazu gebracht hat, dir so einen Menschen in dein Leben zu ziehen.

Stell dir mal vor, eine junge, zierliche, schüchterne Frau läuft durch die Straßen und wird von einem Mann überfallen. Kann sie etwas dafür? Grundsätzlich natürlich nicht. Was wäre aber passiert, wenn die junge Frau eine zwar ebenso zierliche, aber dafür erfahrene Kampfsportlerin gewesen wäre?

Ein Experte für Gewaltprävention bei der Berliner Polizei wird folgendermaßen zitiert: «Täter suchen Opfer, keine Gegner», und: «95 Prozent der Täter geben schon im Vorfeld auf, wenn sie merken, jemand ist auf der Hut».[3]

Hast du einen Chef oder Partner, der dich permanent kritisiert oder anschreit? Dann frag dich: Was denkst du über dich selbst, dass du es immer wieder zulässt, dass andere dich kleinmachen? Welche Prägung in deinem Leben bringt dich dazu, das mitzumachen?

Es kommt immer darauf an, aus welcher Perspektive du deine Situationen im Leben anschaust. Wir alle sind wahre Meister darin, die Schuld schnell und einfach auf das Gegenüber zu schieben – das ist gut für unser Ego. Wir sind Opfer, der andere ist der Täter. Wir fühlen uns gleich besser, wenn wir keine

Schuld an unserem schlechten Gefühl haben, sondern die anderen. Und so bekommen wir auch Mitleid und Bestätigung von anderen, wenn wir ihnen von unserem Leid erzählen.

Doch solange du dich im Opfermodus befindest, bist du ohnmächtig und ausgeliefert. Und noch viel schlimmer: Deine Probleme werden sich immer wiederholen und dich in die Ecke drängen. Einmal ist es die Hannah, dann der Klaus – die Person wechselt, aber das Szenario bleibt ähnlich und mit dir in der Hauptrolle.

Lösen kannst du deine Probleme erst, wenn du dich aus der Opferhaltung befreist. Statt dich zu fragen: «Warum passiert das gerade mir? Womit habe ich das verdient?», stell dir besser die Fragen: «Was kann ich daraus lernen? Was kann ich das nächste Mal besser machen? Was kann ich tun, dass mir das nicht wieder passiert?». Wechsle in die Meisterhaltung und übernimm Selbstverantwortung, dann hast du die Chance, deine Probleme loszuwerden.

Meine Devise ist mittlerweile, dass ich an jeder einzelnen Situation im Leben mindestens einen eigenen Anteil von 20 Prozent habe. Wenn ich Probleme oder Konflikte erlebe, dann verstehe ich meinen Anteil daran. Das geht mal schneller, mal langsamer – aber es funktioniert.

Jetzt denkst du vielleicht, man kann sich das Leben auch unnötig schwer machen. Vielleicht. Doch durch meine eigene Erfahrung, meine diversen Coaching-Ausbildungen und die Arbeit mit meinen Kunden weiß ich, dass ein Problem, das einmal auftaucht, sich immer wiederholt – nur in neuen Verkleidungen. Je früher ich die Systematik dahinter verstehe, umso schneller kann ich es für immer loswerden. Das funktioniert wirklich.

WIE DU DEINE REALITÄT ERZEUGST

Deine Realität ist ein Konstrukt aus all den Erfahrungen, die du im Leben gemacht hast und in deinem Gehirn gespeichert sind. Lass uns mal schauen, wie diese Realität im Gehirn erzeugt wird.

Jeder Mensch hat schätzungsweise 86 Milliarden Nervenzellen im Gehirn – schon bei der Geburt.[4] Zu der Zeit haben wir noch keine Erfahrungen gemacht, daher sind die Nervenzellen nur wenig verknüpft. Im Gehirn, dem Neocortex, herrscht zu der Zeit noch «Tabula rasa».[5]

Stell dir dein junges Gehirn vor wie eine noch blühende, unbetretene Wiese. Wenn du jetzt Erfahrungen in deinem Leben machst, dann bilden sich Verknüpfungen zwischen diesen Nervenzellen aus, es entstehen Erinnerungsstraßen – oder auch erste Trampelpfade durch die Wiese.

Abbildung 1: Unser Gehirn vor und nach Erfahrungen

Unser Gehirn entwickelt sich in der Zeit von der (Vor-)Geburt bis zum circa siebten Lebensjahr fast vollständig aus. Aus der unbetretenen Wiese wird ein Netz mit vielen Erinnerungsstraßen. Je nach Dauer, Intensität oder Häufigkeit bestimmter Erfahrungen bilden sich unterschiedlich dicke Nervenzellenverknüpfungen aus. Es gibt Trampelpfade, Landstraßen, Autobahnen und sechsspurige Autobahnen.[5] Je häufiger sich bestimmte Erfahrungen wiederholen, desto automatisierter wird dein Verhalten – es entsteht eine sechsspurige Autobahn. Der Vorteil davon ist, dass dein Gehirn viel Zeit und Energie spart und wir schneller reagieren.

Da jede Nervenzelle jeweils bis zu 10.000 Verknüpfungen mit anderen Nervenzellen haben kann, ist dein Straßennetz gigantisch.[6] Dieses gigantische Straßennetz im Gehirn ist daher ein Abbild all deiner Erfahrungen, die du insbesondere in den ersten Lebensjahren machst. Umbauarbeiten an diesem Straßennetz nach dem siebten Lebensjahr erfolgen nur selten. Denn unser Gehirn möchte an alten Gewohnheiten festhalten. Es möchte die bestehende sechsspurige Autobahn nutzen und nicht mit viel Energieaufwand und mühseliger Arbeit einen neuen Pfad anlegen. Deswegen tun wir uns oft schwer, alte Gewohnheiten und Verhaltensweisen zu verändern.

Doch grundsätzlich ist unser Gehirn veränderbar – das nennt man Neuroplastizität.[7] Immer dann, wenn wir später im Leben etwas Neues lernen, muss unser Gehirn neue Verbindungen zwischen den Nervenzellen bauen, also eine neue Straße schaffen.

Neurobiologisch ist es so, dass Muster, die noch nicht so eingeprägt sind, also der Trampelpfad oder die einfache Straße, auf einer oberen Gehirnebene in den Nervennetzen verfestigt sind. Wenn sich diese Muster und Abläufe jedoch verstärken, dann werden sie durch die Basalkerne auf einer tieferen Ebene verfestigt. Die Basalkerne organisieren die Aktivierungsmuster, die zur Gewohnheit werden. Denn indem immer wieder Botenstoffe, wie Dopamin, Serotonin, Noradrenalin, Acetylcholin, ausgeschüttet werden, spielen sich Automatismen ein. Je öfter diese angestoßen werden, umso stärkere Mechanismen bilden sich aus.

Du erinnerst dich sicherlich noch an deine erste Fahrstunde. Damals gab es in deinem Gehirn noch keinen Pfad zum Autofahren – alles war neu, aufregend und anstrengend. Heute, viele Jahre später, denkst du über nichts mehr nach. Dein Gehirn erledigt das Autofahren vollkommen automatisch und unbewusst für dich. Du nimmst nicht einmal mehr die Abläufe bewusst wahr. Das hat den Vorteil, dass wir z. B. das Radfahren nicht verlernen können. Gleichzeitig bringt es aber auch die Herausforderung, dass wir uns sehr schwertun, alte Muster und Automatismen überhaupt wahrzunehmen und zu verändern.

Da stellt sich doch die Frage: Wenn dein Straßennetz vor allem aus den Erlebnissen der ersten Lebensjahre aufgebaut ist und diese Erlebnisse noch heute deinen Blick auf dich selbst, die Welt und die Menschen darin ausmachen – welche Erfahrungen sind das dann? Im Endeffekt sind es die Erfahrungen und Informationen, die wir als Kinder von unserem Umfeld übernehmen – Eltern, Großeltern, Lehrer, Trainer, gesellschaftliche Regeln und Kultur. Wir übernehmen das, was uns gesagt wird, und insbesondere das, was uns vorgelebt wird. Als Kind können wir nicht einschätzen, was richtig oder falsch ist, und übernehmen es ungefiltert. Als Kind – selbst wenn du heute das Verhalten deiner Eltern vollkommen ablehnst – ist das, was deine engsten Bezugspersonen tun, das absolut Richtige. Denn nur so siehst und erlebst du es. Waren deine Eltern stark leistungsgetrieben, dann stehen die Chancen groß, dass das Vorleben einen Einfluss auf dich hatte, selbst wenn sie später gesagt haben: «Arbeite nicht so viel, sei glücklich». Das, was du damals an Denkweisen mitbekommen hast, ist sozusagen dein Skript des Lebens, dein Bauplan für dein Straßennetz. Dieses Autobahnnetzwerk bestimmt heute noch einen Großteil deines Verhaltens und damit dein Leben – und das größtenteils unbewusst.

Wenn dein Skript dir sagt, faule Menschen seien Abschaum, dann wirst du entsprechend immer Vollgas geben. Hat man dir vorgelebt, dass man sich anpassen, nicht auffallen und es allen recht machen soll, dann stehen die Chancen gut, dass es dir noch heute schwerfällt, Grenzen zu setzen. Dein Skript des Lebens löst Automatismen im Unterbewusstsein aus. Im Endeffekt kannst du dir merken: Wenn in einem deiner Lebensbereiche oder mit Menschen immer wieder ähnliche Dinge schiefgehen, dann läuft bei dir ein falsches Skript, das du verstehen solltest.

Schau jetzt mal kurz aus deinem Fenster hinaus. Dann siehst du ein Bild vor dir, hörst Geräusche, nimmst Gerüche wahr – in nur einer Sekunde hat dein Gehirn 11 Millionen Sinneseindrücke (11 Millionen Bits) zu verarbeiten. Da es diese Reize nicht alle verarbeiten und wahrnehmen kann, lenkt unser Gehirn die Aufmerksamkeit auf bestimmte Details – wir nehmen nur ungefähr 40 bewusst wahr (40 Bits).[8] Diese Auswahl der 40 Eindrücke muss extrem schnell erfolgen, damit du sofort handlungsfähig bist. Daher greift auch hier dein Gehirn auf deine Vorerfahrungen zurück und bedient sich deines Straßennetzes. Das Gehirn wählt eine passende Straße aus und landet blitzschnell bei einer entsprechenden Reaktion und einem Verhalten. Wir spulen daher immer wieder ähnliche Muster ab. Hast du z. B. schon als Kleinkind die Bewertung entwickelt: «Niemand hat Zeit für mich, keiner interessiert sich für mich», dann stehen die Chancen gut, dass du als Erwachsener Situationen genau mit dieser Brille betrachtest. Denn es wird die gleiche Autobahn gefahren. Deine Vorerfahrungen prägen also deine Bewertung von heute und damit dein Verhalten und dein Leben.

Genauso ist das, wenn wir neue Menschen treffen. In unserem Gehirn laufen noch heute Mechanismen ab wie bei unseren Vorfahren, den Steinzeitmenschen. Unsere Gehirnstrukturen haben sich seit mehreren Hunderttausend Jahren kaum verändert. Wenn du neu auf einen Menschen triffst, dann muss dein Gehirn innerhalb von Millisekunden einschätzen, ob du sicher oder in Gefahr bist – also ist Feind oder Freund die erste Einschätzung. Für diese Beurteilung bedient sich dein Gehirn des autonomen Nervensystems und alter, gespeicherter Erfahrungen. Lautet die Einschätzung «sicher» – vor dir steht sozusagen ein Schmusekätzchen –, dann entspannst du dich, tauschst dich aus, fühlst dich wohl. Ist die Einschätzung hingegen «Gefahr» oder «Unsicherheit» – vor dir steht der Säbelzahntiger –, dann wird die Stressachse aktiviert und der Grad der Wachheit und Aufmerksamkeit steigt, indem Noradrenalin als Botenstoff gebildet wird. Bei einer moderaten Aktivierung ist das positiv, denn wir denken schneller, werden fitter und haben mehr Power. Bei Dauerstress, wenn der Noradrenalinspiegel zu lange auf einem hohen Level bleibt, können wir jedoch nicht mehr klar und logisch denken und nicht klar handeln. In solchen Fällen schaltet sich der präfrontale Cortex, der Verstandesteil des Gehirns ab und die älteren Gehirnteile, die Amygdala und dann das periaquäduktale Grau, also jene Funktionen, die das Überleben sichern sollen, springen an und übernehmen die Steuerung.[9]

Bei Stress wird vermehrt Energie bereitgestellt. Je nach Situation wird zur Beseitigung der Gefahr eine Bewältigungsstrategie aus vier Optionen ausgewählt: Fight, Flight, Freeze, Fawn.

- **Fight-Modus:** Wenn wir die Aussicht haben, unser Gegenüber bekämpfen und besiegen zu können, dann stellen wir uns der Gefahr. Energie wird bereitgestellt – wir gehen in den Kampfmodus. Das kann sich im Alltag in Form von Wutanfällen, Aggressionen, Angriffen oder Verteidigung zeigen.

- **Flight-Modus:** Ist das Gegenüber jedoch deutlich stärker als wir und haben wir keine Aussicht auf Erfolg, dann beginnen wir, wegzulaufen und uns der Situation zu entziehen, um negative Konsequenzen zu vermeiden. Auch hier wird die durch den Stress bereitgestellte Energie genutzt, und wir rennen weg.

- **Freeze-Modus:** Dies ist der Totstell-Modus und damit eine Schutzreaktion unseres Körpers, wenn die Gefahr zu übermächtig wirkt und wir uns ohnmächtig und ausgeliefert fühlen. Dann verfällt unser Nervensystem in den Freeze-Modus, also in eine Immobilisation. Wir entziehen uns geistig und emotional. Das kann sogar dazu führen, dass wir in Lethargie, Depressionen, Burn-out rutschen. Im Tierreich zeigt sich das oftmals in Form einer Schockstarre.

- **Fawn-Modus:** Dieser Modus beschreibt das «People-Pleasing» bis hin zur Co-Abhängigkeit. Um möglichst schnell wieder Harmonie und Nähe herzustellen, werden die eigenen Bedürfnisse und Wünsche missachtet. Man macht dem anderen alles recht. Persönliche Grenzen gibt es dann nicht.

Je nachdem, was die für uns aussichtsreichste Lösung ist, kämpfen oder flüchten wir, machen es allen recht oder stellen uns tot.[9]

Hast du z. B. einen Chef, dem du dich stellen kannst, dann wirst du dich lauthals beschweren und schimpfen (Fight). Weißt du dagegen, dass er ein Choleriker ist und um sich schmeißt, dann läufst du besser weg und wartest, bist das Gewitter vorübergezogen ist (Flight). Wenn du unbedingt auch in Zukunft noch die Unterstützung von deinem Chef brauchst, kann es sein, dass du versuchst, der Person alles recht zu machen, um möglichst schnell wieder Harmonie herzustellen (Fawn). Wenn du innerlich schon aufgegeben hast und weißt, dass du es deinem Chef sowieso nicht recht machen kannst, dann fällst du noch tiefer in eine Lethargie oder Teilnahmslosigkeit. Dann zieht alles an dir vorbei und fühlt sich komplett sinnlos an (Freeze).

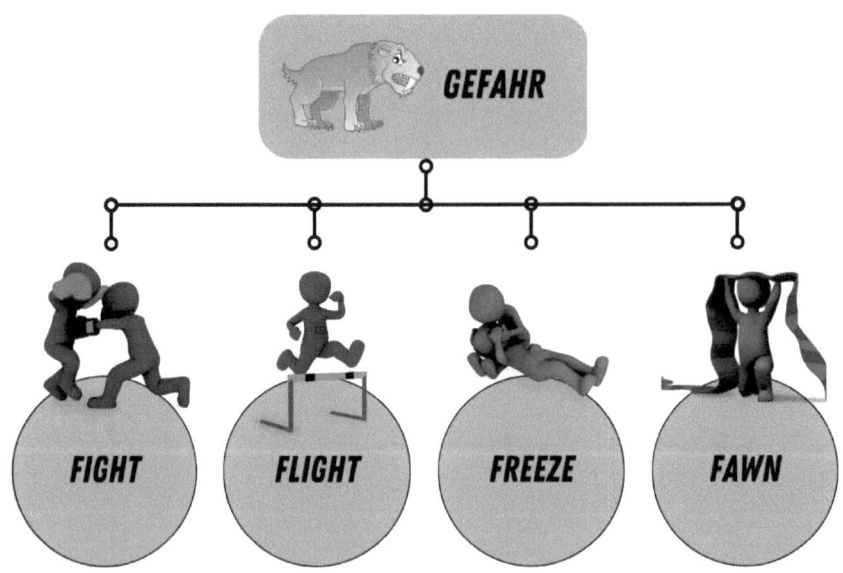

Abbildung 2: Die 4 Fs: Fight, Flight, Freeze, Fawn[8]

DEINE REALITÄT STEUERT DEIN VERHALTEN

Mal angenommen, dein Chef lädt dich nicht zu einem Meeting ein. Vielleicht regst du dich dann auf und hältst es für eine Unverschämtheit, weil du glaubst, er ignoriere dich. Deine Kollegin dagegen freut sich in dem Moment sehr. Sie freut sich, weil sie nicht zu dem Meeting muss, da sie ohnehin zu viel Arbeit zu erledigen hat und so früher nach Hause kommt. Sie vertraut ihrem Chef und denkt, er habe ihr bewusst Freiraum geschaffen.

Was passiert in dem Moment bei dir? In dieser Situation wird der visuelle und auditive Reiz «Ich sehe die Kollegen mit Einladungen und höre sie sprechen, bin selbst aber nicht eingeladen» von dir aufgenommen und an dein Gehirn übermittelt. Nun passiert innerhalb von Millisekunden einiges in deinem Inneren: Der Wissenschaftler Benjamin Lippert hat in einem Experiment nachgewiesen, dass schon 300 bis 500 Millisekunden, bevor wir die bewusste Entscheidung treffen, die Amygdala und das limbische System im Gehirn unterbewusst auf Basis der Vorerfahrungen eine Entscheidung darüber getroffen haben, wie wir reagieren. Auf diese Entscheidung können wir nicht steuernd Einfluss nehmen.

Das nachfolgende Bild zeigt dir den Ablauf nochmals in Kürze: Im Endeffekt ist es in der Situation so, dass der äußere Reiz (Verhalten des Chefs und der Kollegen) über deine Sinne in dein Gehirn gelangt. Auf Basis deiner Prägung – also deiner gespeicherten Erinnerungen in deinem Straßennetz – erstellt dein Gehirn eine Erwartungshaltung für diese Situation und sucht blitzschnell nach der passenden Straße, um ein sinnvolles Handeln durchzuführen.

Je nachdem, welche Straße gefunden wird – mit diesem oder einem ähnlichen Chef oder im Umgang mit anderen Autoritätspersonen –, entscheidet dein Gehirn, welche Reaktion gestartet wird. In dem Fall gehen wir mal davon aus, dass du eine negative Vorerfahrung hast, die Stress auslöst. Als Ergebnis zeigt sich dann deine Reaktion: Du läufst beleidigt weg, rastest aus und brüllst, versteckst dich traurig in einer Ecke oder versuchst, deinem Chef einen Gefallen zu tun, um nicht ausgeschlossen zu werden.

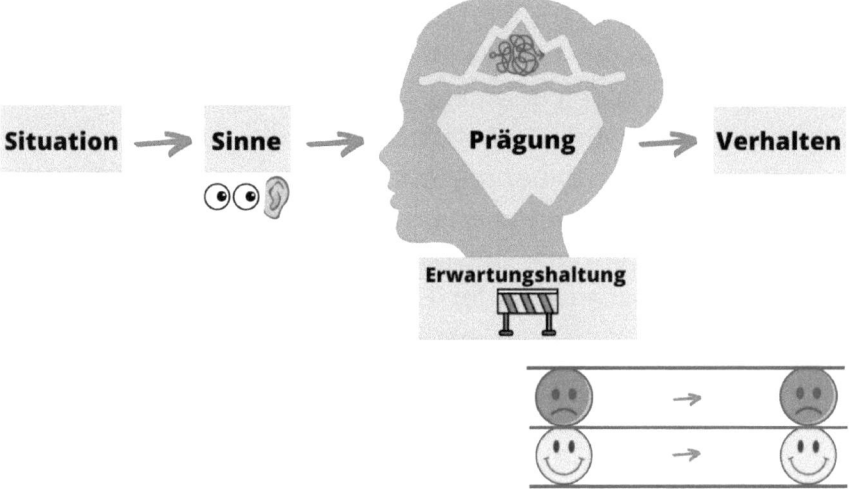

Abbildung 3: Prägung und Verhalten

Hast du positive Erfahrungen für eine Situation abgespeichert, dann wirst du dich gut fühlen und «positiv» verhalten. Hast du negative Erfahrungen gemacht, dann wirst du dich entsprechend irritiert oder schlecht fühlen und, aus der Metaperspektive betrachtet, «negativ» verhalten.

Diese unbewussten Bewertungen und Muster sind meist auch der Grund, warum wir in einem Lebensbereich alles im Griff haben und sehr erfolgreich sind, während wir in einem anderen

Lebensbereich immer wieder gegen eine Wand laufen und gar nicht wissen, warum. Wir stecken in unseren persönlichen Mustern und Automatismen fest. Doch hier gilt: Deine Ergebnisse im Leben zeigen dir, ob du eine positive oder negative Prägung hast. Wenn es Bereiche gibt, die dir immer wieder Energie und Lebensfreude rauben, dann liegt das an unbewussten Mustern, die sich immer wiederholen.

Ein gutes Beispiel ist Stress: Du kennst sicher auch einen Menschen in deinem Umfeld, der immer wieder sehr gestresst ist? Der Aufgaben förmlich anzieht und so im Dauerstress ist und nicht mehr weiß, wie er alles schaffen soll? Der permanent unter Druck steht und überlastet ist?

Hast du als Außenstehender eine Idee, wie du diesem Menschen helfen kannst, damit er weniger Stress hat? Was würdest du ihm raten? Ich bin mir sicher, es fällt dir leicht, zu erkennen, was den Stress verursacht und wie er diesen mindern kann.

Oder nimm deinen Kollegen, der sich einfach nicht unter Kontrolle hat und andere anbrüllt – ein typischer Choleriker.

Bei anderen fällt es uns leicht, die Lösung des Problems zu sehen. Ihnen würden wir empfehlen: «Lass doch die Aufgaben liegen, morgen ist auch noch ein Tag, oder nimm doch nicht so viel an.» Wir haben einen Blick von außen, bilden uns schnell ein Urteil und machen die Ursache an der Person selbst fest: «zu ehrgeizig», «selbst schuld», «kann nicht Nein sagen». Schublade auf und zu.

Wie ist es bei dir selbst? Was ist der Grund, warum du selbst permanent im Stress bist und in Aufgaben versinkst? Warum du selbst gereizt reagierst und andere beschimpfst?

Ja, du weißt genau, was du tun müsstest, um weniger gestresst zu sein. Aber die äußeren Umstände lassen es einfach nicht zu. Deswegen gerätst du immer wieder in Stress – zu viele Aufgaben, zu wenige Mitarbeiter, Themen, die nur du gut genug beherrschst.

Hier wird es vermutlich schon deutlich schwerer. Denn interessanterweise urteilen wir genau andersherum, wenn es um uns selbst geht. Bei uns selbst führen wir es auf die äußeren Umstände zurück, wenn etwas nicht nach Plan verläuft, und machen es nicht an unserer Persönlichkeit fest.

Genau darin liegt das Problem: Wenn wir eine Situation als Außenstehender betrachten, sehen wir die Lösung sehr leicht. Wenn wir aber selbst betroffen sind, ist unser Blick getrübt, da alles unbewusst über die Automatismen des Straßennetzes gesteuert wird. Das ist wie ein blinder Fleck. Dieser blinde Fleck zeigt sich immer erst durch meist wiederkehrende Probleme im Leben oder durch ein Verhalten, das wir bei anderen oder bei uns selbst sehen und gern ändern möchten, es aber nicht schaffen.

Wenn du dein Leben oder das Leben anderer Menschen verändern willst, dann geht es darum, genau diese Nervenbahnverbindungen, die Straßen im Gehirn, umzubauen. Damit Veränderung passiert, müssen wir neue, andere Vorerfahrungen machen, auf die unser Gehirn dann in der Zukunft zurückgreifen kann. Dazu braucht es eine neue Erfahrung, eine neue Perspektive und neue Bewertung. Je öfter du das Neue tust, umso stärker wird es dann auch verfestigt – und du baust dir eine neue Straße, also Erinnerungsspur, auf.

Damit eine Veränderung möglich wird, braucht es daher immer zwei Elemente:

1. Eine neue Erfahrung, ausgelöst durch das Leben oder durch ein Coaching. Denn so bewertest du eine (alte) Situation neu oder gewinnst einen positiven Blick darauf.

2. Damit die Basalkerne nachhaltig verändert werden und ein neuer Automatismus entsteht, braucht es Training, also die Stabilisierung des neuen Musters.

REALITÄT UND DEIN SELBSTWERTGEFÜHL

Auf Basis deiner Erfahrungen, deiner Realität bildet sich auch dein Selbstwert heraus. Je besser dein Selbstwert ausgeprägt ist, umso wohlwollender bewertest du dein eigenes Handeln sowie das deiner Umwelt. Hier spielt eine entscheidende Rolle, ob du früher Bestätigung und positives Feedback erhalten hast oder permanent kritisiert wurdest, weil du es nie jemandem recht machen konntest.

Je stärker dein Selbstwert, umso besser gehst du auch mit Rückschlägen und Herausforderungen um. Denn wenn wir im Leben etwas Neues lernen wollen, dann passiert es oft, dass es nicht sofort funktioniert wie erhofft. Unser Gehirn versucht, uns natürlich sofort auszubremsen. Denn neue Autobahnen zu bauen, kostet viel Energie und braucht Zeit.

Wenn du aber in deinem Leben bisher positiv bestärkt wurdest, wenn du weißt, dass du lange genug dranbleiben musst und dass Fehler gut sind und dich weiterbringen, dann hast du die Zuversicht, dass es irgendwann klappen wird. Diese Erfahrung stärkt dich und damit dein Selbstvertrauen weiter. Egal, was früher war. Heute als Erwachsener gilt, dass du dir selbst diese Bestärkung geben kannst, um deine Realität zu verändern.

Deine Realität und dein Selbstwertgefühl sind stark geprägt von den Gedanken, die du dir machst. Wenn du darüber grübelst, was in Zukunft auf dich zukommt, oder du unschöne Momente deiner Vergangenheit durchgehst, dann springen immer wieder dieselben Autobahnen im Gehirn an und lösen biochemische Prozesse in deinem Körper aus. Negative Momente erzeugen Stress, der sich negativ auf deinen Körper auswirkt.

Die Wissenschaft hat mittlerweile bestätigt: Ob wir eine Situation real erleben oder nur daran denken, hat genau den gleichen Effekt auf uns.[10] Grübeln schadet also, da durch die Aktivierung dieser Netzwerke Stresshormone ausgeschüttet werden. Auch wie du über deine Zukunft denkst, hat erhebliche Auswirkung auf dein Leben. Eine Metaanalyse mit Tausenden Probanden belegte, dass eine negative Zukunftsvorstellung unerwünschte Gefühle wie Angst und eine positive Vorstellung erwünschte Emotionen wie Freude erzeugt.[11] Das kannst du für dich auf zwei Arten nutzen:

1. **Indem du positiv denkst:** Durch Erinnerungen an den letzten schönen Urlaub oder schöne Momente mit deiner Familie erzeugst du positive Gefühle wie Dankbarkeit, Ehrfurcht, Entspannung oder Stolz. Dadurch lädst du deinen Körper mit Energie auf und tust ihm durch eine Portion Glückshormone Gutes.

2. **Indem du negative Gedankenspiralen als Einladung zur Aufarbeitung betrachtest:** Wenn du alte Konflikte, Niederlagen und Stress zerdenkst, heißt das umgekehrt, dass du dir jedes Mal Energie raubst. Es lohnt sich daher in solchen Momenten, genauer hinzuschauen und alte Situationen und Konflikte aufzuarbeiten. Denn im Endeffekt geht es «nur» darum, eine alte Situation neu zu bewerten. Das Problem liegt nicht in der Situation selbst, sondern immer an der Erinnerung, die im Nervensystem gespeichert ist.

MÖGLICH ODER NICHT? – DEINE GEDANKEN BESTIMMEN DEINEN ERFOLG

Kennst du das? Du hast einen großen Traum, eine große Idee? Und sobald du jemandem davon erzählst, bekommst du als Antwort, das sei nicht machbar.

Ich selbst kenne das nur zu gut. Als ich sechs Jahre alt war, wollte ich unbedingt wie mein Bruder Fußball spielen. Doch mir wurde zuerst gesagt, das gehe nicht, weil ich ein Mädchen sei und es nur Mannschaften für Jungen gebe. Nach ein paar Monaten Überzeugungsarbeit und permanentem Quengeln schaffte ich es dann doch. Ich durfte zum Fußballtraining. Noch heute erzählt meine Mutter die Geschichte, dass ich, ohne nachzudenken, in die Umkleidekabinen für die Jungen ging und einer der Jungen schrie: «Igitt, ein Mädchen – das darf hier aber nicht mitspielen!». Mich hat das damals gar nicht interessiert, weil ich einfach nur stolz und glücklich war, mit den Jungs Fußball spielen zu dürfen.

Einige Jahre später wollte man mir dann den Fußball verbieten. Denn ab einem gewissen Alter durften Mädchen nicht mehr bei den Jungen mitspielen. Als ich das kommen sah, habe ich bestimmt ein, zwei Jahre lang Vorstände und Trainer genervt und gefragt, was es braucht, um eine Mädchenmannschaft zu gründen. Die gab es damals nämlich im Verein noch nicht. Zwei Jahre lang wurde mir gesagt, Mädchen zögen das eh nicht durch und dann müsse man die Mannschaft wieder abmelden. Nach einem langen Kampf, permanentem Nerven und letztlich dem Ansturm von 12 Mädchen beim Vorstand haben wir endlich das Okay bekommen. Als ich 12 Jahre alt war, sagte mir dann ein Arzt: «Fußball und Sport sind für dich für immer gestorben». Die Geschichte kennst du ja aus der Einführung.

Mit Anfang 20, als ich meine Diplomarbeit schrieb, wollte ich mir unbedingt die Möglichkeiten auf einen Wechsel in die Unternehmensberatung bei den «Big-Four-Gesellschaften» offenhalten. Ich hatte mir daher in den Kopf gesetzt, dass ich mir im Rahmen meiner Arbeit selbst die internationale Rechnungslegung beibringe, eine Unternehmensbilanz von deutschem auf internationales Recht umstelle und die entsprechenden Kennzahlen analysiere. Der Leiter im Rechnungswesen, bei dem ich damals mein Praktikum absolvierte, meinte nur, das würde nicht mal er schaffen, das sei ja verrückt und nicht machbar. Er sagte auch, dass er mich nicht unterstützen könne. Im Endeffekt habe ich dann ein Unternehmen gefunden, das mir diese Chance gegeben hat. Und siehe da, es war sogar mit einer sehr guten Bewertung möglich. Davon gibt es noch einige Geschichten mehr …

Es geht nicht um Prahlerei, dazu sind die Geschichten zu unbedeutend. Du kennst ganz sicher auch solche Geschichten, bist voller Begeisterung und willst unbedingt etwas erreichen. Auf einmal kommt eine Blutgrätsche von der Seite und es fühlt sich an, als zerplatzten deine Träume.

Wichtig ist zu verstehen: Alle diese Menschen meinen es nur gut mit dir. Sie wollen dein Bestes, wollen dich vor Fehlern schützen, wollen dich vor Kritik, Niederlagen oder großen Anstrengungen und Reibereien bewahren. Meist sind es genau diese beschützenden Stimmen von früher, die du verinnerlicht hast und dir heute noch sagen, dass du etwas nicht kannst, obwohl du es noch nicht einmal versucht hast. Doch egal was andere sagen, wichtig ist nur die Frage: Willst du es so sehr, dass du eine Lösung finden wirst?

Mach dir bewusst: Jeder Mensch gibt dir immer nur eine Auskunft darüber, was in seiner Realität möglich ist. Diese basiert auf den eigenen verinnerlichten Ängsten und Glaubenssätzen. In den meisten Fällen haben diese Menschen das, was du vorhast, noch nie selbst versucht. Selbst wenn, dann weißt du nicht, mit wie viel Einsatz die Person es versucht oder welche Fähigkeiten sie im Vergleich zu dir hat. Das ist auch völlig egal. Denn es sind nicht die anderen, die dich bremsen. Es sind deine eigenen Gedanken. Nur du bestimmst, was du schaffen kannst. Und zwar, indem du es selbst testest und versuchst. Du hast einen anderen Körper, andere Fähigkeiten, eine andere Denkweise und eine ganz andere Motivation als der Rest der Welt. Schau, was für dich möglich ist, und lass dich nicht von anderen begrenzen. Verfolge deine Träume, dann hast du nichts zu verlieren.

Teste Möglichkeiten, lass dir Tipps geben, wie es nicht geht und wie es geht, dann teste neue Möglichkeiten. Wir haben doch nur Angst, zu scheitern und dann kritisiert zu werden oder uns schämen zu müssen, weil die anderen recht hatten. Doch warum? Wenn du etwas versuchst, das andere nicht tun, dann ist das doch mutig und nicht naiv. Im schlimmsten Fall bist du um ein paar wertvolle Erfahrungen reicher und hast dir selbst Mut bewiesen. Dann gehst du dahin zurück, wo du jetzt bist –

mit neuen Erfahrungen. Aber wenn du etwas nur genug willst und lange genug an der Umsetzung dranbleibst, dann wirst du dein Ziel erreichen.

NEGATIVE GEDANKEN LOSWERDEN

Um deine Realität und dein Leben nachhaltig zu verbessern, ist es wichtig, negative Gedanken loszuwerden.

Dabei helfen dir drei Übungen für den Alltag:

1. Trage ein Armband oder eine Uhr, und jedes Mal, wenn du negativ über dich oder andere denkst, wechselst du die Seite, an der du das Armband bzw. die Uhr trägst. Du wirst erschrecken, wie oft du die Seite wechseln musst.

2. Schreib alle Dinge auf Post-its, die in dir Stress verursachen und über die du täglich nachdenkst. Unterteile deine Post-its in zwei Bereiche: In einem Bereich sammelst du Themen, über die du Kontrolle hast. Leg diese in eine Box und lass sie los – du kannst sie eh nicht ändern. Im zweiten Bereich sammelst du Themen, über die du Kontrolle hast. Arbeite jede Woche ein Thema ab, finde eine Lösung und befreie dich von der Last.

3. Führe ein Erfolgs- und Dankbarkeitstagebuch. Schreib dir hierzu jeden Morgen im Bett fünf Dinge auf, für die du dankbar bist, und spüre in die Dankbarkeit hinein. Dann überleg dir jeden Abend im Bett zwei Dinge, auf die du an dem jeweiligen Tag stolz bist und die du gut gemacht hast. Du wirst schnell einen Unterschied in deiner Stimmung bemerken.

DIE KLEINEN WUTAUSBRÜCHE IM ALLTAG

Ein stressiger Tag im Büro. Du hattest gerade ein anstrengendes Mitarbeitergespräch und stehst total unter Strom. Du willst noch schnell die HR-Abteilung vor deinem nächsten Termin anrufen, um ein paar wichtige Informationen abzufragen. In dem Moment klopft es stürmisch an deiner Tür. Helga öffnet sie und winkt ganz hektisch, wie immer. Du zeigst auf den Hörer und suggerierst ihr damit, es gehe gerade nicht. Und trotzdem stürmt sie in dein Büro und fängt an loszuschimpfen. In dem Moment stehst du auf und fährst sie an: «Sag mal, geht's noch? Du siehst doch, dass ich telefoniere!»

Kurze Zeit später tut dir dein kleiner Ausraster leid und ist dir peinlich. Eigentlich weißt du gar nicht, warum du nicht einfach ruhig geblieben bist und sie weggeschickt hast.

Solche Situationen, die uns emotional unverhältnismäßig stark mitnehmen und kurzzeitig die Kontrolle verlieren lassen, sind alte, nicht verarbeitete emotionale Erlebnisse, die sich zeigen. Die gerade erlebte Situation ruft alte Erinnerungen und Gefühle aus der Vergangenheit auf, triggert eine Autobahn beziehungsweise Nervensystemverbindung und lässt uns daher blitzschnell reagieren und vor allem überreagieren.

In unserem Gehirn passiert in so einer Situation Folgendes: Es gibt einen Bereich, der die Emotionen und Erinnerungen regelt (Amygdala). Dann gibt es einen weiteren Bereich im Gehirn, der den Verstand und das logische Denken steuert (präfrontaler Cortex). Beide konkurrieren um die gleiche Stromquelle – ist der eine stark, ist der andere schwach. Im Normalzustand hat der präfrontale Cortex, also der Verstand, die Kontrolle, nutzt den ganzen Strom und stellt so die Emotionen ruhig. Steigt nun aber der Stress, dann nutzt auf einmal das Emotionszentrum den kompletten Strom und drängt so die Kontrollfunktion Verstand in den Hintergrund. Je höher das Stresslevel oder je stärker der emotionale Trigger, umso schneller oder stärker fahren wir aus der Haut – wir haben einen Wutanfall. Diese Wutanfälle kannst du loswerden, indem du dein Muster, deine Autobahn dahinter, verstehst.[12]

Schau dir ergänzend das passende Video im Bonusbereich an, um diesen Prozess noch besser nachvollziehen zu können:

KAPITELZUSAMMENFASSUNG

Du hast die Macht, deine Welt zu verändern. In diesem Kapitel hast du Folgendes gelernt:

- Stoppe negative Denk- und Verhaltensmuster wie Beschwerden, Kritik, Vergleiche, Lästern, andere kleinmachen – denn die rauben dir Energie.

- Positive Denk- und Verhaltensweisen steigern dein Selbstvertrauen und erzeugen positive Gefühle wie Dankbarkeit und Demut.

- Deine Realität, dein aktuelles Leben ist ein Konstrukt aus deinen gespeicherten Erfahrungen.

- Ob du glücklich und erfolgreich bist oder immer wieder scheiterst, hängt davon ab, ob du einen positiven oder negativen Bewertungsfilter hast.

- Du selbst bestimmst, welche Menschen du in dein Leben lässt, wie lange du es mit ihnen aushältst und wie viel Zeit du mit diesen Menschen verbringst.

- Dein Gehirn entwickelt sich bis zum siebten Lebenjahr fast vollständig aus. Daher sind gerade die Erfahrungen in den ersten Lebensjahren sehr prägend für dein Leben.

- Machst du Erfahrungen in deinem Leben, dann bilden sich in deinem Gehirn Verknüpfungen zwischen Nervenzellen aus, Erinnerungsstraßen entstehen. Je stärker so eine Erinnerungsstraße, umso gefestigter sind deine Gewohnheiten.

- Bei Stress greifst du auf vier Bewältigungsmodi zurück, um mit der Unsicherheit umzugehen: Fight, Flight, Freeze, Fawn.

- Bevor du dir sagst: «Das mache ich jetzt», hat dein Gehirn auf Basis deiner Vorerfahrungen schon längst eine Entscheidung getroffen, wie du dich verhältst.

- Unverhältnismäßige Wutausbrüche im Alltag resultieren aus alten, verdrängten Emotionen.

- Wenn du etwas unbedingt erreichen willst und Menschen dich ausbremsen, dann mach dir bewusst, dass sie dir damit nur zeigen, was in ihrer Realität möglich ist – nicht in deiner.

WAS BEDEUTET DAS FÜR DICH ALS FÜHRUNGSKRAFT?

- Deine Bewertungen und deine Denkweisen beeinflussen dein Urteil über andere Menschen.

- Hol Menschen aus deinen gedanklichen Schubladen und gib ihnen eine zweite Chance.

- Nutze meine Devise: An jeder einzelnen Situation im Leben hast du einen eigenen Anteil von mindestens 20 Prozent – such auf dieser Basis den Grund für Streit und Konflikte.

- Setze keine Begrenzungen, sondern ermutige deine Mitarbeiter dazu, eigene Erfahrungen zu machen.

- Negative Ergebnisse im Team zeigen dir negative Denkweisen auf – von dir und deinem Team.

- Veränderungen in deinem Leben brauchen Zeit, die Nervenbahnen in deinem Gehirn müssen sich neu verschalten.

- Geh als Vorbild voran – durch Abschauen werden auch neue Nervenbahnvernetzungen erzeugt.

- Wutausbrüche sind vermeidbar – Aufarbeitung hilft. Dulde daher keine Wutausbrüche.

2. DU BIST, WAS DU TUST UND WIE DU DICH FÜHLST

> «Wenn du dir in deinem Training oder
> woanders Grenzen setzt, wird sich das auch auf
> andere Bereiche deines Lebens ausweiten.
> Es gibt jedoch keine Grenzen.
> Es gibt nur Plateaus.
> Dort solltest du nicht bleiben.
> Du musst sie durchbrechen.»
>
> Bruce Lee
> (Kampfkunstlegende und Ikone des Martial-Arts-Films)

Der Soziologe Charles Horton Cooley schrieb bereits 1902: «Ich bin nicht, was ich denke zu sein, und nicht, was du denkst, ich sei. Ich bin, was ich denke, du denkst, ich sei.»[1]

Ein spannender Satz. Unsere Identität beruht auf dem, was wir denken, dass die anderen von uns denken.

Wir alle haben verschiedene Rollen in unserem Leben, die Rolle des Unternehmers, der Führungskraft, des Partners, des Elternteils, des Freundes, der Tochter oder des Sohnes. Oftmals spielen wir in jeder dieser Rollen unterschiedliche Facetten unserer Persönlichkeit aus – gemäß dem, was vermeintlich von uns erwartet wird.

Diese Rollen sind wichtig für uns, da sie uns in einer Gemeinschaft funktionieren lassen, auch wenn wir auf gewisse Dinge gar keine Lust haben. Zum Beispiel gehen wir als Angestellte zur Arbeit, weil wir unseren Lebensunterhalt verdienen müssen. Und manchmal beißen wir uns als diplomatische Tochter auf die Zunge, um einen unproduktiven Konflikt mit den Eltern zu vermeiden. Wir leben so viele verschiedene Rollen, dass wir oftmals vergessen – oder noch nie wirklich wussten –, wer wir eigentlich sind.

Die Rollen verschwimmen immer mehr, und wir trainieren uns neue Verhaltensweisen an, die gar nicht unserem Naturell entsprechen. Die knallharte Unternehmerrolle wird mit nach Hause in die Partnerschaft genommen. Die Macht und Ellenbogenmentalität im Job bringt Frauen dazu, ihre Weiblichkeit und damit sich selbst zu verlieren. Egal wie gut man seine Rolle spielt, oft endet es damit, dass man irgendwann zwar erfolgreich ist und alles hat, aber doch merkt, dass man nicht wirklich glücklich ist. Denn wir leben ein Bild, das andere von uns erwarten – auf Kosten unserer eigenen Werte und Bedürfnisse. Wir leben ein völlig verzerrtes Bild von uns selbst und verlieren uns.

Ich kenne das auch von mir selbst. Als kleines Kind war ich immer sehr aufgeweckt und wild. Ich habe mich z. B. einfach zu wildfremden Menschen an den Tisch gesetzt. Es kam laut meiner Mutter auch vor, dass ich als Dreijährige andere Menschen zurechtgewiesen habe, dass sie mir nicht ins Gesicht fassen sollen oder mal dringend ihre Schuhe putzen müssen. Und in meinen Grundschulzeugnissen stand geschrieben, dass ich immer die Anführerrolle übernahm. Doch es kamen Zeiten, in denen ich immer unsicherer wurde und nicht recht wusste, wie ich mich richtig verhalten sollte. Das begann während meiner Jugend und zog sich bis in mein Leben als Berufstätige. Meine innere Kritikerin sagte mir: «Fahr mal eine Stufe zurück, fordere nicht so viel von anderen Menschen. Du kannst nicht immer von dir ausgehen und so direkt sein!» Du kennst das vielleicht: zu laut, zu leise, zu groß, zu klein, zu blöd, zu schlau … Je mehr du auf diese Stimme hörst, desto mehr schlüpfst du in Rollen, die gar nicht deine sind.

Mach dir bewusst: Je mehr du tagein, tagaus eine Rolle einnimmst, desto mehr wirst du tatsächlich zu dieser Rolle. Schauspieler sind hierfür prädestiniert, sie nutzen das sogenannte

Method Acting. Dies ist eine Methode, bei der ein Schauspieler sich so lange in seine Rolle hineinversetzt – also denkt, handelt und fühlt wie sie –, bis er mit der Rolle verschmilzt. Dies ist ein enormer Benefit für die Schauspielleistung, aber eben auch ein entsprechendes Risiko, je nachdem, welche Rolle man spielen soll. Beste Beispiele sind: Heath Ledger als der verrückte «Joker» in «The Dark Knight» oder Daniel Day-Lewis im Film «Gangs of New York», der auch außerhalb des Drehortes seine fiese Rolle als «Bill the Butcher» beibehielt und Kämpfe anzettelte.[2]

Doch wie willst du glücklich sein, wenn du Rollen spielst und gar nicht du selbst sein kannst? Cooley beschreibt das als Spiegelbildeffekt. Ich bin so, wie ich glaube, dass andere es von mir erwarten. Je nachdem, wie dein Gegenüber dich spiegelt, verhältst du dich.

Bist du unter Menschen, bei denen du dich unterlegen fühlst, nimmst du die Rolle der bescheidenen, zurückhaltenden Person ein – auf der Arbeit dagegen die starke Entscheiderrolle. Auch unser Cyber-Self, also die Social-Media-Rolle, wirkt sich mehr und mehr auf uns aus. Selfies sind eine klare Frage: «Mögt ihr mich so wie auf dem Bild?»[3]

Auch wir selbst drängen andere Menschen in Rollen. Wenn deine Rolle immer der Retter, die Erfolgreiche oder der Hilfsbereite ist, dann ist das wie in einem Film. Du wirst die Hauptrolle entsprechend besetzen und Menschen in dein Leben ziehen, welche die passenden Nebenrollen einnehmen. So geschieht es oft, dass Menschen z. B. immer die Rolle des Gebers einnehmen und sich irgendwann beschweren, dass nur sie ständig geben müssen.

Abbildung 4: Spiegelbildeffekt[1]

Wenn wir uns also schämen oder verstellen, dann immer deshalb, weil wir glauben, die Erwartungen anderer nicht zu erfüllen. Wir leben permanent in der Angst, nicht gut genug zu sein, zu versagen, abgelehnt zu werden. Und das zehrt an uns und raubt uns Lebensenergie.

Doch weißt du was? Wenn zehn Menschen vor dir stehen, dann gibt es zehn Spiegel, die dir alle ein jeweils anderes Bild von dir zurückspiegeln. Allen zehn zu entsprechen, das geht nicht. Niemals. Und genau das ist ein großes Problem von Führungskräften – sie wissen gar nicht, wer sie wirklich sind, orientieren sich an den Erwartungen ihrer Chefs, Mitarbeiter, Kollegen und zerreißen sich selbst. Daher ist es wichtig, herauszufinden, wie du sein möchtest und was für dich stimmig ist. Und dann: Lebe es.

Vor vielen Jahren habe ich einem guten Freund, der selbst als Führungskraft tätig war, erzählt, dass ich mich mit meinen Mitarbeitern über eine durchzechte Nacht unterhalten habe. Seine

Rückmeldung war: «Das kannst du denen doch nicht erzählen, die verlieren doch vollkommen den Respekt vor dir.» Ich sagte ihm, dass ich das komplett anders sehe. Denn meine Mitarbeiter wussten genau, dass man mit mir viel Spaß haben und auch Blödsinn machen kann. Sie wussten aber auch genau, was meine Ansprüche, Erwartungen und Grenzen sind – daher war das für mich nie ein Thema.

Um glücklich zu sein, ist es wichtig, dass du dich selbst kennenlernst. Wer bist du wirklich, was sind deine Werte und Bedürfnisse, wofür willst du stehen? Dann lebe danach.

Wenn du lebst, wer du sein willst, und so dein eigenes Spiegelbild findest, dann heißt das, dass du Kritik und Widerstände erfahren wirst oder dass du Beziehungen loslassen musst. Denn du wirst nicht mehr jedem Spiegelbild entsprechen. Aber es lohnt sich. Du bist nicht mehr der Spielball deiner Rollen und hörst auf, dich innerlich zu zerreißen. Finde heraus, wie dein ideales Selbst ist, und lebe es so authentisch wie möglich.

BIST DAS DU ODER KANN DAS WEG?

Wenn wir auf die Welt kommen und heranwachsen, sind wir mit uns selbst im Reinen. Wir sind glücklich und tun immer genau das, was uns guttut und Spaß macht. Doch dann kommen die Einflüsse von außen. Die Eltern, Medien, Lehrer usw. erklären uns, wie wir zu sein haben. Sie wollen alle nur dein Bestes. Doch jede einzelne Bezugsperson in deinem Leben gibt dir einen Teil ihrer Verkleidung ab – also ein Stück von dem, was sie selbst gelernt hat. Eine sehr sicherheitsbedachte Person lehrt dich, dass man sehr vorsichtig sein muss. Eine sehr ehrgeizige Person zeigt dir, dass man Leistung erbringen muss. So bekommen wir im Laufe der Jahre viele Schichten an Verkleidungen, die uns einhüllen.

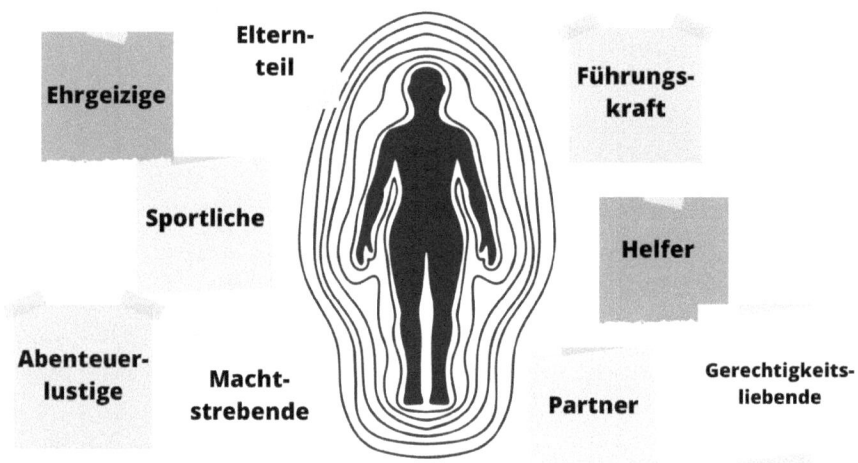

Abbildung 5: Deine Rollen

Deine Identität heute ist also eine Vielzahl an übernommenen Verkleidungsschichten deiner Bezugspersonen und erzeugt die Rollen, die du in deinem Alltag lebst. Wenn du heute in den Spiegel schaust, erkennst du nur ein verhülltes Selbst von dir. Das verhüllte Selbst versteckt somit, wer du eigentlich bist, was dir wichtig ist und was du tun willst. Daher dürfen wir im Leben lernen, welche Verhüllungen wir ablegen wollen. Denn diese Verhüllungen passen eigentlich nicht zu unserem Selbst und unseren Werten.

Im Endeffekt dürfen wir als Erwachsene die Verhüllungen wieder Stück für Stück ablegen, um unserem idealen Selbst näher zu kommen.

Übung: Am besten fragst du deine Eltern, was du als Kind gern gespielt hast, wie du als Kind warst, was deine Eigenschaften und Talente waren. Lass dir alte Geschichten erzählen. So erkennst du tief verankerte Vorlieben und Rollen, mit denen du dich wohlfühlst.

ÜBERNOMMENE WERTE

Nun zu deinen Werten: Sie sind wie ein Navigationssystem im Leben. Es steuert dich und gibt dir unbewusst vor, wer du sein bzw. wie du mit dir und anderen Menschen umgehen willst. Wenn du deine Werte nicht kennst, dann irrst du umher, verfährst dich und landest irgendwann mit dem Auto im Bach oder auf einer Skipiste. Das sind die Momente, in denen wir uns verloren fühlen. Wir wissen nicht, warum wir erfolgreich, aber unzufrieden sind. Das sind auch die Momente, in denen wir uns gern gegen andere Menschen durchsetzen und Grenzen aufzeigen wollen – aber eine innere Kraft hält uns zurück.

Sobald du deine Werte kennst, führst du automatisch Handlungen aus, die gut für dich sind und dich glücklich machen. Du umgibst dich mit Menschen und triffst Entscheidungen in deinem Leben, die dir Energie geben.

Hinterfrage deine aktuellen Werte. Schreib dir dazu Werte auf, die dein Leben aktuell prägen. Überleg auch, von wem du diese Werte übernommen hast und ob du vollkommen hinter diesen Werten stehst. Denn wir alle haben Werte vorgegeben bekommen, die einem «Überleben» in der Gesellschaft dienlich sind. Sie sagen uns, was wir zu tun haben, wie wir leben sollen und wie wir unser Leben und unsere Gedanken auszurichten haben.

Doch oftmals widersprechen genau diese unserem Naturell und bringen uns in einen inneren Zwiespalt.

Dein Wert	Von wem habe ich den gelernt/übernommen?	Stehe ich dahinter?
Freiheit	Ich	Ja
Hilfsbereitschaft	Eltern	Ja, eingeschränkt
Qualität und Perfektionismus	Gesellschaft/Schule	Eingeschränkt. Qualität ist wichtig. Aber besser unperfekt starten, als auf das Perfekte zu warten.
Harmonie	Eltern	Jein
Familie	Gesellschaft/Familie	Jein
Aussehen	Medien	Nein
Teamgedanke	Schule/Familie	Jein

Abbildung 6: Deine aktuellen Werte

Im Workbook aus dem Bonusbereich findest du eine Vorlage für diese Übung. Scanne den QR-Code und lade sie dir herunter:

Um als Unternehmer, Führungskraft oder auch als Familienmensch, Elternteil oder Partner glücklich und erfolgreich zu sein, benötigst du Klarheit über deine Werte. Welche Werte sind elementar für dich? Und in welchen Rollen musst du manchmal gegen diese Werte verstoßen, um dich und andere zu schützen? Diese Klarheit hilft dir, in brenzligen Situationen gut damit umzugehen.

Dazu möchte ich dir die Geschichte eines Unternehmers erzählen. Sein Cousin arbeitete seit 20 Jahren als Angestellter in seinem Betrieb, bis sich herausstellte, dass er jahrelang seine Zeiterfassung gefälscht und so das Unternehmen um mehrere Tausend Euro bestohlen hatte.

Die zentralen Werte und Motive dieses Unternehmers sind u. a. Loyalität, Verbundenheit, Harmonie und Hilfsbereitschaft. Eigenschaften, die viele Menschen in seinem Umfeld sehr zu schätzen wissen. Die aber auch ausgenutzt werden können, wenn man keine Grenzen setzt. So war es auch in diesem Fall. Dem Unternehmer war damals sofort klar, dass der Arbeitsvertrag sofort beendet werden musste. Doch er geriet in einen Rollen- bzw. Interessenkonflikt. Die Rolle Familienmensch mit Fokus auf Loyalität, Verbundenheit und Harmonie hätte dem Mitarbeiter noch eine weitere Chance gegeben. In der Rolle als Unternehmer war eine Trennung der einzig richtige Weg. Und trotzdem hat er sich extrem schwergetan und sich innerlich zerrissen gefühlt.

Dieses Beispiel zeigt, wie wichtig es ist, zu wissen, wofür man als Unternehmer und Führungskraft stehen möchte und wofür als Mensch. Als Führungskraft kannst du nicht dauerhaft negative oder wenig leistende Mitarbeiter dulden. Das macht dein Unternehmen kaputt und riskiert die Jobs und Gesundheit der anderen Teammitglieder.

LEBST DU DAS, WAS DIR WICHTIG IST?

«Denn sie zeigen dir in kurzer Zeit den Istzustand auf. Keine Verschönerungen, sondern Klarheit.» Ersetzen durch: «Sie zeigen dir klar den Istzustand auf, ohne Verschönerungen.»
Du kannst dir vieles schönreden – doch deine Taten und die Ergebnisse in deinem Leben sprechen die Wahrheit. Wofür du deine Zeit verwendest und dein Geld ausgibst, spiegelt die Werte wider, nach denen du aktuell lebst. Wenn das die Werte sind, die dich erfüllen, super. Wenn nicht, solltest du dringend Änderungen vornehmen. Denn das dicke Auto und die Luxusreise werden dich nicht glücklich machen, wenn du eigentlich Verbindung und Harmonie zu deinen wichtigsten Werten zählst.

Womit verbringst du die meiste Zeit in deinem Leben? Bist du überwiegend bei der Arbeit, beim Sport und selten zu Hause?
Ist dir deine Familie, dein Partner wichtig? Dann hör auf, dich hinter der Arbeit zu verstecken, und verbringe Qualitätszeit mit ihnen. Das Problem vieler Beziehungen heute ist, dass eigentlich jeder sein Bedürfnis nach Nähe und Liebe stillen möchte. Doch oftmals ist es so, dass wir gelernt haben, Liebe mit Leistung zu koppeln. Wir arbeiten viel, um der Familie Sicherheit und einen guten Lebensstandard zu geben, und vergessen dabei, dass echte Liebe durch Nähe, gemeinsame Zeit, Austausch und Präsenz entsteht. Einmal verstanden, kann jeder hier Verbesserungen vornehmen.

Erstell dir eine Zeitbilanz und frag dich, womit du deine 24 Stunden am Tag verbringst und ob dich das so glücklich macht. Wenn du das Gefühl hast, zu wenig Zeit zu haben und den Ansprüchen anderer Menschen nicht gerecht zu werden, dann deshalb, weil du selbst nicht im Einklang mit deinen Werten lebst.

Abbildung 7: Zeitbilanz: IST und SOLL

Wofür gibst du dein Geld aus? Für Statussymbole und Luxus? Oder für Dinge, die dich erfüllen, die dich weiterbringen? Nutzt du dein Geld, um dich weiterzubringen, oder wirfst du es für Dinge aus dem Fenster?

Abbildung 8: Geld und Zeit

Verschaff dir Klarheit darüber, wie du in Zukunft deine Zeit und dein Geld besser einsetzen möchtest. Was ist dir im Leben am wichtigsten? Investiere deine Zeit in diese Bereiche. Setze dabei rechtzeitig Prioritäten und fang nicht erst an umzudenken, wenn alles zu spät ist.

Setze immer einen klaren Fokus auf das, was du gerade tust. Sei bei deiner Familie wirklich präsent und hör zu. Fokussiere dich in Meetings auf das aktuelle Thema und blende alles andere aus. Und vor allem: Handy aus. Präsenz ist die Lösung und Multitasking der Fehler. Alles, was verschwimmt (Arbeitshandy bei der Familie, Social Media während der Arbeit), nimmt dir den Fokus und deine Leistungsfähigkeit.

Lebe Qualitätszeit und lass nicht nur deinen Körper bei der Familie anwesend sein, während dein Kopf noch bei der Arbeit ist. Gewinne Zeit, indem du deine Zeitfresser identifizierst und Gegenmaßnahmen beschließt. Statt zum Beispiel abends sinnlos Serien zu schauen, nutze die Zeit für Gespräche mit dem Partner oder der Familie. Im Sport heißt es: Wer effizient trainiert, kann länger chillen. Das gilt auch für Unternehmer.

DEINE STIMMUNG, DEINE GEFÜHLE, DEIN LEBEN

Es ist Montagfrüh, zehn Uhr. Mein Wochenende war super, ich war in den Bergen, konnte meine Batterien aufladen. Es war einfach nur schön. Heute früh hatte ich schon einen Termin mit meinem Lieblingskollegen, der ähnlich gut drauf und energiegeladen war. Ein Tag kann doch nicht besser beginnen. Und dann kam Claudia. Claudia, eine extrem ehrgeizige Führungskraft, kaum im Meeting eingewählt, schon geht es los: «Du glaubst nicht, was heute früh schon wieder los ist. Seit acht Uhr bin ich in Terminen, alles muss dringend erledigt werden und bleibt an mir hängen. Ich weiß gar nicht, wie ich das alles schaffen soll, mein Kalender ist heute schon komplett durchgetaktet. Es reicht vermutlich noch nicht einmal für die Mittagspause. Und weißt du was? Selbst gestern Nacht habe ich extra noch versucht, alle E-Mails für die Geschäftsführung zu beantworten. Trotzdem brennt heute schon wieder alles. Und ich bin mir sicher, dass sie, obwohl sie alle Unterlagen vorliegen hat, doch wieder keine Entscheidungen trifft. Und dann noch meine Mitarbeiter – alles muss man denen vorgeben, und immer bleibt alles an mir hängen. Schlimm. Du kennst ja Mark und Andreas. Was die mir wieder geliefert haben, das kann man niemandem vorlegen.» Claudia war im Dauerstress, permanent. Es lief jedes Mal gleich ab. Sie berichtete mit schneller, aufgeregter Stimme – so schnell, dass man kaum zuhören konnte, ohne nicht automatisch selbst gestresst zu werden. Oftmals habe ich versucht, das Thema zu wechseln. Irgendwann habe ich einfach damit angefangen, in den ersten fünf Minuten den Ton im Onlinemeeting so leise zu drehen, dass ich sie fast nicht mehr gehört habe. Das hat funktioniert. Claudia ist ein netter Mensch, aber auch eine Führungskraft, die auf ihren Stress stolz ist. Sie versucht, Bestätigung zu bekommen, indem sie allen erzählt, wie viel sie zu tun hat und was alles an ihr hängen bleibt. Wenn du dich mit Menschen wie Claudia unterhältst, geht es um stressige Situationen, Beschwerden über unfähige Mitarbeiter, Probleme. Außerdem ist Claudias Körper im Dauerstressmodus – man merkt das an ihrer Unruhe, der permanenten Hetze, der mangelnden Präsenz und der hektischen Stimme.

Kennst du Menschen wie Claudia, die permanent gestresst sind, die sich immer wieder beschweren und dir erzählen, was und wen sie alles retten müssen? Claudia ist kein Einzelfall – es gibt ganz viele Claudias. Wie geht es dir, wenn du mit solchen

Claudias sprichst? Fühlst du dich nach solchen Gesprächen energiegeladener, vitaler und voller Begeisterung? Oder rauben dir solche Gespräche eher Energie? Mir war das viele Jahre nicht bewusst – ich habe mich oftmals den Tag über gefragt, wo meine Motivation geblieben ist und warum ich mich so erschöpft fühle. Erst als mir bewusst wurde, wie sich Stress überträgt, konnte ich meine Energieräuber finden. Bei Menschen in meinem Umfeld, aber auch durch meine eigenen Denkweisen und Verhaltensmuster. Denn in jedem steckt eine kleine Claudia.

Eine Bestandsaufnahme lohnt sich also: Bei welchen Menschen in deinem Umfeld geht es dir nach einem Gespräch schlechter als vorher und wann geht es dir besser? Mache dir klar, dass es Energieräuber und Energiespender gibt.

Betrachte dich diesbezüglich auch ehrlich selbst: Bist du aktuell für andere eher ein Energieräuber oder Energiespender?

Albert Einstein sagte: «Alles im Leben ist Energie». Man könnte auch sagen: Wenn es uns im Leben gut geht und wir glücklich sind, dann sind wir voller Energie und starker Vibes und spüren positive und stärkende Emotionen. Das ist der Zustand, der für uns und unser Umfeld am förderlichsten ist.

Sobald du intensiv an deinen letzten Streit mit deinem Partner oder Kollegen denkst, dann spürst du, wie in dir Ärger, Wut, vielleicht sogar Trauer aufkommen. Du fühlst dich wieder so schlecht wie in der Situation selbst.

Völlig konträr ist das, wenn du intensiv an deinen letzten Urlaub denkst. Dann spürst du, wie gut es dir ging, wie entspannt und ausgeglichen du warst, und denkst an die Freude und die positiven Momente. In dir breitet sich ein schönes Gefühl aus.

Abbildung 9: Emotionsskala[4]

Mach dir deine eigene Verantwortung bewusst. Du selbst entscheidest, welche Emotionen du jeden Tag lebst. Wenn du dich täglich ärgerst, weil deine Mitarbeiter nicht genug leisten und immer alles an dir hängen bleibt, dann hat das viele negative Effekte: Du beraubst dich selbst deiner Leistungsfähigkeit und deiner Energie – denn negative Emotionen sind deine Energieräuber. Du raubst auch deinem Team Energie, wenn du als Unternehmer und Führungskraft im Dauerstress bist. Stress stößt biochemische Prozesse im Körper an, die uns automatisch in Alarmzustand, in den Fight- oder Flight-Modus versetzen und somit die Emotionen Angst und Wut triggern. Genau aus diesem Grund passiert es oft unbewusst, dass Teams Angst vor Fehlern haben, dass die Motivation und die Stimmung sinken.

Eine Unterscheidung ist hier wichtig: Jede einzelne Emotion ist hilfreich und dient uns. Sie sendet dir eine wichtige Nachricht.

Wut zeigt dir z. B., dass jemand deine Grenzen überschreitet, und will dir helfen, dich abzugrenzen. Ärger kann dir helfen, Kraft aufzubringen, um zu handeln und Probleme anzugehen. Im Endeffekt zeigen dir die unerwünschten Emotionen, dass du dich um deine Bedürfnisse kümmern sollst.

Leider lehnen wir genau diese gesellschaftlich unerwünschten Emotionen ab. Wir wollen sie nicht spüren, weil wir gelernt haben, dass man nicht wütend sein darf. Wir verdrängen sie. Doch alles, was wir verdrängen, verstärkt sich immer mehr. Wir dürfen wieder lernen, alle Emotionen zu spüren, Wut und Ärger genauso wie Freude und Liebe. Wir brauchen beide Emotionen, wir brauchen das Auf und Ab wie bei einer Achterbahnfahrt. Das ist Teil des Lebens, sonst würden wir in einer sehr langweiligen Nulllinie leben. Lass alle Emotionen zu, aber achte darauf, dass du mit den Emotionen, die dich blockieren, bewusst umgehst.

DEIN EMOTIONALES ZUHAUSE

Ein typisches Bild der deutschen Urlauber: Du steigst im Urlaubsort in den Flieger, alle sind entspannt und super gelaunt. Doch kaum in Deutschland am Gepäckband angekommen, spürst du, wie der Stress, das Drängeln, das Meckern losgeht. Von Entspannung keine Spur mehr.

Auch bei dir – spätestens am zweiten Tag bei der Arbeit spürst du nichts mehr von der Urlaubsenergie und bist sofort wieder voll im Alltagstrott gefangen. Auf dich prasseln die Geschichten und Beschwerden der Mitarbeiter ein und dir bleibt nichts anderes übrig, als alles nachzuarbeiten, was in der Zeit nicht abgearbeitet wurde. Du rennst wieder täglich im Kreis wie ein Tiger im Käfig.

Woher kommt es, dass du ganz schnell wieder in ein altes Verhalten, in alte Denk- und Emotionsmuster zurückfällst? Warum kannst du eine positive Stimmung und Energie aus dem Urlaub nicht dauerhaft behalten?

Die gute Nachricht: Es ist möglich. Du hast wie jeder andere Mensch ein emotionales Zuhause. Das ist ein Zustand, den du gut kennst und zu dem du im Alltag immer wieder zurückkehrst. Ich beschreibe dir das mal anhand einer einprägsamen Metapher: Mit deinem emotionalen Zuhause verhält es sich wie bei einem Temperaturregler, mit dem du deine Gemütstemperatur konstant bei 20 Grad hältst. Das ist deine Normaltemperatur. Im Urlaub, wenn du gute Laune hast, dann steigt deine Temperatur kurzzeitig auf 40 Grad an und dein System meldet: Oh, viel zu heiß, mit so viel guter Laune kommen wir gar nicht klar. Lass uns wieder nach negativen Punkten schauen, damit die Temperatur wieder nach unten geht. Fokus geändert – und zack, sinkt die Temperatur und damit deine Stimmung durch deine Gedanken und Emotionen wieder zurück auf den Ausgangspunkt von 20 Grad. Der Zustand, den du kennst und bei dem du dich zu Hause fühlst.

Genauso geht es andersherum. Wenn dir etwas passiert, das dich aufregt – mal angenommen, du fühlst dich unfair vom Partner behandelt oder dich nerven deine Mitarbeiter, da sie einfach keine Verantwortung übernehmen –, dann sinkt deine Temperatur auf zehn Grad. Nach kurzer Zeit löst auch hier dein Temperaturreglersystem Alarm aus und sagt dir: Genug Negatives, wir müssen etwas Positives tun oder denken, um wieder zur Normaltemperatur zurückzukommen. Und du landest auch hier wieder bei deinen gewohnten 20 Grad.

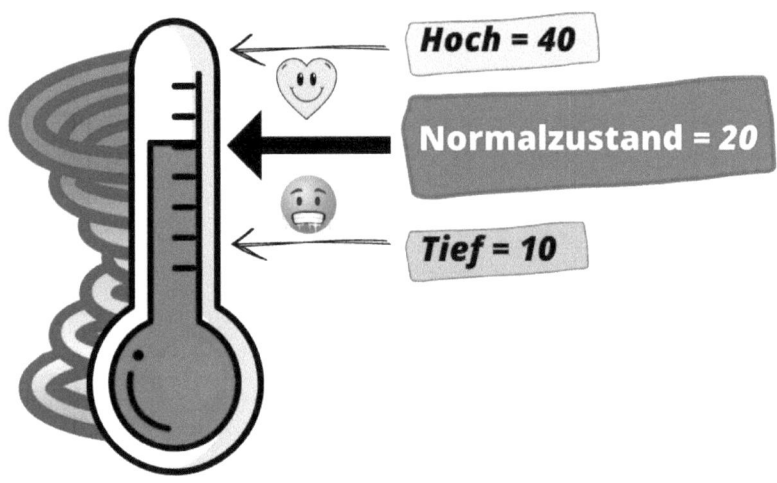

Abbildung 10: Emotionales Zuhause

Jeder Mensch hat seine eigene Normaltemperatur, bei der er sich zu Hause fühlt. Dieses Temperaturlevel stellt sich danach ein, was du zum Großteil in deinem aktuellen Leben denkst, fühlst und erlebst.

Frag dich mal, wo dein emotionales Zuhause ist. Mit welcher Emotion stehst du morgens auf – Freude oder Frust? Wie frühstückst du, wie fühlst du dich im Verkehr, in Meetings auf der Arbeit, abends mit Freunden, dem Partner, der Familie oder beim Fernsehen? Das ergibt deine Temperatur, also deine Hauptemotion.

SPIEGELNEURONEN: DEIN GEFÜHLSZUSTAND ÜBERTRÄGT SICH AUF DEINE MITARBEITER

Bisher wird unser tatsächlicher Einfluss auf die Menschen in unserem Umfeld deutlich unterschätzt, ebenso wie der Einfluss der anderen auf uns. Denn die Menschen in unserem Leben sind ein wichtiger Faktor für unsere Zufriedenheit und Leistungsfähigkeit.

Von Geburt an haben wir den Drang, andere Menschen nachzuahmen. Wir orientieren uns an unseren Vorbildern und wollen so sein wie sie. Kleine Kinder spiegeln uns dies am besten wider. Die kleine Tochter, die mit der großen Handtasche der Mama stolz spazieren geht, der Sohn, der wie der Papa mit dem Motorrad fahren will – und auch als Erwachsener zeigt sich das immer wieder: Wir orientieren uns an Menschen, die wir bewundern, und ahmen unbewusst unseren Gesprächspartner nach. Wenn unser Gegenüber gähnt, dann müssen wir auch gähnen. Wenn jemand sich so richtig wehtut, dann fühlen wir mit.[5]

Die Grundlage hierfür sind die Spiegelneuronen bzw. aus Sicht der aktuellen Forschung das Spiegelneuronensystem. Das sind Nervenzellen, die in unterschiedlichen Gebieten des Gehirns existieren: so z. B. im motorischen Cortex, im Broca-Areal, im unteren Parietallappen, im anterioren cingulären Cortex, im oberen Temporallappen und in der Insula.[6]

Das Spiegelneuronensystem sorgt dafür, dass wir durch das Beobachten anderer deren Bewegungen und Emotionen erkennen, sie motorisch nachvollziehbar machen und so nachahmen können. Es legt also einen Grundstein für ein soziales Miteinander, sodass wir uns in unser Gegenüber hineinversetzen können. Wenn wir andere beobachten, fühlen wir mit und stecken uns dadurch sowohl mit positiver als auch negativer Energie beim Gegenüber an. Je mehr wir jemanden mögen oder bewundern, umso höher ist die Chance, dass wir das Verhalten und die Gefühle spiegeln oder sogar Sätze und Körperhaltungen übernehmen.[6]

Menschen, die uns nachahmen und uns ähnlich sind, sind uns eher sympathisch. Umgekehrt ahmen wir Menschen nach, die wir sympathisch finden. Das Spiegeln ist eine Technik, bei der man die Körpersprache, Mimik und Gestik vom Gegenüber nachahmt, um gleich deutlich sympathischer zu wirken. Achte also darauf, was und wen du beobachtest. Wenn du dich permanent mit energieraubenden Emotionen auseinandersetzt, dann wundere dich nicht, wenn du energielos und erschöpft bist und die Temperatur deines emotionalen Zuhauses dauerhaft in den Keller sinkt.

Spiegelneuronensysteme gibt es bei Menschen wie auch bei Tieren. Nach einem stressigen Arbeitstag kommst du nach Hause und zwingst dich, mit deinem Hund zum Hundetraining zu gehen, obwohl du eigentlich keine Lust hast. Dort angekommen merkst du, dass gerade heute dein Hund einfach gar nicht funktioniert. Er bockt und gehorcht nicht, sondern fetzt sich lieber mit den anderen Hunden.
    Genauso verhält es sich mit Kindern. Gerade an den Tagen, an denen du einen großen Konflikt auf der Arbeit lösen musstest, du immer noch voller Wut und Zorn bist und dir eigentlich zu Hause ein bisschen heile Welt wünschst – gerade an solchen Tagen erschwert dir zusätzlich dein Kind dein Leben. Es hat Wutanfälle und zickt permanent. Denn durch das Spiegelneuronensystem fühlen die Kinder sofort, was mit den Eltern los ist, und übernehmen so auch den Stress und den Ärger.

Das Spiegelneuronensystem ist auch der Grund, warum Paare, die lange zusammen sind, sich immer ähnlicher werden. Indem sich die Spiegelneuronensysteme aufeinander einstellen, können wir auf Basis dieser Erfahrung und der Körperbewegung nämlich Handlungen und Reaktionen vorhersagen, entsprechend schneller aufeinander eingehen und das Handeln anpassen.

Genauso haben Führungskräfte eine Vorbildwirkung für ihr Team. Ganz spannend ist z. B. der Effekt, wenn eine Führungskraft selbst in Meetings mit den Gedanken nie richtig präsent ist, sondern immer am Handy – es dauert nicht lange, bis das Team das Gleiche tut. Denn evolutionär bedingt, orientieren wir uns insbesondere an Menschen, die einen höheren Status haben, also erfolgreicher sind, oder die wir mögen. Dein Verhalten ist der Maßstab für das, was dein Team innerhalb von kurzer Zeit nachahmt. Wenn es eine Tendenz in deinem Team gibt, die dir nicht gefällt, dann frag dich, ob du vielleicht der Auslöser warst durch das, was du vorlebst.

Mittlerweile nutzt die Wissenschaft das Spiegelneuronensystem auch als Erklärung, warum bestimmte Traumata generationsübergreifend weitergegeben werden (transgenerationales Trauma).[7] Die Kinder fühlen die emotionale Last der Eltern und nehmen deren Verhaltensweisen wahr. Es bilden sich im Gehirn ähnliche neuronale Verknüpfungen. Kinder übernehmen so dasselbe Verhaltensmuster, auch wenn sie es selbst nicht erlebt haben. Wenn die Mutter z. B. mal von einem Hund gebissen wurde und noch heute stark zusammenzuckt, wenn sie einen Hund sieht, dann spiegelt ihr Kind dieses Verhalten und übernimmt vermutlich die Abneigung gegen Hunde. Erst durch Bewusstheit und Übung kann man erlernte Verhaltensweisen wieder abtrainieren.

DEINE LEBENSLINIE UND DIE EBENEN DEINER IDENTITÄT

Warum bist du heute so, wie du bist? Wie wurdest du zu der Person heute? Warum denkst und fühlst du, wie du es nun mal heute tust? Die Antwort liefert dir deine Lebenslinie mit deinen Vorerfahrungen.

Jeder Mensch kommt mit einer gewissen neurobiologischen Basisprägung auf die Welt, also mit bestimmten Tendenzen, die er von Geburt an hat, und natürlich seiner DNA. An Kleinkindern zeigt sich schon von Geburt an, ob sie eher neugierig, risikobereit oder eher zurückhaltend, beobachtend sind. Das ist die Basis. Im Laufe der Jahre bildet sich dann die Identität auf Basis der Erfahrungen aus – überwiegend aus der Imitation unserer engsten Bezugspersonen.

Anhand deiner Lebenslinie, also deiner Erfahrungen im Laufe der Zeit, zeigen sich bestimmte Muster. Während eine Person stark nach Erfolg, Geltung und Bewunderung strebt, versucht eine andere, überall Harmonie herzustellen, es allen recht zu machen und niemanden zu enttäuschen. Wiederum andere streben sehr nach Freiheit und Selbstverwirklichung oder nach Sicherheit und geordneten Bahnen. Diese Präferenzen spiegeln sich entsprechend auch im Verhalten der Personen wider und bringen positive Ergebnisse, aber eben auch Konflikte mit sich.

Mach dir bewusst, dass in deinen größten Stärken auch dein größtes Konfliktpotenzial liegt. Der nach Geltung Strebende wird oft getadelt, dass er zu vorlaut ist und sich in den Mittelpunkt drängt. Wohl eher selten wird ihm gesagt, dass er zu zurückhaltend ist. Der Harmoniebedürftige wird eher kritisiert, weil er es immer allen recht machen will und nie Stellung bezieht – und wohl selten dafür, dass er durch stures Beharren auf seiner Sichtweise jeden Konsens blockiert. Der Sicherheitsorientierte hört oft, dass er zu lange für Entscheidungen braucht, und nur selten, dass er unüberlegt handelt.

Genau daraus entstehen Identitätskrisen. Entweder du selbst bist mit deinem Verhalten nicht zufrieden, oder du bekommst von anderen zu hören, was mit dir nicht stimmt. Es wird gesagt: So, wie du bist, bist du nicht okay. Es wird suggeriert: Verändere dich, passe dich an meine Vorstellungen an. Wenn du selbst noch nicht zu dir gefunden hast, wenn du nicht weißt, wer du sein und wofür du stehen willst, dann passt du dich an die Forderungen an. Oft ein Leben lang. Du verlierst und verdrängst immer mehr dein wahres Selbst. Du verhüllst deine Identität mehr und mehr und setzt dir Masken auf.

Frage zehn Menschen und jeder gibt dir einen anderen Rat, wie du zu sein hast. Das bringt dich nicht weiter. Es gibt nur einen Menschen, den du befragen solltest, wie du zu sein hast – nämlich dich selbst.

Die positiven wie negativen Erfahrungen, die du in deinem Leben mit dir selbst und deinem Umfeld machst, prägen dich und deine Identität. Diese Prägungen manifestieren sich in verschiedenen Tiefenebenen im Nervensystem, je nachdem, wie häufig oder stark bestimmte Prägungen waren. Auch beeinflussen sich die Prägungen gegenseitig.[8] Auf der oberen Ebene befinden sich die Kompetenzen und Fähigkeiten. Auf tiefer liegenden Ebenen im Nervensystem folgen dann die Glaubenssätze und Werte, die Identität, deine gesellschaftliche Zugehörigkeit (kulturelle Regeln etc.) sowie neurobiologische Prägungen.

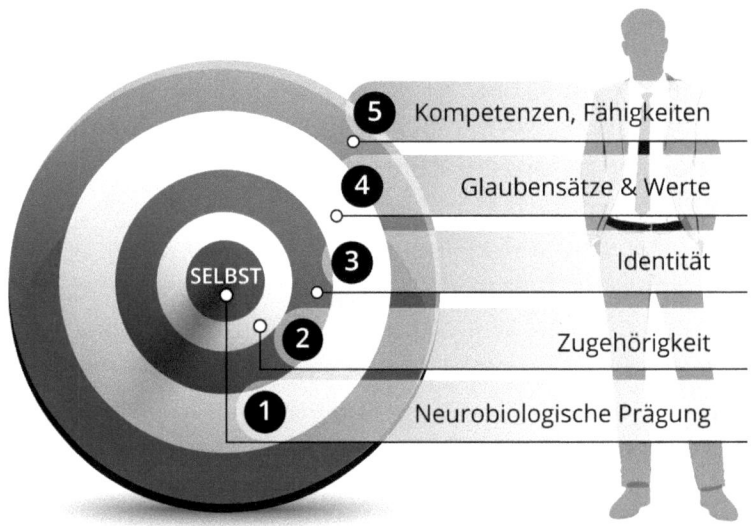

Abbildung 11: Ebenen der Prägung[8]

Genau diese verschiedenen Ebenen sind der Grund dafür, dass bei vielen Führungskräften eine Schulung zu Zeitmanagement oder ein Training zur Führungskompetenz keine nachhaltigen Verbesserungen bringen. Dauerstress oder permanentes Überarbeiten bleiben auch nach den Trainings. Denn auf einer oberen Kompetenzebene wissen Führungskräfte genau, was in diesem Zusammenhang zu tun ist – Aufgaben abgeben, pünktlich Feierabend machen, fünfe gerade sein lassen … Und trotzdem schaffen sie es nicht.

Denn die Ursachen liegen auf tieferen Ebenen, die mit der eigenen Identität verknüpft sind. Dazu gehören Überzeugungen wie: «Nur wenn ich leiste, werde ich geliebt» oder «Ich werde euch beweisen, dass ich doch schlau bin». Diese unbewussten tiefen Überzeugungen übersteuern jedes Kompetenztraining. Denn das Unterbewusstsein hat natürlich einen Grund dafür, an dieser Überzeugung als Teil der Identität festzuhalten und neue Gewohnheiten abzulehnen. Meist dient sie als Schutzfunktion.

Je stolzer du auf einen bestimmen Aspekt deiner Identität bist, desto schwerer wird es dir fallen, diesen zu ändern. Wenn deine Identität darauf basiert, dass du immer der Revolutionär warst, dann wirst du weiterhin alles dafür tun, dich anderen zu widersetzen und mit deiner Meinung dagegenzuhalten – selbst wenn es permanenten Stress bedeutet.

Wenn dein Verhalten und deine Identität übereinstimmen, dann ist es ganz einfach, dem zu folgen. Eine Person mit der Identität «Sportler» geht automatisch zum Sport. Beziehst du deine Identität als erfolgreiche Person durch Leistung, strebst du weiter nach Erfolg, um sie zu belegen. Denn wenn du diese Definition der Identität nicht mehr erfüllst, kann das zu Identitätskrisen führen.

Jedes Verhalten, das mit deiner aktuellen Identität nicht vereinbar ist, kannst du auf Dauer nicht beibehalten. Wünschst du dir ein Verhalten, das nicht zu deiner Identität passt, dann kommt es zur sogenannten kognitiven Dissonanz, einem inneren Konflikt zwischen Kognitionen – in diesem Fall zwischen dem bewussten Wunsch und unbewussten Glaubenssatz.[9] Auch wenn du aus deinem Verstand heraus die Veränderung wirklich willst, schaffst du es wahrscheinlich nicht, die Veränderung umzusetzen. Denn dein Unterbewusstsein steuert dich aufgrund deiner Prägungen so, dass du deiner bestehenden Identität treu bleibst.

In meinen Coachings hat sich das immer wieder gezeigt: Tief verankerte Glaubenssätze wie «Ich bin ein schlechter Mensch», «Ich bin nicht schlau genug», «Ich muss es allen recht machen» oder «Ich muss leisten» beeinflussen ein Leben sehr. Man kämpft permanent mit sich selbst und kommt nie zur Ruhe. Umso wichtiger ist es, solche tief sitzenden Blockaden aufzudecken und zu lösen.

Übung: Schreib dir auf, welche Verhaltensweisen, Eigenschaften und Lebensbereiche du gern verändern möchtest, woran du aber immer wieder scheiterst. Schreib dir auch auf, welche Konflikte, Probleme und Situationen in deinem Leben immer wiederkehren.

Genau aufgrund solcher tiefen Überzeugungen sage ich: Verhaltenstrainings oder positive Affirmationen allein reichen nicht aus. Echte Veränderung benötigt in der Regel das Aufspüren und Verändern solcher tiefen Überzeugungen. Die Methode ist hier egal. Dann braucht es eine konsequente Umsetzung, also Veränderung deiner Gewohnheiten, sodass du dir eine neue Autobahn baust.

KAPITELZUSAMMENFASSUNG

Du bist, was du tust und wie du dich fühlst. In diesem Kapitel hast du Folgendes gelernt.

- Der Spiegelbildeffekt: «Ich bin das, was ich glaube, dass andere von mir denken».

- Du lebst verschiedene Rollen in deinem Leben. In jeder Rolle spielst du unterschiedliche Facetten deiner Persönlichkeit aus.

- Du selbst drängst Menschen in Rollen. Du willst und wirst deine Hauptrolle besetzen und Menschen in dein Leben ziehen, welche die passenden Nebenrollen einnehmen.

- Werte sind wie ein Navigationssystem, das unbewusst dein Leben steuert.

- Deine Prioritäten im Leben sprechen die Wahrheit. Schau hin, womit du am meisten Zeit verbringst und wofür du dein Geld ausgibst.

- Menschen in deinem Umfeld können Energieräuber oder Energiespender sein.

- Die Emotionsskala: Positive Emotionen wie Freude und Liebe stärken dich, während Stress, Wut und Lästereien dir Energie rauben.

- Dein emotionales Zuhause ist ein emotionaler Zustand, in dem du dich zu Hause fühlst und zu dem du im Alltag immer wieder zurückkehrst.

- Durch dein Spiegelneuronensystem beeinflusst du dein ganzes Umfeld. Denn dein Gefühlszustand überträgt sich sowohl positiv als auch negativ auf andere Menschen.

- Deine Erfahrungen im Leben führen zu bestimmten Verhaltensmustern. Diese wiederum prägen deine Identität und Verhaltenspräferenzen.

- Es gibt verschiedene Ebenen der Prägung deiner Identität: Auf der oberen Ebene sind das Kompetenzen und Fähigkeiten, auf einer tieferen Ebene unter anderem die Neurobiologie und die gesellschaftliche Zugehörigkeit.

WAS BEDEUTET DAS FÜR DICH ALS FÜHRUNGSKRAFT?

- Finde heraus, welche Rollen du in deinem Leben besetzt. Verschaff dir Klarheit, welche Rollen dir guttun und welche dich erschöpfen.

- Analysiere, wie du deine Rollen und Werte leben musst, um glücklicher zu sein.

- Priorisiere dein Leben bewusst. Achte darauf, wofür du dein Geld und deine Zeit aufwendest. Schaffe dir ein angemessenes Verhältnis zwischen Arbeit und Privatleben.

- Minimiere deine Zeit mit Menschen, die dir Energie rauben – das gilt auch für deine Mitarbeiter. Erhöhe deine Zeit mit den Menschen, die dir guttun.

- Verstehe die Prägung deiner Identität. Erkenne und hinterfrage deine Verhaltenspräferenzen und Einstellungen, denn das erleichtert das menschliche Miteinander.

- Du bekommst, was du gibst. Achte darauf, welche Emotionen du täglich lebst und somit an dein Team überträgst.

- Veränderung bei deinen Mitarbeitern muss an der richtigen Ebene der Identität ansetzen, je nachdem, ob die Ursache kompetenz- oder identitätsbezogen ist.

- Wer Gewohnheiten und Verhaltensweisen verändern möchte, braucht manchmal Zeit – die neuronale Erinnerungsstraße muss umgebaut werden.

3. SEI EIN VORBILD UND HOL DAS BESTE AUS MENSCHEN HERAUS

> «Ein Gewinner ist jemand, der seine gottgegebenen Talente erkennt, hart daran arbeitet, sie zu Fähigkeiten zu entwickeln, und diese Fähigkeiten dann nutzt, um seine Ziele zu erreichen.»
>
> Larry Bird
> (einer der besten NBA-Spieler aller Zeiten)

Es ist Mittwochmorgen, neun Uhr, ich sitze auf meinem Bürostuhl und stecke tief versunken in meinen Excel-Investorensheets. Cashflow, Bilanz, Kundenkennzahlen berechnen, Analysen aufbereiten – die Deadline naht. Meine Kollegen im Raum nehme ich eigentlich gar nicht wahr, so konzentriert bin ich. Bis plötzlich dunkle Wolken aufziehen und ich merke, wie sich in mir auf einmal eine starke Anspannung ausbreitet, sich meine Muskeln zusammenziehen und ich die Zähne zusammenbeiße. Denn ich höre sie wieder – die Schritte auf dem Gang, die immer näher kommen, ein Stechschritt wie bei einem Feldwebel der Bundeswehr. Ich merke, wie die ganze Konzentration weg ist, und hoffe nur, dass der Feldwebel, mein Chef, weitergeht und mir meine Ruhe lässt. So in etwa lief das jeden Morgen ab. Ein Chef, der für mich untragbar war. Der Grund war noch nicht mal die Person, denn die war an sich nett. Es war vielmehr die Art der Führung, mit der ich nicht klarkam. Für mich fühlte sich das an, als werde ich in ein viel zu enges Korsett gesteckt, das mir die Luft zum Atmen nimmt. Eine Führungskraft, die das komplette Team auf Schritt und Tritt überwachte. Die es schaffte, Teammitglieder in der Kantine vor versammelter Mannschaft bloßzustellen, weil sie selbst ihren Zimmerschlüssel vergessen hatte. Die mir ausgedruckte Arbeitsunterlagen mit 20 roten Kreisen vorlegte, auf einer Dateibasis im «Bearbeitungsmodus», mit der ich gerade gearbeitet hatte. Der Gedanke war, mich vorsorglich schon mal auf mögliche Fehler bei der Erstellung hinzuweisen. Kann man machen – sollte man sich aber vielleicht überlegen.

Und jetzt lass uns mal in den Flieger steigen und ins schöne Sydney nach Australien fliegen, denn dort war ich zwei Jahre in der Unternehmensberatung für Ernst & Young zur Entsendung: Es ist 22 Uhr und ich sitze noch immer im Großraumbüro, weil ich dringend Aufgaben für meinen Kunden erledigen und meinem Team auch noch Feedback senden muss, damit es am nächsten Tag weiterarbeiten kann. Lange Arbeitszeiten bin ich gewohnt, das ist völlig normal, ich kenne das nicht anders. Ich hänge also wieder einmal über meinem Laptop und starre auf meinen Bildschirm. Doch dann merke ich, dass jemand neben meinem Tisch steht. Schon kommt die Frage, was ich hier mache. Etwas verdutzt antworte ich: «Ähm, ich arbeite, ich muss dringend noch ein paar Aufgaben erledigen.» Dann sagt er zu mir, es sei 22 Uhr, wir sollten beide nicht mehr hier sein. Es sei Zeit, dass ich nach Hause gehe. Er ist der Leiter der Niederlassung. Ich sage: «Okay», er ist zufrieden und geht. Solche Sätze kenne ich doch, das sind typische Verabschiedungsklauseln. Zumindest war das in der Vergangenheit so, wenn ein Chef vor mir nach Hause ging. Doch an den folgenden Tagen ist etwas anders als sonst. Am dritten und vierten Tag setzt sich der Niederlassungsleiter auf einen Stuhl neben mich, sagt mir, dass er nur noch im Büro sei, um zu sehen, ob ich es auch schaffe, allein nach Hause zu gehen. Er warte nun so lange, bis ich auch aufstehe und gehe – seine Kinder wollten ihn übrigens gern noch vor dem Zubettgehen sehen. Das schlechte Gewissen wirkt. Schnell packe ich zusammen, denn ich will ja nicht schuld sein, dass er zu spät nach Hause kommt. Im gleichen Zuge weist er mich nochmals ausdrücklich darauf hin, dass es einen Ausgleich im Leben geben müsse. Genau so drängt er mich einige Tage nacheinander förmlich aus dem Büro, weshalb ich es von da an um die späte Uhrzeit meide und von zu Hause aus arbeite. Nach einer Woche bekomme ich dann auf einmal einen Anruf der Dispo-Verantwortlichen, welche die Projekte zuteilt. Sie sagt zu mir, sie nehme mich aus Projekt X und Y heraus. Verdutzt frage ich nach dem Grund. Ich überlege schon, ob ich etwas falsch gemacht habe und jetzt bestraft werde. In dem Moment stellt sich wieder der Niederlassungsleiter im Großraumbüro neben mich und sagt: «Ich habe das veranlasst. Ich weiß, dass deine Arbeit und deine Leistung sehr gut sind. Wenn du permanent so spät arbeitest, dann müssen wir dir Freiräume schaffen. Genau das tue ich jetzt.»

Wisst ihr, was dieser Moment für mich war? Ein absoluter Wendepunkt in meinem Leben. Nach vielen Jahren im Hamsterrad hatte ich schon gar nicht mehr kapiert, was ein Leben außerhalb der Arbeit bedeutet. Ich saß so sattelfest im Hamsterrad, dass ich einfach nur noch sprintete. Es kam sogar vor, dass ich abends um 22 Uhr, nachdem ich von der Arbeit nach Hause gekommen war, den Laptop vor dem Fernseher auspackte, um die TV-Zeit sinnvoll zu nutzen. Dieser Chef wurde zum großen Vorbild für mich, denn er hat den Wendepunkt veranlasst. Nicht nur, weil er auf seine Mitarbeiter achtete, sondern auch, weil er menschlich und nahbar war. Er strahlte eine innere Ruhe und Stärke aus, egal was im Außen passierte. Gleichzeitig legte er seine Erwartungen klar auf den Tisch und setzte Grenzen. Das machte ihn vorhersehbar und einschätzbar. Man wusste immer genau, woran man war. Er war ein Chef, der volles Vertrauen in seine Mitarbeiter hatte, der an sie glaubte und ihnen sogar mehr zutraute als sie sich selbst und der sie so voranbrachte.

Der ihnen Freiraum ließ, damit sie die Dinge so tun konnten, wie sie sie für richtig hielten, der gleichzeitig aber auch Unterstützung anbot. Der auch unangenehme Situationen wie Entlassungen stark meisterte, weil er es mit Herz tat und nahe bei den Menschen war. Ich hatte das Glück, so einen Vorgesetzten zu haben. Für diesen Chef wäre ich durchs Feuer gegangen. Und genau das ist es, was Vorbilder für einen bedeuten: Man bekommt etwas und ist bereit, etwas zurückzugeben.

Albert Einstein sagte: «Es gibt keine andere vernünftige Erziehung, als Vorbild zu sein – wenn's nicht anders geht, ein abschreckendes.» Ich habe von beiden Chefs sehr viel gelernt – von dem ersten ganz klar, wie ich nicht sein möchte und was ich nicht tun werde. Und ich habe im zweiten Chef ein Vorbild gefunden, das mit Herz führt, innere Stärke hat und gleichzeitig ganz klare Grenzen aufzeigt. Das braucht es als Führungskraft.
    Denn Menschen folgen Menschen, zu denen sie aufschauen und die sie bewundern. Menschen, die sie weiterbringen, einen Mehrwert bieten und das Beste für sie wollen.
    Wenn du ein leistungsfähiges Team haben willst, das vor Energie und positiver Stimmung strotzt, dann darfst du dein Team begeistern und so führen, dass sie freiwillig Bestleistungen erbringen. Jeder Mensch fragt sich immer: «What's in it for me?» Frage dich also, was jeder Einzelne möchte und wie du diese Person weiterbringen kannst. Führung mit Druck und Angst hilft niemandem und bremst die Teams nur aus. Führung mit Motivation und Leidenschaft bringt Erfolg.

Wie du in Kapitel zwei schon erfahren hast, klafft eine Lücke zwischen der Selbsteinschätzung der Führungskräfte und dem, wie zufrieden Mitarbeiter mit ihrem Job und der Führung sind. Schau dir mal ehrlich die Motivation und Leistung deiner

Mitarbeiter an. Bist du mit 95 Prozent der Personen im Team vollkommen zufrieden und geben sie alles? Dann kannst du davon ausgehen, dass du alles richtig machst. Wenn nicht, dann hilft dir dieses Buch, das zu verbessern.

Weißt du, was unsere allergrößte Potenzialbremse ist? Es ist das Gefühl, der Bestleistende zu sein und selbst alles am besten zu wissen. Doch dieses falsche Selbstvertrauen entsteht nur aus unserem Ego. Das Ego ist eine Identität, bestehend aus lauter Masken, die wir bilden, um das Gefühl zu haben, bedeutend, wichtig und besser als die anderen zu sein. Nur durch die eigene Unsicherheit versuchen wir, andere davon zu überzeugen, dass wir etwas Besonderes sind, und wollen Beweise vorlegen, um genau das zu untermauern. Unser Ego sehnt sich nach Bestätigung, Anerkennung und Lob. Es möchte immer recht haben, möchte sich durchsetzen, selbst wenn es falsch liegt, möchte besser, schlauer sein als andere und die anderen abwerten, um selbst besser dazustehen.[1] Das Ego nutzt Merkmale wie körperliches Aussehen, Bildung, Auto, Klamotten, Erfolg oder Status dafür, um andere unbewusst zu erniedrigen. Das Ego will durch seine Masken besser wirken, es verhindert so aber auch das Besser-werden. Denn solange wir uns etwas vormachen, stehen wir am Ende nur schlechter da, als wenn wir uns authentisch gezeigt hätten – mit allen Fehlern und Schwächen. Denn nur wer sich selbst genau so sieht, wie er wirklich ist, schafft die Basis für Veränderung.

Ein Mensch, der vom Ego gesteuert wird, fordert Respekt. Ein Mensch mit innerer Stärke, der sein Ego demaskiert hat, flößt anderen automatisch Respekt ein.

Frage dich: Freust du dich oder blockst du, wenn du auf neue Informationen stößt, die alles Bisherige widerlegen? Schämst du dich, wenn du falsch liegst, oder bist du dankbar? Wachstum wird nur möglich, wenn wir das Ego loslassen und erkennen, wer wir wirklich sind. Denn das Ego, unser Geltungsbedürfnis, ist oft nur unsere Maske, um ein schwaches Selbstwertgefühl zu verstecken. Das Ego bringt uns dazu, im Außen selbstbewusst und stark zu sein, doch im Inneren kaufen wir uns das selbst nicht ab und haben hier einen großen, starken Kritiker, der uns immer wieder kleinmacht.

Leg das Ego ab, werde zum Vorbild mit einer inneren Stärke, um dich, dein Team, dein Unternehmen zum Erfolg zu führen.

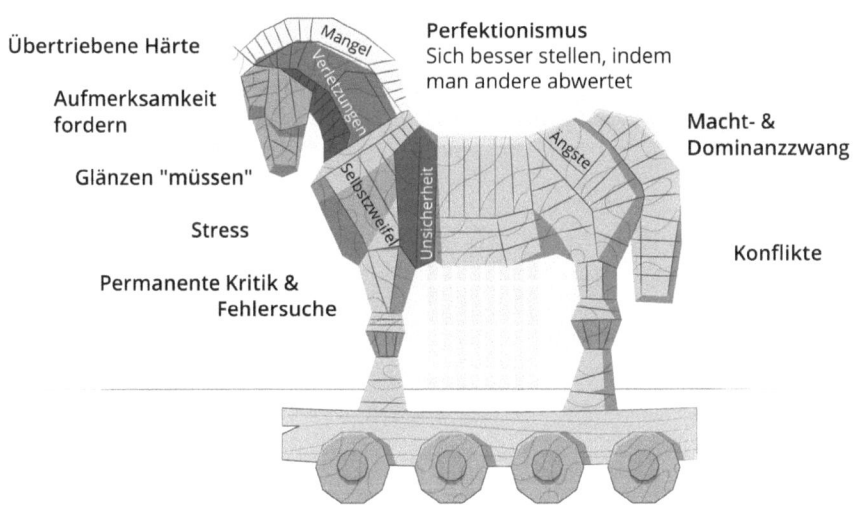

Abbildung 12: Ego – dein Inneres zeigt sich im Außen

VORBILD SEIN

Willst du zum Vorbild werden, dann darfst du dein Ego bremsen und zu der Person werden, die du sein willst: zu einer Führungskraft, zu der andere Menschen aufschauen, einer Führungskraft, die begeistert, ohne Masken oder Schutzmauern. Du denkst jetzt vielleicht, in der Theorie mag das ja leicht sein, aber wie soll man das im Alltag umsetzen?

Das geht, indem du ein klares Zielbild malst. Schreib dir die positiven Eigenschaften von Unternehmern, Führungskräften und Vorbildern auf, die dich persönlich begeistern und zu denen du aufschaust. Gleichzeitig überleg dir negative Eigenschaften von abschreckenden Personen, die du so auf gar keinen Fall leben möchtest. Hattest du schon mal einen Chef, für den du durchs Feuer gegangen wärst? Falls ja, was war das Besondere an diesem Chef? Oder hattest du eher Chefs, für die du maximal zum Drucker gelaufen bist – und auch nur, weil du musstest? Schreib dir die Eigenschaften und Verhaltensweisen auf. Führung ist so individuell wie wir Menschen. Daher hat auch jeder Mensch ein anderes Zielbild mit ganz eigenen Facetten.

Menschen orientieren sich an Vorbildern. Denn wir alle lieben und bewundern Menschen, die uns weiterbringen und uns Sichtweisen geben, auf die wir allein nicht gekommen wären. Bist du ein Vorbild, dann imitieren dich deine Mitarbeiter automatisch und wollen vorankommen. Wenn du Menschen positiv beeinflussen möchtest, dann beachte Folgendes:

- Selbstwahrnehmung: Lebe eine innere Stärke, sei selbstreflektiert und hinterfrage deine Bewertungen. Denke positiv über dich, das Leben und andere Menschen. Lebe das vor, was du selbst erwartest.

- Positiven Einfluss leben: Glaube an das Potenzial der Teammitglieder und lass sie aus eigenen Fehlern lernen. Lehre deine Mitarbeiter, den eigenen Weg zur Lösung zu finden, und mach ihnen keine Vorgaben. Denn so bauen sie viel schneller neue Autobahnen im Gehirn.[2]

- Kommunikation: Kommuniziere wertschätzend, setze aber auch klare Grenzen und formuliere eine klare Erwartungshaltung. Habe eine klare Meinung, lass aber genauso konträre Meinungen zu. Kritisiere andere nicht öffentlich und stell ihre Schwächen nicht vor anderen bloß.

- Verbindung aufbauen: Zeig Interesse an deinem Gegenüber. Sei präsent und fokussiert. Hör mehr zu, als selbst zu reden (Verhältnis Zuhören:Reden = 70:30 Prozent). Stell die anderen in den Mittelpunkt, lobe und bestätige sie.

- Vertrauen stärken: Strahle Vertrauen, positive Energie und Wohlbefinden aus. Spende Rückhalt und eine sichere Basis.

- Neugier und Leidenschaft: Bring andere in ihr volles Potenzial und glaube an sie. Fordere und fördere andere Menschen, indem sie die eigenen Grenzen erweitern. Werde zu einem Zugpferd aus Motivation und Leidenschaft, dem andere folgen.

Der Fußballtrainer Jürgen Klopp ist für mich so eine starke Führungskraft. Er ist sehr direkt und schafft es, die Spieler durch sein Charisma, klare Erwartungen und Vertrauen zu Bestleistungen zu motivieren und zu einem Team zu formen. Nach außen hin und gegenüber den Medien lässt er nichts auf sein Team kommen und bildet eine robuste Schutzmauer.

Gerade wenn du mehr an deine Mitarbeiter glaubst als sie selbst, dann werden neue Bestleistungen möglich. Dazu möchte ich dir ein Beispiel von mir aus der Sportart Crossfit erzählen. Wir haben einen neuen Trainer bekommen, der selbst schon Meisterschaften im Gewichtheben gewonnen hatte. Man hat sofort gemerkt: Der weiß genau, wovon er redet. Ich hatte von Beginn an absolutes Vertrauen. Nach ein paar Trainingssessions hat er sich hingestellt und zu mir gesagt: «Ich weiß, dass du beim Gewichtheben die 65 kg schaffen kannst. Statur, Kraft – ist alles da.» Ich war ungläubig, schaffte ich doch gerade mal die 50 kg und war dabei gefühlt an meinem Limit. Er ließ keine Zweifel aufkommen und sagte: «Glaub es mir, ich seh das». Nach dem dritten Mal habe ich tatsächlich angefangen, es zu glauben, und deutlich schneller Fortschritte gemacht als zuvor. Er hat recht behalten. Der Glaube versetzt Berge – und wenn du jemanden hast, der dir über deine eigenen Begrenzungen hilft, dann erweitert das deinen Rahmen an Möglichkeiten nochmals deutlich schneller.

Stell dir folgende Fragen:

- Wie bringst du Menschen dazu, dass sie dir vertrauen?
- Was sollen die Menschen denken, damit sie besser werden?
- Wie dürfen die Menschen handeln, damit sie besser werden?
- Was kannst du tun, damit sie an das Ziel und sich selbst glauben?
- Was wären ihre Vorteile, wenn sie an sich selbst glaubten?

Und noch eins: Denke niemals für deine Mitarbeiter. Auf einer Paneldiskussion hielt ich vor Kurzem einen Vortrag zu der Frage, wie man Mitarbeiter in Veränderungsprozessen mitnimmt und dem Fachkräftemangel begegnet. Hier fiel eine Aussage: «Menschen, die kurz vor der Rente stehen, haben sowieso keine Lust mehr.» Mach dir bewusst, dass dieser Satz die Begrenzung, die Denkweise dieser Person ist – und nicht die Realität, wie Menschen, die kurz vor der Rente stehen, wirklich sind. Statt dich und andere zu begrenzen, finde heraus, wie du genau diese Menschen neu motivieren kannst. Kitzle die Motivation aus ihnen heraus, zum Beispiel, indem du sagst: «Du zeigst es den Jungen noch mal, wie man im Alter Neues dazulernen kann.» Gib ihnen selbst eine Vorbildfunktion. Du wirst sehen, wie sie sich ganz neu motivieren und entwickeln – egal in welchem Alter. Ich selbst hatte eine Mitarbeiterin, die zwei Jahre vor der Rente angefangen hat, zum ersten Mal in ihrem Leben

Präsentationen vor anderen zu halten. Sie fungierte als Change Agent für das restliche Team. Dabei wurde sie zum Vorbild für alle anderen. Die Jüngeren dachten sich, wenn sie das im Alter kann, dann mache ich das jetzt auch. Manchmal kann ein kleiner Funke ein großes Feuer entfachen. Finde diesen Funken in deinen Mitarbeitern. Denk nicht in Begrenzungen: Denn starke Menschen und Vorbilder geben anderen die Chance, über sich hinauszuwachsen.

GROWTH MINDSET ODER FIXED MINDSET

Starke Menschen brauchen das richtige Mindset. Dazu möchte ich dir zuallererst folgende Frage stellen: Wie würdest du den schlimmsten Zustand beschreiben, den ein Mensch in seinem Leben erleben kann?

1. Alles bestens
2. Mittelmäßig bis okay
3. Lebenskrise – alles fällt auseinander

Ich vermute mal, deine Antwort ist die Nummer drei. Das galt für mich auch lange Zeit. Doch weißt du was? Wenn es uns richtig dreckig geht, dann hat das ganz klare Vorteile. Denn dann werden wir gezwungen, unser Leben endlich zu verändern – zwar auf die harte Tour, aber an diesem Punkt fangen Menschen an, sich zu hinterfragen oder sich Hilfe zu holen.

Wenn alles bestens ist, umso besser, dann hast du in deinem Leben schon die richtigen Stellschrauben gefunden und weißt genau, worauf es ankommt.

Doch der schlimmste Zustand ist Nummer zwei. Ein Zustand, der eigentlich okay ist – aber eben nur eigentlich. Man könnte auch sagen, zum Sterben zu viel, zum Leben zu wenig. Wenn alles okay ist, dann ertragen wir viele Dinge und verharren. Wir erleben Situationen, die uns Energie und Motivation rauben, doch wir lassen das nicht richtig an uns heran. Wir lenken uns ab, um nicht zu merken, wie unzufrieden wir doch wirklich sind. Das Problem an einem Okay-Zustand: Der Schmerz ist noch nicht groß genug, damit wir gezwungen werden, etwas zu verändern oder aktiv zu werden.

Du kannst auf die große Erlösung warten, doch die wird nicht kommen. Im Gegenteil, Stillstand heißt immer, es stirbt etwas Stück für Stück ab. Fließende Gewässer, Muskeln – was sich nicht bewegt, stirbt ab. Ein mittelmäßiger Job, eine mittelmäßige Beziehung wird nicht automatisch gut, wenn man nichts daran verbessert. Sie wird mehr und mehr in einen schlechteren Zustand rutschen, denn die Welt dreht sich weiter. Wer sich nicht verändert, bleibt zurück.

Du kannst abwarten, bis du zur Veränderung gezwungen wirst. Oder besser: Du nimmst dein Leben rechtzeitig selbst in die Hand und verbesserst deinen Okay-Zustand. Die Psychologin Carol Dweck hat nach vielen Jahren Forschung das Mindset, also unsere Denkweisen und Einstellungen, als wesentlichen Erfolgsfaktor definiert. Der Mensch hat demnach ein «Growth Mindset» oder «Fixed Mindset».[3]

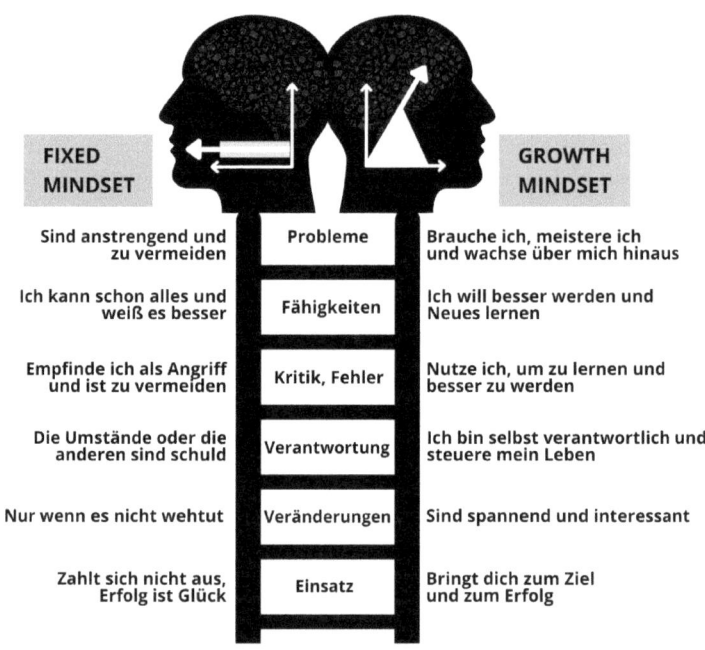

Abbildung 13: Fixed und Growth Mindset

Das Growth Mindset beinhaltet flexible Denkweisen, die auf Wachstum und Lernen ausgerichtet sind. Menschen mit diesem Mindset haben das Gefühl der Selbstbestimmung und Kontrolle – unabhängig davon, was im Außen passiert. Sie sehen Probleme und Krisen als große Chancen für Wachstum und Veränderung und dadurch ihren Selbstwert nicht bedroht. Sie lernen durch Kritik, Erfolg und von Erfahrungen anderer und wissen, dass ihr eigener Einsatz sie ans Ziel bringt. Dieses Mindset ist ein Erfolgsgarant und zuständig für permanentes Wachstum, indem es folgende stärkende Glaubenssätze verankert hat:

- Ich weiß, dass ich das lernen kann.
- Ich bin mir sicher, wenn ich an meinem Ziel dranbleibe, werde ich es erfolgreich erreichen.

- Ich nutze Herausforderungen für mich, um zu wachsen.
- Ich darf Fehler machen und lerne daraus.
- Ich meistere Konflikte so, dass ich eine tiefere Verbindung zu anderen Menschen aufbaue.
- Ich bin stolz auf alles, was ich schon erreicht habe.
- Durch Probleme lerne ich mich selbst besser kennen und werde bewusster.
- Ich liebe Herausforderungen.
- Ich kann das, ich mach das, ich schaff das.

Das Fixed Mindset ist eher festgefahren, statisch und will den Status quo unbedingt festhalten. Es legt den Fokus darauf, möglichst klug zu wirken, und vermeidet es daher, große, neue Dinge anzugehen und sich Herausforderungen zu stellen. Es ist sehr vom Ego getrieben, will sich schützen und lässt niemanden eng an sich heran. Die Schuld sucht man bei anderen Menschen, Probleme schiebt man auf äußere Umstände. Man glaubt, Erfolg entstehe durch glückliche Umstände. Man beraubt sich so der Eigenverantwortung und lässt keinen Raum für Veränderung zu. Dieses Mindset blockiert das eigene Potenzial aus Angst vor dem Versagen und verhindert es, erfolgreich zu werden, da es die folgenden Glaubenssätze einprogrammiert hat:

- Ich bin dumm und unfähig.
- Ich muss schlau sein und es allen beweisen.
- Ich habe Angst vor Veränderung und Unsicherheit.
- Ich darf keine Fehler machen.
- Ich will, dass alles so bleibt, wie es ist.
- Ich kann das nicht, ich schaff das nicht.

Ein Growth Mindset hast du nicht von Geburt an, sondern du trainierst es dir an. Jeder Mensch hat ein Growth und ein Fixed

Mindset, die Denkweise kann sich ändern und je nach Lebensbereich anders ausfallen. Doch je bewusster du dir deiner selbst, deiner Gedanken und Prägungen bist, umso mehr förderliche Gedanken denkst du und trainierst dir mehr und mehr an, im Growth Mindset zu leben. Sei flexibel für Veränderungen, liebe die Herausforderung und lebe Wachstum und Veränderung vor, dann wird dein Team nachziehen. Es lohnt sich für alle.

SELBSTWERT UND SELBSTVERTRAUEN

Dein Erfolg hängt von deinem Selbstvertrauen ab. Stell dir das vor wie einen Bilderrahmen. Der Bilderrahmen entspricht genau dem, was du dir selbst zutraust und an Potenzial zuordnest. Du kannst dein Bild von dir und deinem Leben genau so groß malen, wie dein Rahmen es zulässt. Dieser Rahmen ist ein Sinnbild für die Größe deines Selbstvertrauens und deine selbst gesetzten Grenzen im Kopf. Erst wenn du diesen Bilderrahmen vergrößerst, dir mehr zutraust und deinen Selbstwert verbesserst, kannst du ein größeres Bild malen.

Zeig dich, steh zu dir und geh deinen Weg. Selbstvertrauen hilft dir, für deine Überzeugungen und deine Ziele einzustehen und diesen treu zu bleiben – egal was im Außen passiert.

Wie kannst du also deinen Bilderrahmen vergrößern? Indem du durch Kongruenz dein Selbstvertrauen steigerst. Kongruenz heißt, dass du dein Handeln an dem ausrichtest, was du denkst und fühlst. Das bedeutet: Wenn du «Nein» meinst, dann sprich es aus. Meinst du «Ja», dann steh dazu und sag deine Meinung. Wenn du jemandem einen Gefallen tun möchtest, obwohl du keine Lust hast, dann sag «Ja» und finde die Lust dazu. Ansonsten lass es. Andere Optionen gibt es nicht.

Wachse über dich hinaus, versuche Neues, auch wenn du noch nicht zu 100 Prozent bereit bist. Tue Dinge, die du noch nie getan hast, und schaffe dir kleine Erfolgserlebnisse, indem du dich täglich steigerst. Geh deine Ängste an und verwandle sie in Stärken.

Mach dir bewusst: Nur du selbst bist für deinen Erfolg, für deinen Charakter, für deine Reaktionen und für deine innere Ruhe verantwortlich.

Ein niedriger Selbstwert ist wie ein Fass ohne Boden. Solang der Selbstwert nicht stark ist, kannst du es nie ganz füllen. Dadurch wirst du niemals genug äußere Bestätigung bekommen können, da immer wieder ein Gewöhnungseffekt eintritt. Zuerst bekommst du zehnmal pro Woche Lob – du gewöhnst dich daran und das ist normal. Dann forderst du mehr, da es dir nicht reicht und du zu wenig Beachtung bekommst. Und so geht das immer weiter, bis dein Chef oder dein Partner merkt, dass er dir niemals genug geben kann, und deshalb aufgibt.

Indem du ein starkes inneres Selbstvertrauen aufbaust, bekommt dein Fass einen Boden. Dann geht es nur noch darum, dich stolz und zufrieden zu machen, es geht nicht mehr um die anderen. Lob im Außen ist dann das i-Tüpfelchen, aber nicht mehr essenziell.

Selbstvertrauen, das du durch das Außen aufbaust – durch deine Karriere, dein Auto, deinen Job –, tut gut, ist aber nie von Dauer. Denn sobald diese äußeren Einflüsse weg sind, bist du wieder leer. Außerdem kannst du durch diese Abhängigkeit im Außen nicht frei entscheiden. Unbewusst entscheidest du immer aus der Abhängigkeit heraus: Was darf ich sagen, um meinen Job oder Partner nicht zu verlieren? Was muss ich kaufen, um wertvoll zu sein?

Selbstwert heißt, dich so zu akzeptieren, wie du bist, oder die Dinge zu verändern, die du nicht akzeptieren kannst. Je klarer du dir über dich selbst und deinen Wert bist, umso weniger anfällig bist du für das, was im Außen passiert. Daher frag dich:

- Bist du mit dir selbst im Reinen?
- Bist du mit deiner Geschichte und deinen Wurzeln im Reinen?
- Spürst und beachtest du deine Ängste, Sehnsuchtsanteile und Bedürfnisse? Erfüllst du dir diese Bedürfnisse im Alltag?

Übung: Schreib dein Erfolgstagebuch: Liste 50 Punkte auf, die du toll und besonders an dir findest. Schreib 50 Erfolge in deinem Leben auf – sei großzügig – und ergänze diese Liste jeden Tag um einen, besser drei weitere Punkte. Mach dir klar: Es sind nicht immer die großen Erfolge, die Siege, die Pokale, die uns stolz machen, sondern oftmals sind es die kleinen Hilfen im Alltag, Komplimente, Unterstützungen, mit denen wir anderen Menschen etwas Gutes tun. Überleg dir auch, wie du deinen Mitarbeitern schon weitergeholfen hast, welchen Mehrwert du anderen gibst und wie du sie förderst.

Nimm dein Leben selbst in die Hand. Erfolg kommt, wenn du zu dir selbst, deinen Stärken und Vorlieben stehst und das tust, was dir wichtig ist.

WIE DU DEINE IDENTITÄT VERÄNDERST

Damit du zum Vorbild wirst, brauchst du zwei Dinge:

1. Identität
Mal dir eine neue Identität, also dein Zielbild. Wer möchtest du sein, was möchtest du erreichen und welche Identität brauchst du dazu?

Mal dir dein ideales Zielbild einer starken Führungskraft anhand folgender Fragen:

- Wer willst du sein? Was sind die Werte, die dir wichtig sind? Was zeichnet dich als Mensch aus?
- Wie möchtest du andere Menschen behandeln und beeinflussen?
- Was ist deine Besonderheit? Was sind deine Fähigkeiten, Fertigkeiten und Stärken?
- Wie kannst du anderen Menschen einen Mehrwert geben und ihnen helfen?
- Was sind die Emotionen, die du in deinem Leben fühlen möchtest?
- Gibt es einen Menschen, einen Prominenten, einen Superhelden, der verkörpert, wie du gern sein willst?
- Wie willst du als Führungskraft sein?

Dann gleiche ab, was du davon schon lebst und wo du dich verändern möchtest. Wo willst du noch stärker und noch besser werden? Diese Klarheit hilft dir, die richtigen Dinge zu tun.

2. Action

Führe täglich kleine Handlungen durch, die diese Identität bestätigen. Schaff dir täglich Beweise, dass du diese neue Identität lebst. Überleg dir, was die täglichen kleinen Handlungen sind, die du tun kannst, um diese neue Identität zu leben.

Willst du ein starker, entscheidungsfreudiger Mensch werden, dann mach dir bewusst:
Immer wenn du dich durchsetzt, bist du ein starker Mensch.

Willst du Sportler werden, dann mach dir bewusst:
Immer wenn du Sport machst, bist du Sportler.

Willst du dein Verhalten ändern und ein vitaler Mensch sein, dann mach dir bewusst:
Immer wenn du dich erholt hast, bist du ein vitaler Mensch.

Willst du eine erfolgreiche Führungskraft sein, dann mach dir bewusst:
Immer wenn du deine Mitarbeiter förderst, bist du erfolgreiche Führungskraft.

Indem du jeden Tag kleine Beweise siehst, bildest du dir eine neue Identität. Veränderung geschieht dadurch, dass wir täglich neue Gewohnheiten umsetzen. Einmalige Ergebnisse, Fingerschnippen oder einmal ein Buch lesen, das bringt dir gar nichts! Du musst deinen Nervenbahnen-Pfad neu trampeln. Deine neue Identität entsteht durch kleine, tägliche Wiederholungen. Indem du jeden Tag diese neue Identität lebst, wirst du dich zu deinem Zielbild hin verändern.

WAS MACHT DICH BESONDERS?

In diesem Prozess ist es auch wichtig, herauszufinden, warum es sich lohnt, zu dir aufzuschauen, und wie du dich von der Masse abhebst. Was ist deine persönliche Superkraft?

Das gilt für Firmen, Unternehmer, Führungskräfte – selbst für Mitarbeiter. Wer Erfolg haben will, darf sich von der Masse abheben und die eigenen Vorteile in ein positives Licht rücken.

Und gerade die Menschen, die immer vollen Einsatz leisten und vielleicht der Meinung sind, dass sie keine Selbstdarstellung wollen und durch Leistung überzeugen – gerade die dürfen hier neu denken. Denn der beste Mitarbeiter, das beste Projektergebnis bringt dir rein gar nichts, wenn du es in der Schublade versteckt hältst. Und ja, wir wünschen uns, dass andere uns sehen und fördern, doch meist endet das in Frust, weil es eben nur selten passiert. Also statt abzuwarten, geh in die Offensive, steh zu dir und dem, was du kannst. Nur wer sichtbar ist, kann von anderen gesehen und gefördert werden. Lieber du als diejenigen, die keine Leistung bringen, sich aber besser verkaufen und so an dir vorbeiziehen.

Du kannst dich von anderen abheben, indem du:

- besser bist,
- besonders bist,
- etwas ganz Neues etablierst.

In der Zeit der Digitalisierung und Automatisierung werden Routinetätigkeiten mehr und mehr wegfallen und durch Künstliche Intelligenz ersetzt werden. Umso wichtiger wird es für dich und dein Unternehmen, dass du dich abhebst, dir eine Spezialität aneignest, die dich unersetzbar macht und kein Computer übernehmen kann.

Ein Tipp für Unternehmer und Führungskräfte: Zusätzlich zu deiner Superkraft kannst du dich nochmals von vielen anderen abheben, indem du unternehmerisches Denken lernst. Viele Unternehmer blockieren ihr eigenes Wachstum und das der Firma, weil sie zu sehr in ihren operativen Aufgaben feststecken und nicht loslassen können und wollen. Die Gründe sind vielfältig. Doch genau diese Zeit fehlt dir, um strategisch am Unternehmen zu arbeiten, neue Visionen anzusteuern und ein effektives Risikomanagement zu betreiben. Dasselbe gilt für Führungskräfte – die meisten fokussieren sich darauf, die Ziele für ihren Bereich zu erfüllen: zufriedene Mitarbeiter, starke Führung, Projekte umsetzen. Sie kümmern sich um ihren Bereich, vergessen dabei aber, an das große Ganze zu denken, indem sie zielgerichtete Visionen verwirklichen und der Firma somit zusätzlich einen Mehrwert bieten. Für mich ist unternehmerisches Denken ein elementarer Faktor, um eine wertvolle Führungskraft zu sein.

Geh raus aus der Norm, hebe dich ab und finde das, was du besonders gut kannst. Ich habe neulich eine großartige Analogie kennengelernt: In heißem Wasser wird die Kartoffel weich und das Ei hart. Frage dich, wie du in deinem aktuellen Umfeld am besten zur Geltung kommst.

Viele denken, dass die Gene und Talente ausschlaggebend sind für das, was man im Leben erreicht. Und ja, Gene können Vorteile bringen. Doch Gene bringen dir nichts, wenn du keinen Einsatz zeigst. Denn Einsatz schlägt Gene bzw. Talent um Längen.[4]

Betrachte dein Talent nicht als Erfolgsgarant – nutze es zur Klarheit darüber, wo deine Stärken liegen. Denn dann bist du automatisch im Vorteil. Du bekommst mehr Bewunderung und Lob für deine Leistungen, hast automatisch mehr Spaß und willst dich immer weiter verbessern.

Finde das Richtige für dich. Frage dich dazu:

- Was macht mir Spaß und ist anderen lästig?
- Was gelingt mir überdurchschnittlich gut?
- Was ist für mich ganz selbstverständlich?
- Wobei vergesse ich die Zeit?

Im Sport wie im Leben gilt das analog. Es wird immer Menschen geben, die besonders viel Kraft haben, und dann gibt es Menschen, die besonders flexibel und wendig sind. Der Körperbau spielt hier eine Rolle. Fokussiere dich auf deine Stärken, minimiere Schwächen nur da, wo sie dich bremsen. Finde deinen eigenen Weg.

Für mich waren Kniebeugen lange eine Herausforderung. Mir wurde immer gesagt, ich solle Kniebeugen mit einem engen, parallelen Fußstand machen – laut Trainer sei das die Norm. Doch so wollten die Kniebeugen einfach nie funktionieren, ich bin immer umgekippt. Meine Hüfte war dafür nicht geeignet. Bis dann ein neuer Trainer kam und mir sagte, die Norm gebe es nicht, jeder Körper sei individuell. Ich solle daher meinen eigenen Weg finden. Und schon hat es funktioniert, ich konnte Kniebeugen machen.

Wie immer im Leben gilt: Finde, was zu dir passt, dir Spaß macht und worauf du Lust hat. Eine Norm gibt es nicht. Der Rat von anderen ist selten ein guter, denn niemand kennt dich so gut wie du dich selbst. Ob nun das Talent in der Kraft oder in der Flexibilität liegt, beim Gewichtheben können beide bei demselben Gewichtsziel enden – jeder auf seine Art und Weise.

Jeder muss eine Version von sich finden, die ihm Freude bereitet und Zufriedenheit verschafft.

SELBSTZWEIFEL UND VERGLEICHE: DU KANNST NUR VERLIEREN

Je mehr du deine Stärken nutzt und deine eigene Art und Weise findest, umso mehr bist du bei dir. Das hilft dir, innere Zweifel zu minimieren und über sie hinwegzugehen, da du dir vertraust.

Du kennst sie sicher auch, diese inneren kritischen Stimmen, die niemals zufrieden sind. Die sich weder über deine Erfolge freuen noch mit dir feiern. Die dich sehr oft verurteilen und dazu antreiben, immer noch schneller, noch besser zu werden.

Mal ehrlich: So, wie du mit dir selbst redest, würdest du doch niemals mit deinen Freunden reden. Die Leistungen, die du von dir selbst forderst, würdest du doch niemals von anderen fordern. Oder?

Diese inneren kritischen Stimmen nerven uns meist gewaltig, obwohl sie viele Jahre gleichzeitig auch unsere größten Antreiber waren. Sie sind es, die dich zu immer mehr Höchstleistungen angetrieben und dich erfolgreich gemacht haben.

Mach dir klar, dass diese inneren kritischen Stimmen die Worte bzw. Zweifel von dir selbst und auch von anderen Menschen aus deinem Umfeld sind. Du hast sie im Laufe deines Lebens verinnerlicht, diese Zweifel darüber, ob du es verdient hast, Erfolg, Geld, Glück zu haben und im Mittelpunkt zu stehen.

Zweifel, ob du richtig bist, so, wie du bist. Zweifel, hinter denen limitierende Glaubenssätze stecken, die dich heute noch ausbremsen.

Statt sie zu bekämpfen, überleg dir lieber, welchen nächsten Schritt du gehen kannst, um den Stimmen das Gegenteil zu beweisen. Du wirst es nie allen recht machen – und das sollst du auch gar nicht. Die einzige Person, der du Rechenschaft schuldest über das, was du tust, bist du selbst. Eigne dir folgende Einstellung an: Ich bin auf der Welt, um das zu tun und zu sagen, was mir wichtig ist – und nicht, um alle anderen zufriedenzustellen.

Wie oft am Tag vergleichst du dich mit anderen Menschen? Mit deinen Kollegen, deinen Freunden, mit fremden Menschen auf Social Media?

Unser Gehirn ist darauf programmiert, uns permanent in ein soziales Ranking einzustufen. Eine typische Rangordnung, wie es sie auch bei Tieren gibt. Für einige Menschen ist das Vergleichen mit anderen pure Motivation und Antrieb. Doch das gilt für die wenigsten. Für den Großteil unter uns ist das Vergleichen ein absoluter Selbstvertrauenskiller. Denn wenn du dich nach oben vergleichst, findest du immer andere Menschen, die besser aussehen, erfolgreicher sind, die mehr Mitarbeiter oder eine schnellere Karriere hingelegt haben, die mehr besitzen als du. Bei solchen Vergleichen fühlst du dich wertlos und unbedeutend. Oder aber du vergleichst dich nach unten. Indem du andere abwertest, fühlst du dich besser, denkst: «Ach, es könnte ja alles so viel schlimmer sein» – mit der Konsequenz, dass du verharrst.

Hör daher auf, dich zu vergleichen, das bringt dich kein Stück weiter. Im Gegenteil, es bremst dich nur aus. Entweder du fühlst dich übermächtig oder klein und wertlos. Durch Vergleiche kannst du nur verlieren. Du kennst nicht die Voraussetzungen und Ziele der anderen.

Vergleiche dich immer nur mit dir selbst. Wer warst du vor einem Monat, vor einem Jahr? Hast du etwas Neues gelernt? Bist du gewachsen? Nur das ist wichtig. Messe dich nicht ausschließlich an deinen Ergebnissen. Frag dich, ob du dein Bestes gegeben hast und stolz auf deine Leistung bist – und dann setze dir neue Wachstumsziele.

PYGMALION-EFFEKT: DU ERNTEST, WAS DU SÄST

Wusstest du, dass Führungskräfte einen enormen Anteil daran haben, ob ihr Team die Leistung steigert und seine Fähigkeiten weiterentwickelt oder eben nicht?

Ich saß einmal in einer Unternehmensveranstaltung, in welcher der Geschäftsführer vor all seinen Mitarbeitern sagte: «Wir haben so viele faule, unfähige Menschen in unserem Unternehmen, die werde ich alle Stück für Stück aufräumen.» Ein anderer Geschäftsführer sagte mir mal: «Meine Mitarbeiter sind wie Esel, denen man alles vorgeben und die man permanent anschieben muss.» Zwei Aussagen, die sicher ihre Wirkung hinterlassen haben. Doch genau solche Aussagen oder auch nur Denkweisen gegenüber den eigenen Mitarbeitern sind die größten Leistungskiller. Dies wurde in einem Experiment als sogenannter Pygmalion-Effekt herausgestellt. Dieses Sensationsexperiment wurde an einer US-Schule im Jahr 1966 durchgeführt. Es bestätigte, dass eine positive Erwartungshaltung Bestleistungen bei anderen fördert.[5] Bei einer Testgruppe von Schülern wurde ein IQ-Test zur Leistungsbeurteilung durchgeführt. Den Lehrern wurde erzählt, dass die Schüler anhand der Leistungsbeurteilung in Klassen eingeteilt würden. Ihnen wurde gesagt, dass 20 Prozent der Schüler «besonders lernfähig» seien, viel Potenzial hätten und daher in eine Klasse kämen. Tatsächlich wurden die Schüler aber, unabhängig von der Lernfähigkeit, per Losentscheid den Klassen zugeteilt. Das überraschende Ergebnis: Die als «besonders lernfähig» betitelte Klasse hat nach einem Jahr am besten abgeschnitten und eine deutliche Leistungssteigerung im erneuten IQ-Test gezeigt. Anhand von Videoanalysen zeigte sich, dass die Lehrer die vermeintlich intelligenteren Schüler mehr anlächelten, mehr Augenkontakt hatten, mehr lobten und sich bei Unklarheiten oder Fragen gern mehrfach wiederholten. Die Lehrer wussten nichts von dem Experiment und glaubten, sich neutral zu verhalten. Dem war aber nicht so. Durch das unbewusste positive Verhalten der Lehrer gegenüber den Schülern wurden tatsächlich die Leistungen der Betroffenen beeinflusst und verbessert.

Mach dir den Effekt bewusst. Was du unbewusst von anderen Menschen erwartest und denkst, beeinflusst dein Verhalten – und so werden diese Menschen es dir bestätigen. Nimm bewusst eine positive Erwartungshaltung ein: Glaube fest an den Mitarbeiter, vertraue ihnen und gib ihnen eine Chance.

Johann Wolfgang von Goethe fasst das Ganze in einem schönen Zitat zusammen: «Behandle die Menschen so, als wären sie, was sie sein sollten, und du hilfst ihnen zu werden, was sie sein können.»

KAPITELZUSAMMENFASSUNG

Sei ein Vorbild und hol das Beste aus Menschen heraus. In diesem Kapitel hast du Folgendes gelernt:

- Menschen folgen Menschen, zu denen sie aufschauen und die sie bewundern. Welche Führungskraft-Vorbilder haben dich geprägt? Positiv wie negativ?

- Deine allergrößte Potenzialbremse ist das Ego. Es erzeugt ein falsches Selbstvertrauen und das Gefühl, der Bestleistende zu sein und selbst alles am besten zu wissen. Das Ego ist eine Maske, um sich bedeutend und wichtig zu fühlen.

- Erschaffe dein persönliches Zielbild einer starken Führungskraft. Denn Menschen orientieren sich an Vorbildern. Denke und handle also wie ein Vorbild.

- Starke Menschen brauchen das richtige Mindset. Ein Growth Mindset hilft dir, deine Denkweisen auf Wachstum und Lernen auszurichten, während ein Fixed Mindset dich bremst und vom Ego gesteuert wird.

- Dein Erfolg hängt von deinem Selbstvertrauen ab. Die Größe deines Selbstvertrauens bestimmt den Rahmen deiner Möglichkeiten.

- Du kannst deine Identität verändern, indem du dir ein neues Zielbild malst und dementsprechend täglich kleine Maßnahmen umsetzt.

- Du kannst dich von anderen abheben, indem du: besser bist, besonders bist oder etwas ganz Neues erfindest.

- Wer sich vergleicht, verliert immer – vergleichst du dich nach oben, dann bist du frustriert, und vergleichst du dich nach unten, brauchst du dich nicht zu verändern.

- Pygmalion-Effekt: das Sensationsexperiment aus den USA. Du erntest, was du säst. Achte darauf, was du von anderen denkst, denn deine Erwartungen werden sich bewahrheiten.

WAS BEDEUTET DAS FÜR DICH ALS FÜHRUNGSKRAFT?

- Werde zum Vorbild für dein Team. Werde dir darüber klar, wie du als Führungskraft sein und welche Werte du leben willst. Dann lebe danach.

- Stopp dein Ego und lass Platz für die Entwicklung deiner Mitarbeiter. Vermeide Allwissenheit und Rechthaberei und zeige Interesse und Neugier an den Ideen deiner Mitarbeiter.

- Arbeite daran, in Situationen Chancen statt Probleme zu erkennen. Denke und handle im Sinne eines Growth Mindset und beeinflusse so dein Team positiv.

- Fördere deine Mitarbeiter, indem du an ihre Talente und Fähigkeiten glaubst und sie entsprechend weiterentwickelst.

- Werde dir bewusst, was dich als Führungskraft besonders macht. Erarbeite das auch mit deinen Mitarbeitern und nutze deine besonderen Fähigkeiten entsprechend.

- Stärke den Selbstwert von dir und deinen Mitarbeitern durch Erfolgserlebnisse.

- Pygmalion-Effekt: Lebe eine positive Erwartungshaltung und steigere die Leistung deines Teams. Glaube an dein Team.

4. MIT BEGEISTERUNG ERFOLGREICH ANS ZIEL

«Das Geheimnis ist, an deine Träume zu glauben,
an dein Potenzial, wie dein Vorbild zu sein.
Suche weiter danach, glaube weiter daran und
verliere nicht das Vertrauen in dich selbst.»

Neymar
(brasilianischer Fußballspieler)

«Nein, bitte noch nicht!», denken sich frühmorgens viele Menschen in Deutschland und drücken auf Snooze. «Lass mich doch noch ein paar Minuten länger schlafen.» Denn so wirklich Lust zum Aufstehen und auf die Arbeit haben sie nicht. Die Motivation liegt bei null. Trotzdem zwingen sie sich nach ein paarmal Snoozen aus dem Bett und geben sich eine Energieinjektion in Form von Kaffee, um zur Arbeit zu gehen. Das Geld muss ja auch irgendwoher kommen.

Dann gibt es aber noch ganz andere Menschen. Eine Spezies, die sich viele Jahre vor mir versteckt gehalten hat, bis ich eines Abends auf einer Geburtstagsparty war und mit Stefan sprach. Stefan hatte Informatik studiert und erzählte mir von seinem Beruf. Ein typischer Small Talk über den aktuellen Job – zumindest zu Beginn. Denn relativ schnell wurde mir klar, dass das Gespräch anders verlief, als ich es bisher gewohnt war. Stefan erzählte voller Begeisterung von seinem Job. Er und seine Kollegen würden gerade eine Drohnenshow für die Olympischen Spiele erstellen und er arbeite gerade daran eine Drohne als Biene umzubauen. Ich merkte ihm an, wie er sich für seine Arbeit begeisterte und stolz auf das war, was er jeden Tag machen durfte. Es war wirklich ein Dürfen, kein Müssen. Seine Augen leuchteten, wenn er von dieser Drohne sprach. Stefan war für mich der Beweis, dass es wohl doch Menschen gibt, die ihre

Arbeit wirklich lieben, die jeden Tag voller Vorfreude aus ihrem Bett steigen und Energie aus ihrer Arbeit ziehen, statt sie sich rauben zu lassen. Dieses Gespräch war für mich ein Augenöffner. Denn bis dahin dachte ich: Egal ob Unternehmer oder Führungskraft – irgendwann ist die Arbeit einfach immer hart und anstrengend. Alle, die ich bis dahin kannte, lebten genau nach dem Motto: voller Einsatz und Erfolg, aber eben auch mit mehr Erschöpfung und Stress. Zwar sagen alle immer, es passe schon und sei gut so, doch insgeheim spürt man ganz klar, dass sich alle Besserung wünschen. Eine Person wie Stefan, deren Augen vor Begeisterung leuchteten, hatte ich bis dahin nicht erlebt.

Wie schaut es bei dir aus? Drückst du morgens auf Snooze und denkst dir: «Ich will nicht, lass mich schlafen»? Oder stehst du voller Motivation auf und freust dich auf die Arbeit und den neuen Tag deines Lebens?

Dieses Kapitel soll dir zeigen, dass die Motivation und damit auch deine Lebensrealität immer mit dir selbst zu tun haben. Denn deine Energie bestimmt deinen Erfolg. Man könnte auch sagen, der Input bestimmt den Output – oder: «shit in» gleich «shit out».

Daher drängen sich folgende Fragen auf:

- Was braucht es, damit wir motiviert und voller Begeisterung bei der Arbeit sind?

- Warum müssen sich die einen zwingen, zur Arbeit zu gehen, und warum empfinden andere volle Begeisterung für das, was sie tun?

- Warum stellt sich bei vielen nach dem erfolgreichen Abschluss von großen Projekten meist trotzdem nicht das Gefühl von Glück und Zufriedenheit ein?

- Wie schafft man es, das eigene Team voller Begeisterung und Motivation mit auf die Reise zu nehmen?

Es geht mir hier nicht darum, zu sagen: «Tue etwas, das du liebst» denn das ist die Basis dafür, dass du auf dem Weg bleibst, dranbleibst wenn es anstrengend wird und Willenskraft benötigt wird und so dein Ziel erreichst. Das ist auch gut so. Und doch ist es enorm wichtig, etwas zu tun, das du gern tust, denn das lässt dich auf dem Weg bleiben und dein Ziel erreichen.

Im Endeffekt ist das erneut mit einer Bergexpedition zu vergleichen. Viele Menschen wandern ohne Plan durch die Gegend, sind sich ihrer besonderen Fähigkeiten nicht bewusst, haben keine Ziele und wissen daher auch nicht, wofür es sich lohnt, täglich aufzustehen und zu trainieren.

Genau das passiert vielen erfolgreichen Menschen. Sie rennen mit vollem Einsatz los, sind sogar erfolgreich und stehen dann verloren im Nichts, weil sie merken, dass sie trotz allem nicht glücklich sind und dieses permanente Weiterrennen sie maßlos erschöpft. Und dann kommt die Frage nach dem Sinn. Oft gehen diese Überlegungen auch damit einher, dass sie am liebsten alles hinschmeißen möchten, sich aber jedes Mal wieder zwingen weiterzumachen, weil sie denken, es gebe kein Zurück und Alternativen seien nur mit Abstrichen möglich. Weil zu viel auf dem Spiel steht, kämpfen sie weiter bis zur Rente und hoffen da auf das ersehnte Glück – das selbst dann nur selten eintritt.

Würdest du ohne Ziel und ohne Plan zu einer Bergexpedition aufbrechen? Vermutlich nicht, denn ein planloses Umherirren würde dich zu viel Kraft und Motivation kosten.

Bei Bergtouren ist uns das bewusst. Für unser eigenes Leben nicht. Bei meinen Kunden habe ich es oft genug erlebt, dass sie gar nicht wussten, was sie eigentlich erreichen wollten und was sie wirklich motivierte. Sie haben auf mehr Freiheit und mehr Motivation gehofft, aber nicht gewusst, was ihnen wirklich Spaß macht. Statt klare Ziele und einen Plan zu haben, ließen sie sich vom Alltag und den Erwartungen anderer Menschen treiben. Sie merken dann, dass sie vor einem Berg standen, ohne weiterzuwissen.

Daher wird es Zeit, deine Bergexpedition «Leben» zu planen: Frag dich, welchen Gipfel du erreichen möchtest und warum? Welche Zwischenziele sind nötig, um anzukommen? Wer musst du sein, um das erreichen zu können? Das sind alles sehr sinnvolle Überlegungen, denn planst du hier nicht richtig, landest du vielleicht auf dem falschen Gipfel oder musst umkehren.

MENSCHLICHE TREIBER

Fangen wir mal damit an, was Menschen überhaupt dazu antreibt, zu handeln. Warum stehen wir jeden Tag auf, duschen, frühstücken, gehen zur Arbeit, treiben Sport? Was treibt uns an? Warum liegen wir nicht einfach den ganzen Tag faul auf dem Sofa oder in der Sonne? Warum leisten wir stattdessen jeden Tag aufs Neue etwas?

Es gibt viele Gründe dafür. Doch diese sind für jeden anders. Der eine ist auf den Job angewiesen und will nicht in Armut leben. Ein anderer möchte die Karriere vorantreiben und die Kollegen nicht enttäuschen, bis hin zu jenen, die arbeiten, weil sie anderen Menschen helfen möchten.

Kurzum kann man sagen: Hinter allem, was wir tun, stecken unsere Motivationssysteme. Es gibt hier drei an der Zahl und zwei davon sind die treibenden Kräfte, die Menschen zu zielgerichtetem Verhalten veranlassen:[1]

1 **Threat-Avoidance-System – *weg* von unerwünschtem Leidensdruck und Schmerzen:**
Hinter dieser Motivation steckt unser Stresssystem. Wenn uns etwas mit Angst und Unsicherheit erfüllt, suchen wir nach neuen Strategien, um der Situation gerecht zu werden.

Alle Handlungen werden darauf ausgerichtet, Schmerzen zu vermeiden. Wer oft kritisiert wurde, kann zum Perfektionisten werden oder sehr aggressiv auf Kritik reagieren, um diese von sich fernzuhalten.

Oftmals sind Veränderungen deshalb so schwer, weil es sich unerträglicher anfühlt, etwas neu zu machen, als im «schlechteren» Alten zu verharren. Neurobiologisch ist dieser Kreislauf getragen von den Botenstoffen Noradrenalin, Cortisol, Vasopressin, Opioiden. Der Stress soll helfen, Energie aufzubringen, um Probleme zu lösen und die Situation zu verändern. Gelingt es nicht, führt es zu chronifiziertem Stress.

2 **Wanting-System – hin zu etwas Erwünschtem:**
Hier soll gezielt eine erwünschte Situation herbeigeführt werden. Es geht um das Streben hin zu etwas, um schöne Dinge zu erleben. Alles, was das Leben unterstützt, fördert das Gehirn: Sex, Lernen, Wohlgefühl, Zielvorstellungen. Es geht um Abenteuerlust, Neugier, Leistungsorientierung, Wachstum und Vorfreude.

Gestützt ist der Kreislauf neurobiologisch durch Dopamin, Opioide, Noradrenalin und Endocannabinoide.

Wir müssen lernen, für ein Ziel zu kämpfen und es uns durch Durchhaltevermögen zu erarbeiten. Ein geschenkter Sieg lohnt sich nicht. Ansonsten baut sich dieses Motivationssystem ab. Gleichzeitig ist es wichtig, zu lernen, verschiedene Strategien anzuwenden, flexibel zu bleiben und geschützt scheitern zu können. Dazu braucht man ein stabiles soziales Netz im Hintergrund.

3 Non-Wanting-System – ankommen bei sich selbst:
Bei diesem System geht es um die Selbstbeheimatung und ein Ankommen bei sich selbst. Im Gegensatz zu den beiden treibenden Systemen steht hier das Bleiben im Mittelpunkt, nicht die Bewegung. Daher wird es meist in keiner Literatur erwähnt. Es geht darum, in der Welt und bei sich selbst anzukommen und Beziehungen zu gestalten. Man will ein Bewusstsein dafür entwickeln, wer man ist, wo man ist und ob es da gut ist. Es geht um Dankbarkeit, Demut, Achtsamkeit, Vertrauen, Empathie. Neurobiologisch wird dieses System von Endomorphinen, Oxytocin, Serotonin und Endocannabinoiden getragen – also harmonisierenden Botenstoffen. Passende Fragen innerhalb dieses Motivationssystems sind:

- Liebe ich meine Arbeit und die Menschen in meinem Leben?
- Ist mein ideales Sein stimmig mit meinem jetzigen?
- Habe ich meine Träume und Wünsche erfüllt und sie gelebt?
- Bin ich mit meiner Lebensgeschichte und meinen Wurzeln im Reinen?

Dieses System wird ab dem 30. Lebensjahr immer wichtiger und erreicht in einem Alter von 40 bis 50 Jahren seinen Höhepunkt. Hieraus resultiert zum Teil die Midlife-Crisis, die eintritt, wenn man eben noch nicht bei sich angekommen ist.

Deine zwei treibenden Systeme *Weg von* und *Hin zu* sind durch deine emotionalen Erfahrungen, vor allem in den ersten drei Lebensjahren, entstanden. Denn aus gemachten Erfahrungen erwachsen motivationale Antriebe, welche die Wahrscheinlichkeit erhöhen, dass wir das Erlebte im späteren Leben immer wiederholen wollen und dass das Verhalten automatisch im Gehirn in den Basalkernen als Gewohnheit gespeichert wird. Diese intrinsischen Muster sind deine Antreiber. Sie können jedoch auch zu Zwangsmustern werden, wenn sie außer Balance sind, wie z. B. bei einem Leistungszwang.

Die treibenden Systeme helfen uns, unsere Bedürfnisse zu erfüllen. Das können primäre, überlebenswichtige Bedürfnisse sein – wie Hunger oder Durst ebenso wie eine Kampf- oder Fluchtreaktion auf eine drohende Gefahr hin – oder sekundäre, also erlernte und gesellschaftlich anerkannte, Bedürfnisse wie Reichtum oder Macht. Uns wurde beigebracht, dass wir, wenn wir eine gute Leistung erbringen, Lob und Anerkennung erhalten – zwei sehr starke Antreiber in unserer Leistungsgesellschaft.[2]

Zum Thema Motivation ist es wichtig, zu wissen, dass uns das *Wollen* antreibt, nicht das Erreichen eines Ziels. Denn allein die Vorstellung, ein Projekt erfolgreich zu beenden, aktiviert im Gehirn das Belohnungssystem. Hierbei wird durch äußere Reize – das Lächeln eines tollen Menschen, die Aussicht auf Lob und Erfolg, Vorfreude auf den Urlaub oder auf neue Erlebnisse – das dopaminerge Belohnungszentrum aktiviert. Durch den Reiz wird Dopamin in der Substantia nigra im Mittelhirn und dem ventralen tegmentalen Areal produziert und dann über das mesolimbische System zum Nucleus accumbens (und an andere Gehirnareale) gesendet, wo positive Gefühle wie Lust und Neugier entstehen. Wir malen uns Bilder aus, wie es sich anfühlt, wenn wir das Ziel erreichen, und was wir dafür bekommen.[3] Diese positiven Gefühle sorgen dafür, dass wir Handlungen, für die wir belohnt werden, immer wiederholen und an einem Ziel motiviert dranbleiben. Das gilt für gesundes Verhalten wie der erfolgreiche Abschluss eines Projektes ebenso wie für ungesundes Verhalten wie Arbeitssucht oder übermäßiger Alkoholgenuss.[4] Sobald das Ziel erreicht ist, rückt das Dopamin als Botenstoff in den Hintergrund und es werden körpereigene Opiate ausgeschüttet, die Euphorie und Zufriedenheit auslösen.[5] Doch diese sorgen nur für eine kurze Freude und halten nicht lange an. Dadurch werden wir schnell wieder dazu angetrieben, nach neuen Herausforderungen zu suchen.

Diese Erkenntnis ist besonders wichtig für dich als Führungskraft: Jedes Verhalten ist durch Bestrafung oder Belohnung steuerbar. Ziel sollte immer sein, die Mitarbeiter positiv zu beeinflussen und für positive Gefühle zu sorgen:

- Schaffe Anreize, die für den jeweiligen Mitarbeiter erstrebenswert sind, also seine Bedürfnisse erfüllen. Das sorgt langfristig für eine hohe Motivation und vollen Einsatz.

- Achte darauf, dass die Aufgabe zu bewältigen ist. Ist die Herausforderung zu groß und die Aussicht auf Erfolg nur gering, dann bricht die Motivation ab und dein Mitarbeiter hört auf. Der Grad an Motivation ist abhängig davon, ob eine Handlung Erfolg bringt – die Entscheidung wird im orbitofrontalen Cortex unter Abwägung verschiedener Kriterien getroffen. Selbst Misserfolge können motivieren, solang gesichert ist, dass das Ziel trotz Rückschlägen irgendwann erreicht werden kann.[6]

- Gib deinen Mitarbeitern Motivationsanreize mit auf den Weg, also zeige ihnen, dass sie erfolgreich sein werden und es sich lohnt, weiterzumachen. Schenke Lob, zeige Anerkennung.

- Menschen strengen sich mehr an, wenn sie wissen, dass ihr Einsatz am Ende belohnt wird. Wichtig ist das Gefühl, das Ergebnis selbst erreicht zu haben, also selbstverantwortlich gehandelt zu haben. Das verbessert außerdem die Lerneffekte, da verstärkt neuronale Autobahnen gebildet werden.

- Versuche nicht, deinen Mitarbeitern Aufgaben abzunehmen oder Dinge selbst zu erledigen – das raubt ihnen die Motivation, da sie den Eindruck bekommen, du würdest ihnen die Aufgabe nicht zutrauen.

- Bei «schädlichem» Verhalten – wenn z. B. ein Mitarbeiter andere stark kritisiert oder gar beleidigt – zeige klare Grenzen, ja sogar Konsequenzen auf, damit sich solch ein Verhalten im Team nicht als «normal» einpendelt.

Wichtig ist: Wir brauchen den Antrieb, der uns motiviert, denn das schüttet Dopamin im Körper aus und wir fühlen uns gut. In unserer Gesellschaft wird als Kompensation zum Leistungszwang zum Teil das Gegenteil angestrebt: bloß nicht zu viel leisten. Doch das wird auf Dauer niemandem guttun. Wer keinen Antrieb hat, ein lohnenswertes Ziel zu erreichen, baut dieses Motivationssystem ab und verliert es. Jeder Mensch braucht es, sich für etwas einzusetzen und Ergebnisse zu erzielen. Das stärkt den Stolz und das Selbstwertgefühl und sorgt für positive Hormone im Körper. Inflationäres Lob, alles geschenkt zu bekommen oder immer gerettet zu werden, das alles wirkt sich hingegen negativ auf den Menschen aus, da so kein Dopamin freigesetzt wird.

Der Mensch braucht die Chance, sich selbst entfalten zu können, sonst wird die Motivation abgetötet. Leistung an sich ist nicht das Problem, sie motiviert uns. Es ist eher das Thema des Dauerstresses, das man angehen darf. Insbesondere leistungsstarke Menschen brauchen permanent mehr Ergebnisse und Ziele, immer noch mehr Steigerungen und Höhepunkte, noch Größeres und vergessen dabei die Regeneration. Leistung und Motivation sind also wichtig für ein glückliches Leben, jedoch muss man sein Zwangsmuster finden und bremsen, um Dauerstress zu vermeiden.

MOTIVATION UND WILLENSKRAFT

Motivation entsteht, wenn wir Ziele anvisieren, die unsere primären und auch sekundären Bedürfnisse erfüllen. Motivation kann man auf Basis ihres Ursprungs in zwei Arten unterteilen: intrinsische und extrinsische Motivation.[7]

Bei der extrinsischen Motivation wird unser Verhalten durch äußere Anreize geleitet. Dein Handeln soll die Erwartungshaltungen anderer Menschen oder der Gesellschaft erfüllen. Dies ist z. B. der Fall, wenn du einen Beruf wegen eines hohen Gehalts oder Status ausübst. Extrinsische Motivatoren sind stark von äußeren Faktoren abhängig und meist getrieben von materieller oder finanzieller Natur oder eben gesellschaftlicher Anerkennung. Das Problem der extrinsischen Motivation: Sobald der äußere Reiz wegfällt, verlieren wir sofort die Motivation – zum Beispiel wenn die äußere Anerkennung oder die Bonuszahlung ausbleibt. Oftmals ist Erfolg auf Dauer nicht haltbar, da der äußere Reiz nicht dauerhaft aufrechterhalten werden kann.

Bei der intrinsischen Motivation handeln wir aus dem Inneren heraus. Du wirst durch deine tiefsten inneren Wünsche und deine Leidenschaften motiviert und angetrieben. Äußere Faktoren oder Erwartungen spielen keine Rolle. Dies ist die mächtigste Art der Motivation, denn sie beflügelt enorm und führt zu einem erfüllten Leben. Die intrinsische Motivation gibt dir das Gefühl der Zufriedenheit und Sinnhaftigkeit. Außerdem macht sie dich selbstbewusst, da du sagst: «Ich kann das! Ich will das! Ich schaff das!» Stefan, der Bienen-Drohnengestalter, hatte eine starke intrinsische Motivation: Ihn faszinierte die Technik und er hatte Spaß daran, anderen Menschen schöne Momente zu bereiten. Mich begeistert es z. B., Gesamtzusammenhänge sowie Menschen und Beziehungen zu verstehen, in leicht verständliche Impulse zu übersetzen und anderen damit zu helfen. Außerdem sind Wachstum und Abwechslung große innere Treiber für mich.

Oftmals stoßen wir auf Probleme, wenn wir im Leben intrinsischen Motivatoren folgen, doch dann zunehmend durch extrinsische Faktoren beeinflusst werden. Bei vielen Selbstständigen und Unternehmern zeigt sich das. Sie haben ihr Hobby zum Beruf gemacht und wollen mit ihrem Unternehmen ihren Lebenstraum erfüllen. Doch oft schlägt dies in Verpflichtung um, da sie Geld verdienen und Kunden und Mitarbeiter zufriedenstellen müssen. Wer langfristig motiviert und glücklich bleiben will, sollte daher darauf achten, dass intrinsische und extrinsische Motivatoren in Balance bleiben. Mach dir immer wieder bewusst, warum du deine Reise angetreten hast und was du wirklich erreichen willst. Solang du lernst, deine alltägliche Reise zu genießen, dich zu freuen, und dich nicht zu sehr von materiellen Zielen treiben lässt, wirst du motiviert bleiben.

Dann kommt ein weiterer wichtiger Faktor hinzu: Volition, die Willenskraft.[8]
Denn Motivation reicht nicht aus, um gesteckte Ziele zu erfüllen. Hierzu braucht es auch Willens- und Umsetzungskraft. Denn egal was du tust, ohne Letzteres ist es nicht möglich, Wunschvorstellungen in die Tat umzusetzen. Selbst wenn du deinen beruflichen Traum verwirklichst, stellt sich irgendwann Routine ein. Es kommen Verwaltungstätigkeiten dazu, eine Routine entwickelt sich und der Reiz des Neuen lässt nach. Du brauchst Biss, um durchzuhalten. Also kurz gesagt: Motivation ist das, was dich loslegen lässt, und Volition das, was dich durchhalten lässt.

Die Willenskraft und damit einhergehende Selbstkontrolle helfen dir dabei, dass du dich von Ablenkungen fernhältst, lernst, Belohnungen aufzuschieben und an deinem Ziel dranzubleiben, selbst dann, wenn es schwierig wird. Nimm dir die erfolgreichsten Sportler als Beispiel. Sie haben von klein auf gelernt: Wenn sie Fußballprofi werden wollen, dann braucht es viel Training, viel Schlaf, und es gilt, auf Partys, Alkohol und schlechtes Essen weitgehend zu verzichten.
Wenn du dein großes Ziel erreichen möchtest, dann musst du lernen, Ablenkungen und Belohnungen aufzuschieben. Denn oft torpedieren wir unsere großen, langfristigen Ziele durch die kurzfristigen Ablenkungen und Belohnungen. Das ist auch der häufigste Grund für ein Scheitern. Trotz großer Anfangsmotivation fehlt die Willenskraft, um langfristig dranzubleiben und auch mit Misserfolgen oder Rückschlägen umzugehen. Die schnellen Bedürfnisbefriedigungen im Alltag bringen

uns von unserem Ziel ab. Umgekehrt heißt das aber: Wenn du weißt, was du wirklich willst, und bereit bist, alles dafür zu geben, wirst du erfolgreich sein.

DEIN WARUM ALS BASIS

«Wenn das Warum groß genug ist, dann kann der Mensch jedes Was ertragen», sagte schon Friedrich Nietzsche. Hinter jedem deiner Ziele braucht es einen Sinn. So wirst du dein Ziel erreichen, egal wie steinig der Weg ist. Ein starkes *Warum* hat eine ganz besondere Kraft und bringt dich an dein Ziel.

Um dein Warum zu finden, frage dich: Was will ich wirklich? Was ist mein Sinn? Welchen Beitrag möchte ich leisten? Inwiefern wird die Welt eine andere sein, weil ich hier war? Für wen mache ich einen Unterschied? Was will ich bewegen und verändern?

Als kleines Kind hast du sicher sehr oft nach dem Warum gefragt. Den Sinn hinter dem erfragt, was in der Welt passiert, und warum du etwas tun sollst. Doch im Laufe des Lebens hast du dir das abtrainiert. Es hieß: «Jetzt mach einfach und frag nicht immer, warum!» Du hast aufgehört zu fragen und erfüllst die Erwartungen anderer.

Bist du Unternehmer, dann frage dich: Warum bist du das geworden? Was willst du mit deinem Unternehmen erreichen? Wozu willst du das Geld verdienen? Treiben dich Ideale an? Willst du Menschen einen besonderen Mehrwert bieten, möchtest du die Umwelt verbessern oder Menschen Sicherheit geben? Oder geht es dir um Freiheit?

Bist du Führungskraft, dann frag dich auch: Warum bist du das geworden? Was willst du erreichen? Möchtest du Wachstum –

also Menschen fördern und entwickeln? Oder möchtest du Strukturen und Abläufe verbessern? Was steckt hinter dem, was du tust?

Jeder Mensch antwortet anders auf die Frage nach dem Warum und hat einen anderen Antrieb. Es gibt Menschen, die durch Angst und Sicherheit angetrieben werden und ihre Familie beschützen wollen. Andere streben nach Stolz und Anerkennung und wollen einen guten Eindruck hinterlassen. Wiederum andere treibt das Pflichtbewusstsein an, um anderen Menschen zu helfen. Oder die Freiheit: Du willst frei sein, niemandem Rechenschaft ablegen und dich nicht von Verpflichtungen ausbremsen lassen.

Oftmals streben Menschen nach noch mehr Luxus, sie wollen ein noch teureres Auto besitzen oder in einem noch luxuriöseren Hotel übernachten. Geld ist absolut wichtig und hilfreich. Doch mach dir bewusst, dass du nur dann glücklich wirst, wenn die richtige Motivation hinter deinem Antrieb steht. Ansonsten strebst du nach immer mehr – und es tritt eine innere Leere ein.

Mir geht es darum, Menschen zu stärken, an sich zu glauben und so das Beste aus sich und ihrem Leben zu machen. Denn starke Menschen stärken andere Menschen und haben starke Beziehungen. Sie können so ihren Einfluss nutzen, um wiederum andere Menschen positiv zu beeinflussen. Das gilt insbesondere auch für Unternehmer und Führungskräfte.

Was willst du? Wenn du Geld oder beruflichen Erfolg anstrebst, dann frage dich, wozu? Warum möchtest du dieses Ziel erreichen? Was bringt dir das Geld? Was ist der Sinn dahinter? Was willst du damit tun?

Um dies herauszufinden, nutze die «Treppe des Warum»:
Egal welches Ziel du dir setzt, frage dich immer so lange «Warum?», bis du deine tiefste Intention herausgefunden hast. Du wirst merken, jede Frage bringt dir eine ganz neue Antwort und neue Erkenntnisse – so findest du den Ursprung deines Ziels heraus.

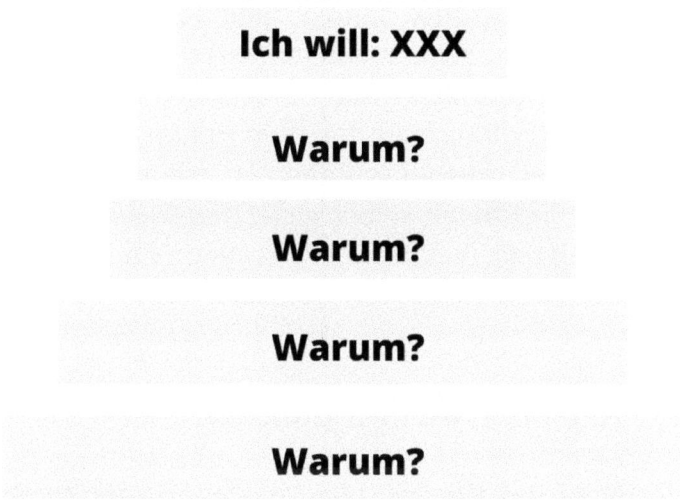

Abbildung 14: Warum-Treppe

Warum willst du ein erfolgreiches Unternehmen führen? Warum willst du Erfolg und Reichtum erreichen? Was steckt dahinter?

- Möchtest du dich gut fühlen und Abenteuer erleben?
- Möchtest du Sicherheit?
- Möchtest du damit anderen helfen und die Welt verbessern?
- Möchtest du dich persönlich weiterentwickeln und Wissen aufbauen?

Sobald du deine Antwort auf das Warum findest, darfst du dich fragen, ob dein angestrebtes Ziel dieses Warum auch erfüllt oder auf welchen anderen Wegen du dir dieses Ziel vielleicht schon vorher erfüllen kannst. Denn oftmals streben wir z. B. eine Karriere und Erfolg an, mit dem Ziel, frei zu sein. Doch dafür knechten wir uns erst mal 40 Jahre und vergessen darüber die Freiheit, die wir eigentlich suchen. Oder wenn du mehr Liebe in deinem Leben möchtest, dann arbeite daran, aufmerksamer und interessierter zu sein, suche intensive Gespräche mit deinem Gegenüber, statt dich hinter der Arbeit zu verstecken. Finde heraus, was du wirklich aus tiefstem Herzen erreichen willst. Fange an, den Weg dorthin zu genießen, freue dich, deine Zeit zu investieren und deine selbst gesetzten Ziele zu erreichen. Dein Warum zeigt dir, was du willst, damit du dann deine Arbeit entsprechend daran ausrichten kannst.

WERTE ALS DEIN NAVIGATIONSSYSTEM

Wenn der Sinn, das Warum, klar ist, dann brauchst du noch Klarheit über deine Werte. Denn deine Werte steuern dich in deinem Leben wie ein Navigationssystem. Wenn du gegen deine Werte lebst, wirst du unglücklich. Dasselbe gilt für Unternehmen: Hier müssen die Menschen persönlich dieselben Werte haben und sie leben, damit das zur Kultur wird. Wenn «People first» deine erste Devise ist, du aber Führungskräfte hast, die auf Macht und Ego gepolt sind, dann funktioniert das nicht.

Im Kapitel zuvor hast du schon herausgefunden, welche Werte dir beigebracht wurden, welche du verfolgen sollst. Doch was dich wirklich glücklich macht, sind meist andere Werte. Diese finden wir nun heraus, indem du dir folgende Fragen stellst:

Abbildung 15: Werte finden

DER BERGGIPFEL: DIE GROSSE VISION

Dein Warum bringt dir eine Ausrichtung im Leben, deine Werte steuern dich. Auf dieser Basis gilt es dann, dir eine klare Vision zu bauen: Wo möchtest du selbst hin, wo willst du mit deinem Unternehmen und Team hin? Darauf basierend setzt du dir dann klare Ziele.

Würdest du eine Bergtour machen und einfach loslaufen und mal schauen, wo du endest? Wohl kaum. Im Leben, in unseren Beziehungen, im Unternehmen machen wir das jedoch oft so. Oder hast du eine Vision für dich selbst, eine Vision für dein Unternehmen oder eine mit deinem Partner für deine Beziehung?

Genau deswegen verlieren wir auf dem Weg unsere Begleiter: weil wir uns auseinandergelebt haben oder unüberbrückbare Konflikte entstanden sind. Im Endeffekt kannst du dieses

Beispiel der Bergmetapher auf all deine Lebensbereiche übertragen und dir sinnvolle Visionen bauen.

Für eine starke Vision sind folgende Punkte wichtig:

1 Bildliche Vision:

- Deine Vision gibt dir eine klare Richtung vor und zeigt dir, wohin es gehen soll. Muhammad Ali sagte einmal: «Wenn du es dir ausmalen kannst, dann wirst du es auch erreichen.» Mal dir ein Bild in deinem Kopf: Wie sieht dein Leben aus, wenn du deine Ziele erreicht hast? Wie fühlt es sich an? Wer ist bei dir? Was siehst und riechst du? Mach dies in deinen Gedanken, aber auch in Form eines echten Bildes. Erstell dir hierzu ein Vision Board. Denn sobald du deinem Gehirn ein Bild vorgibst, ändert es seinen Fokus und achtet auf neue Details, die dich deinem Ziel näher bringen (erinnere dich an die 40 aus 11 Millionen Sinneseindrücken).[9] Das kennst du vielleicht sogar aus deinem Alltag: Du überlegst dir, einen blauen 5er BMW zu kaufen, und plötzlich siehst du überall auf der Straße genau dieses Auto. Das, woran wir denken, tritt verstärkt in unser Bewusstsein.

2 Eine klare Vision und Ziele machen dich effizient:

- Sobald du den Berggipfel kennst, kannst du die Route effizient planen. So ist das auch bei deiner Vision. Sobald du weißt, wie dein Ziel aussieht, kannst du die richtigen Schritte und Maßnahmen planen, um loszugehen und dein Ziel zu erreichen.

3 Eine anziehende Vision lässt dich durchhalten:

- Willst du deine Vision aus vollem Herzen erreichen, dann wirst du es schaffen. Diese intrinsische Motivation hilft dir dabei, dranzubleiben und sämtliche Hürden und Hindernisse zu überwinden. Warum sonst sollten wir uns über 1000 Höhenmeter einen Berg hinaufschleppen? Weil es sich besonders gut anfühlt, in der Natur zu sein und mit Stolz den Ausblick zu genießen, wenn du oben auf dem Gipfel stehst, oder?

4 Visionen lohnen sich in jedem Lebensbereich – privat und beruflich:

- Als Mensch und Privatperson: Hast du eine klare Vision für dich und dein Leben? Was möchtest du in deinen einzelnen Lebensbereichen erreichen? Wofür willst du stehen und wofür nicht? Wie sollen die Menschen in deinem Umfeld sein?

- Als Unternehmer und Führungskraft: Wofür möchtest du in deiner Rolle als Unternehmer und Führungskraft stehen? Welche Verhaltensweisen zeichnen dich aus? Was soll man über dich sagen, was willst du bewegen und erreichen? Was sind deine Karriereziele?

- Mit deinem Unternehmen und Team: Welche Vision, welchen Weg willst du mit deinem Team gehen? Hast du deinem Team eine Vision, ein Leitbild mit Zielen vorgegeben? Welche gemeinsamen Werte möchtet ihr leben?

Ich habe das lange Zeit auch nicht gemacht. Doch im Rahmen einer Reorganisation meiner Abteilung wurde mir bewusst, wie sehr so ein Leitbild motivieren kann. Denn es gibt eine gemeinsame, verbindliche Ausrichtung und Orientierung vor. In der Reorganisation meiner Abteilung ging es um die Neuausrichtung auf die Zukunft. Also darum, veraltete Organisationsstrukturen zu überdenken, die Aufgabenbereiche der Mitarbeiter zu überprüfen, Führung neu zu denken, Platz für Digitalisierung und Automatisierung zu schaffen. Eine Analyse, die sich immer lohnt und jeder vornehmen sollte.

Im ersten Schritt war es wichtig, das Team abzuholen und mitzunehmen. Eine gemeinsame Vision war hierfür die Basis. Wo und vor allem warum wollen und müssen wir die Veränderung anstoßen? Aber auch: Was sind die Vorteile für die Mitarbeiter, wenn sie mitgehen? Wenn Menschen wissen, was für sie bei etwas herausspringt, lassen sie sich viel mehr auf Veränderungen ein.

Unsere Metapher damals war «Move in Future Finance» und unser Leitbild der Vision war die «Vasco-da-Gama-Brücke». Die Brücke ist als die längste Brücke Europas bekannt, als eine Brücke der Superlative, die jedes Erdbeben aushalten und die alten Straßen entlasten soll. Sie verkörpert eine tolle Geschichte, die man sehr gut bildlich auf eine Transformation übertragen kann. Denn Bilder und Emotionen bleiben im Kopf und begeistern Menschen, Fakten erzielen solch einen Effekt weniger. Meine Mitarbeiter haben diese Metapher im Laufe dieses Prozesses oft selbst genutzt.

Jedes Unternehmen benötigt eine Vision, ein Leitbild. Und jede Führungskraft sollte dieses Leitbild auf den eigenen Bereich herunterbrechen – in Form von Strategien, Verhaltensregeln, klaren Zielen, Messkriterien etc.

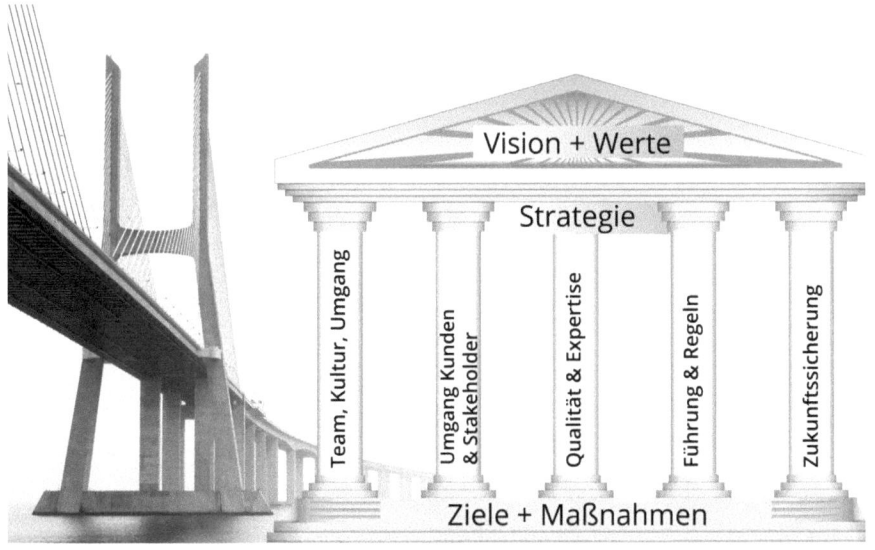

Abbildung 16: Metapher und Teamvision

GROSS DENKEN IST WICHTIG

Wenn du dir deine Vision ausmalst, achte darauf, wirklich groß zu denken. Denn deine Vision muss anziehend sein, damit es sich lohnt, für dich loszugehen.

Nelson Mandela sagte: «Du tust niemandem einen Gefallen, wenn du dich kleinhältst, nur damit andere sich in deiner Gegenwart nicht unwohl fühlen.»

Muhammad Ali, die Boxlegende, sagte über sich selbst: «I am the greatest» – und das, bevor er zu einer Legende wurde.

Es geht nicht um Größenwahn, sondern um die innere Einstellung: darum, für sich selbst eine Verbindlichkeit zu schaffen und mentale Bilder zu erzeugen, die man erreichen möchte.

Frag dich: Worin willst du der Größte sein? Was ist dir wirklich wichtig? In welchen deiner Rollen möchtest du besonders überzeugen? Dann mal dir ein großes Bild, denn großartige Ziele erzeugen eine hohe Energie und damit großartige Erfolge.

Wir alle bekommen gesagt, wir sollen aufhören mit Träumereien, Spinnereien. Ich sage dir, träum wieder und fang an zu spinnen, schau, was möglich ist. Wenn du dein Ziel, dein Ergebnis schon im Kopf begrenzt, begrenzt du dich selbst und damit dein Leben.

Stell dir mal vor, du setzt dir deine Ziele zehnmal so hoch wie bisher. Wie wäre es dann, wenn du eines davon knapp verpasst? Es würde dich vermutlich nicht stören, weil du viel weiter bist als das, was du dir erträumt hast.

Im Bonusbereich habe ich eine Mentalübung für dich bereitgestellt, die dir zeigt, warum es so wichtig ist, deine Ziele groß zu machen. Die Übung wird für einen Aha-Effekt sorgen. Du kannst diese Übung auch als Motivationsübung für dein Team nutzen.

CAMPS UND ZWISCHENZIELE: GREIFBAR UND ERREICHBAR

Wenn du eine große Vision hast, musst du unbedingt kleine, greifbare Zwischenziele etablieren. Denn mit der Motivation baut sich zugleich eine innere Erwartungshaltung auf. Auf der obersten Ebene im Gehirn, dem orbitofrontalen Cortex, wird die Antizipation erstellt, wie sich etwas anfühlen wird, wenn wir es erreicht haben. Nachdem wir ein Ziel erreicht haben, wird diese Antizipation mit der Realität abgeglichen und die Belohnungsintensität bestimmt:

- Erreichen wir genau das Ziel, das antizipiert wurde, spüren wir nur ein kurzes Glücksgefühl, das schnell wieder abflacht.

- Erreichen wir weniger als erwartet, spüren wir kaum positive Gefühle.

- Erreichen wir mehr als erwartet, dann empfinden wir ein starkes Hochgefühl.

Überhöhte Erwartungshaltungen berauben uns daher positiver Gefühle. Es lohnt sich, die Erwartungen an die Teilziele etwas herunterzuschrauben und trotzdem alles zu geben.

Und genau hier machen viele Menschen einen elementaren Fehler, der sie vollkommen blockiert. Sie denken in zu großen Schritten. Sie gehen noch nicht mal regelmäßig Joggen und erwarten von sich selbst direkt am nächsten Tag, einen Marathon laufen zu können. Dass man sich dazu nicht begeistern kann, ist klar. Sie wollen ein motiviertes, begeistertes Team, doch schleppen sich selbst zur Arbeit.

Du brauchst einen klaren Strategie- und Maßnahmenplan, der deine große Vision in Zwischenetappen und einzelne Schritte herunterbricht. Wie bei einer großen Bergexpedition – hier planst du auch Zwischenetappen ein und passt deine Ausrüstung an. Indem du losgehst und dein erstes Zwischenziel erreichst, merkst du, dass noch einiges mehr möglich ist. Zwischenziele brechen das große Ziel herunter, das oftmals zu herausfordernd und schwer erreichbar wirkt, machen es greifbar und unterstützen dich so beim Erreichen von langfristigen Zielen. Außerdem helfen sie dir dabei, deine Leistung auf dem langen Weg zum großen Ziel zu steuern. Zwischenetappen sind kleine Erfolge, die dich motivieren, auch noch den restlichen Teil zu gehen.

Ich war neulich nach einer Trainingspause auf einer Bergtour, die für mich nach der Pause knackig war. Doch auf dem Weg zum höchsten Gipfel gab es zwei kleinere Gipfel als Zwischenetappen. Wir sind losgegangen und haben uns gesagt, dass es schön wäre, wenn wir zum obersten Gipfel kämen, aber dass wir erst mal zum nächsten Gipfel gehen und dann schauen sollten, wie fit wir sind. Wir machten uns auf den Weg. Am ersten Gipfel angekommen, dachten wir uns natürlich: Den zweiten Gipfel schaffen wir auch noch. Bezüglich des dritten lief es analog. Ohne die Zwischenziele wäre das Ganze deutlich schwerer gewesen. Indem wir kleine Ziele erreichten, wuchs danach wieder die Vorfreude darauf, Neues und mehr zu schaffen.

Am besten stellst du dein Ziel grafisch dar. Mal dir deine Bergexpedition auf. Zeichne dir den Berg auf ein Papier und plane deinen Weg vom Tal über das Basislager und weitere Camps bis zum Gipfel.

Der Gipfel ist das große, langfristige Ziel – deine Vision. Dieses ist unveränderbar und verbindlich in Stein gemeißelt, da es deinem Warum entspricht.

Dieses große Ziel unterteilst du in Zwischenziele. Du baust dir also auf dem Weg dorthin Basecamps ein. Im nächsten Schritt bestimmst du, mit welchen Maßnahmen du diese Zwischenziele jeweils erreichen kannst. Für die Maßnahmen gelten Flexibilität und Ausdauer. Teste, was für dich funktioniert und was nicht. Verbessere deine Kompetenzen permanent, sodass du Schritt für Schritt vorankommst, bis du schließlich auf dem Gipfel stehst und stolz die Aussicht genießen kannst.

Du kennst ja meine persönliche Geschichte aus der Einleitung. Ich habe sehr viele Maßnahmen getestet und gehofft voranzukommen. Was glaubst du, wie oft ich hingefallen bin und wieder aufstehen musste? Ohne ein großes Ziel hätte ich die Strapazen sicher nicht auf mich genommen. Trotzdem brauchte ich kleine Zwischenziele, um Erfolgserlebnisse zu spüren und weiter dranzubleiben. Und klar, ich hätte es mir gern leichter gewünscht. Aber es gab ja keine Alternative, außer aufzugeben – mich und mein Ziel.

Abbildung 17: Berg: Zielplanung

Damit du die richtigen Maßnahmen für deine Zwischenziele findest, ist es wichtig, dass du dir die richtigen Fragen stellst.

Zu dir persönlich:

- Was für ein Mensch musst du werden, um ans Ziel zu kommen?
- Wie kannst du als Unternehmer oder Führungskraft Menschen begeistern und mitziehen?
- Welche Fähigkeiten, Stärken, welches Mindset bringst du persönlich mit auf die Bergtour?
- Worin bist du noch nicht so gut? Welche Kompetenzen und welches Wissen benötigst du, um voranzukommen?

Zu deiner Tour:

- Was brauchst du als Unterstützung? Welche Personen und Ausrüstung könnten hilfreich sein?
- Welche Abschnitte gibt es? Sind diese steil, felsig, schwierig? Welche Bereiche fallen dir leicht, welche schwer? Was darfst du auf jeder Etappe dazulernen?
- Wo befinden sich die Zwischenziele, wie schnell kannst du sie erreichen?
- Welche Risiken und Herausforderungen gibt es? Welche Stolpersteine? Wie gehst du damit um, wenn es Rückschläge gibt oder du noch nicht zum Weitergehen bereit bist?
- Wer kennt den Weg und kann dich führen, damit du schneller und leichter ans Ziel kommst?

Dein Leben heute ist die Summe aller Gedanken, Emotionen und Handlungen in deiner Vergangenheit. Wenn du nun dein Leben verändern und neue Ziele erreichen willst, dann darfst du neue Dinge tun.

STARKE ZIELE FORMULIEREN

Um deine Ziele zu erreichen, ist es wichtig, sie klar zu definieren und täglich aufzuschreiben. Eine Studie der Harvard Universität hat gezeigt, dass, wenn du deine Ziele aufschreibst, sich deine Erfolgschancen um 76 Prozent steigern.[10]

Willst du Erfolg, dann brauchst du Ziele. Das gilt für alle deine Lebensbereiche. Du brauchst Beziehungsziele, Unternehmensziele, Teamziele und Projektziele.

Um Ziele erreichbar zu machen, gibt es ein paar Voraussetzungen:

1 Die Ziele müssen deine sein! Ansonsten wird es sich wie ein Kampf anfühlen, sie zu erreichen. Denn nur wenn du Ziele verfolgst, die aus deinem Herzen kommen, wirst du dauerhaft vollen Einsatz bringen können. Stell dies sicher, indem du dir folgende Fragen stellst:

- Ist es wirklich ein Ziel, das ich will, oder versuche ich, Erwartungen zu erfüllen?
- Entscheide ich mich für mein Ziel und bin ich bereit, mich voll dafür einzusetzen – mit allen Konsequenzen?

2 Ziele müssen SMART definiert sein, damit du sie umsetzt: spezifisch, messbar, attraktiv, realistisch, terminiert.[11]

- Spezifisch: Formuliere dein Ziel klar und präzise. Formuliere es positiv und so, als ob du es schon erreicht hättest, z. B.: «Ich bin finanziell unabhängig.»
- Messbar: Setz dir ein objektiv nachvollziehbares Ziel, indem du konkrete Zahlen benennst.
- Attraktiv: Du musst dich mit deinem Ziel identifizieren. Es muss dich begeistern und anziehen.

- Realistisch: Setz dir große, aber realistische Ziele. Die Chance, mit 40 als Neuling noch Fußballprofi zu werden, ist unrealistisch. Deinen Umsatz auf zweistellige Millionenumsätze zu steigern, ist dagegen realistisch.
- Terminiert: Frag dich, bis wann du dein Ziel erreichen kannst, und setze dir einen entsprechenden zeitlichen Rahmen.

Statt zu sagen: «Ich will meine Unternehmensergebnisse verbessern», sag dir: «Ich habe in den nächsten 12 Monaten meinen Umsatz um 50 Prozent gesteigert und meine Marge um zehn Prozent verbessert.» Statt zu sagen: «Ich bin in den nächsten drei Jahren CEO bei einem Unternehmen mit einer Milliarde Euro Umsatz.»

3 Kommunikation hilft! Ziele öffentlich zu machen, schafft Verbindlichkeit und erhöht die Motivation, sie auch erreichen zu wollen. Mach dir aber auch bewusst, dass es Widerworte geben wird. Wenn du jemand bist, der sich schnell verunsichern und vom Weg abbringen lässt, dann warte mit der Kommunikation, bis du eine innere Sicherheit verspürst und das Gefühl hast, dass es für dich kein Zurück mehr gibt.

Ziele sind unverzichtbar für deinen Erfolg. Nur wenn du klare Ziele definiert hast, kannst du messen, wo du stehst, wie weit du schon gekommen bist und wie nahe du deinem Ziel bist.

Eine kanadische Studie belegt, dass zielstrebige Menschen gesünder leben, glücklicher und zufriedener mit ihrem Leben sind und so ein paar extra Lebensjahre gewinnen.[12] Also lohnen sich Ziele gleich mehrfach.

DIE ZWEI SEITEN DER MEDAILLE

Klare Ziele zu haben, bringt dir viele Vorteile, aber eben auch Einschränkungen, mit denen du dich bewusst auseinandersetzen solltest. Je klarer du dir selbst darüber bist, was die Vorteile und die Einschränkungen sind, umso geringer ist die Gefahr, durch Ablenkungen ausgebremst zu werden. Erfolg bedeutet immer auch, auf bestimmte Dinge bewusst zu verzichten – nur so wirst du ans Ziel kommen. Mach dir bewusst, dass deine langfristigen Vorteile die kurzfristigen Einschränkungen deutlich überwiegen.

Willst du dein Unternehmenswachstum steigern, dann heißt das im ersten Schritt mehr Einsatz und Veränderungen als bisher. Willst du deine Prozesse und Verantwortungsübernahme im Team verbessern, dann investierst du erst mal Zeit in eine neue Strategie und in die Weiterentwicklung deiner Mitarbeiter. In beiden Fällen wirst du dadurch erst mal weniger Zeit mit der Familie oder deinen Hobbys verbringen. Doch langfristig schaffst du dir mehr Freiheit, wenn du die richtigen Stellschrauben drehst.

Gewichte die Vor- und Nachteile deiner Ziele, um langfristig dranzubleiben. Mach dir bewusst, was du wirklich erreichen willst, und lehne Ablenkungen ab.

Abbildung 18: Zwei Seiten der Medaille

LEISTUNG UND MOTIVATION IM BERUF STEIGERN

Es gibt keinen Lebensbereich, in dem Motivation so ein großes Thema ist wie im Job. Dies gilt sowohl für Mitarbeiter als auch für Führungskräfte.

Viele Unternehmen arbeiten noch immer primär mit extrinsischer Motivation: Prämien, Freizeitausgleich, Entgeltoptimierungen. Diese Motivationsfaktoren haben ihre Daseinsberechtigung, doch bringen sie nur kurzfristig positive Effekte. Sobald der Faktor wegfällt, wird die Handlung eingestellt. Identifiziert man sich stattdessen mit seiner Arbeit, den Werten und sieht den Sinn in einer Aufgabe, dann bleiben die Motivation und damit auch der Einsatz – selbst wenn die Belohnung wegfällt.

Achte daher darauf, dass du dich selbst und auch deine Mitarbeiter in Aufgabenbereichen einsetzt, wo sie motiviert und mit Leidenschaft dabei sind. Das kostet im ersten Schritt Zeit, aber das wirst du um ein Vielfaches in Form von Motivation, besseren Leistungen und besserer Stimmung zurückbekommen. Damit deine Mitarbeiter motiviert und voller Energie sind, müssen das Können, Wollen und Dürfen miteinander übereinstimmen. Es braucht also eine Schnittmenge von dem, was du besonders gut kannst, willst und liebst, und den passenden Rahmenbedingungen.

Du denkst dir jetzt vielleicht, so viele verschiedene Aufgabenbereiche habe ich nicht.

Doch es findet sich immer etwas. Und oftmals sind es kleine Veränderungen, die Großes bewirken. Menschen haben unterschiedliche Vorlieben: Die eine Person mag es, den ganzen Tag Rechnungen von A bis Z zu buchen, eine andere Person dagegen will lieber Prozessverbesserungen und Strategien entwickeln. Wenn du hier Aufgaben umverteilst, machst du zwei halb motivierte zu zwei voll motivierten Menschen. Bei mir hat sich das bewährt. Jemand, der nach Schema F arbeiten wollte, bekam mehr entsprechende Aufgaben zugeteilt, während ein anderer Mitarbeiter die individuelleren, wechselnden Projektthemen übernahm. Beide waren deutlich zufriedener.

Finde mit dir und deinem Mitarbeiter ein paar elementare Dinge heraus, indem du deinem Mitarbeiter die richtigen Fragen stellst:

1 Status quo
«Zu wie viel Prozent tust du aktuell das, was du liebst?»

Die Antwort sollte hier bei mindestens 70 Prozent liegen. Denn ansonsten ist Arbeit ein Mittel zum Zweck, und das innere Feuer wird immer schwächer.

2 Können

«Was kannst du besonders gut? In welchem Aufgabenfeld hast du deine Kompetenzen und Fähigkeiten?»

Besonders stark sind Menschen in Tätigkeiten, in denen ihre Talente liegen. Dann bekommen wir auch besonders viel Lob. Hilf deinen Mitarbeitern dabei, ihre Fertigkeiten kontinuierlich zu verbessern, indem du sie immer wieder aus der Komfortzone holst.

3 Wollen

«Was willst du tun? An welchem Aufgabenfeld hast du Spaß, wo kannst du dich entfalten? In welchen Aufgaben siehst du einen Sinn?»

Finde die Schnittmenge und setze deinen Mitarbeiter in dem Bereich ein.

4 Dürfen

«Welche Rahmenbedingungen sind dir wichtig? Welchen Führungsstil bevorzugst du? Wie sollten dein Arbeitsplatz, der Ort, die Arbeitsmittel sein?»

Achte darauf, unter welchen Rahmenbedingungen dein Mitarbeiter am leistungsfähigsten ist. Schau, was du als Arbeitgeber bieten kannst und willst. Es gibt Mitarbeiter, die bevorzugen Anweisungen und klare Vorgaben, während andere unbedingt Freiraum und eigene Entscheidungen treffen wollen.

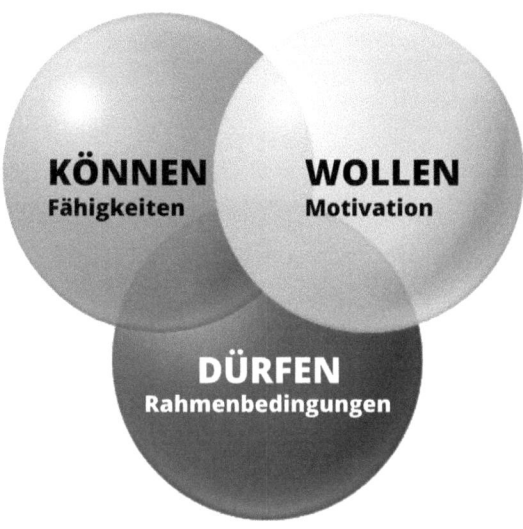

Abbildung 19: Berufliche Erfüllung: Können, Wollen, Dürfen

KAPITELZUSAMMENFASSUNG

Mit Begeisterung erfolgreich ans Ziel – in diesem Kapitel hast du Folgendes dazu gelernt:

- Du hast drei Motivationssysteme: Threat-Avoidance-System, Wanting-System, Non-Wanting-System.

- Deine Motivation wird durch die Vorfreude, dein Belohnungszentrum, das Wollen gesteuert. Es ist der Botenstoff Dopamin, der dich antreibt, deine Ziele zu erreichen.

- Jedes Verhalten ist durch Bestrafung oder Belohnung steuerbar.

- Motivation lässt dich anfangen, Willenskraft lässt dich dein Ziel erreichen. Du brauchst beides, damit du deine Ziele verwirklichst.

- Das Warum ist der tiefere Sinn hinter unserem Handeln. Wenn du den Sinn erkennst hinter dem, was du tust, dann hilft es dir, auch in schwierigen Zeiten dranzubleiben und nicht aufzugeben.

- Die Warum-Treppe: Finde heraus, was dich und andere Menschen dazu antreibt, Ziele zu erreichen.

- Du brauchst eine große Vision, die du mit mentalen Bildern emotional auflädst. Das hilft dir, loszugehen und durchzuhalten, bis du an deinem Ziel angekommen bist.

- Eine klare Vision solltest du für jeden Lebensbereich haben.

- Deine große Vision musst du in kleine, greifbare Zwischenziele herunterbrechen. Denn überladene Erwartungshaltungen berauben uns positiver Gefühle. Ein Hochgefühl entsteht dann, wenn wir mehr erreichen, als wir erwartet haben.

- Du brauchst klare Ziele und darfst dir bewusst machen, welche Vorteile und Einschränkungen diese Ziele mit sich bringen. Denn Erfolg bedeutet immer auch, auf bestimmte Dinge bewusst zu verzichten.

- Du kannst die Motivation im Beruf steigern, wenn du einen Einsatzbereich hast, bei dem dein Können, Wollen und Dürfen im Einklang miteinander sind.

WAS BEDEUTET DAS FÜR DICH ALS FÜHRUNGSKRAFT?

- Erkenne, welche Motivationssysteme deine Mitarbeiter antreiben. Versuchen sie, negative Konsequenzen zu vermeiden, oder sind sie bestrebt, ein bestimmtes Ziel zu erreichen?

- Motiviere deine Mitarbeiter, indem du bei ihnen Vorfreude erzeugst: Übertrage ihnen herausfordernde, aber auch erreichbare Aufgaben. Gib deinen Mitarbeitern eine Aussicht auf positiven Erfolg. Lass sie ihre Ziele aus eigener Kraft erreichen. Permanente Kritik, Tadel oder Optimierungen hemmen die Motivation.

- Dein Team braucht eine klare Vision, einen Sinn hinter den Aufgaben und klare Ziele, damit es begeistert bei der Sache ist. Erzeuge eine Sogwirkung. Entwickle dazu mit deinem Team eine Vision und einen Strategieplan.

- Willst du bestimmte Verhaltensweisen fördern, dann belohne sie.

- Überleg bei Demotivation und Leistungseinbrüchen deiner Mitarbeiter, was das Motivationssystem aktuell blockiert.

- Erkenne, was dich motiviert und begeistert. Steigere so deine eigene Motivation und lebe sie deinem Team vor.

- Lerne, kurzfristige Belohnungen zurückzustellen und dafür an deinen großen Zielen dranzubleiben. Richte dein Leben auf deine Ziele aus und eliminiere Ablenkungen.

- Finde heraus, bei welchen Tätigkeiten deine Mitarbeiter die größte Motivation spüren und somit am leistungsfähigsten sind: Finde ihr Können, Wollen und Dürfen.

5. PROBLEME SIND DIE GRÖSSTEN WACHSTUMSHEBEL

> «Ohne Misserfolge zu leben, ist unmöglich.
> Es sei denn, du lebst so vorsichtig, dass du genauso
> gut gar nicht gelebt haben könntest – was einem
> totalen Scheitern gleichkommt.»
>
> Joanne K. Rowling
> (Schriftstellerin, «Harry Potter»)

Fehlerkultur, «Fuck-up nights»: Unternehmen versuchen, zunehmend toleranter gegenüber Fehlern zu werden und eine offene Fehlerkultur zu etablieren. Und trotzdem höre ich von Geschäftsführern immer wieder, dass bei den Mitarbeitern auf unerklärliche Weise immer noch die Angst vor dem Fehlermachen sowie den vermeintlichen Konsequenzen vorherrsche. Sie wundern sich, warum die Mitarbeiter einfach nicht verstehen, dass Fehler ab jetzt erlaubt seien. Wenn also die Fehlerkultur in Unternehmen angepriesen wird, warum kommt sie nicht bei den Mitarbeitern an?

In den ersten Kapiteln hast du bereits gelernt, dass wir andere Menschen imitieren. Wir lernen, indem wir uns das Verhalten anderer abschauen. Wir orientieren uns insbesondere an im Status höherrangigen Personen und verhalten uns entsprechend.

Hier drängt sich die Frage auf, wie die Fehlerkultur denn tatsächlich gelebt wird. Ist die ausgesprochene Fehlerkultur auch das, was die Führungskräfte vorleben? Wie behandeln sie die Menschen, die Fehler gemacht haben? Teilen sie ihnen keine Projekte mehr zu? Oder fallen scherzhaft immer wieder kleine Bemerkungen, sodass die Fehler doch thematisiert werden?

Wichtig ist, dass die Führungskräfte selbst offen mit ihren Niederlagen und Herausforderungen umgehen. Wenn sie dies gegenüber ihren Kollegen und Mitarbeitern offen kommunizieren und Patzer zugeben, statt nach Schuldigen zu suchen, können andere davon lernen. Außerdem fällt es dann allen anderen leichter, ebenfalls von Problemen zu berichten, statt sie zu vertuschen.

Ein elementarer Faktor, um Fehler auszuhalten, ist die innere Stärke. Denn nur wer sich seines persönlichen Wertes unabhängig von der Leistung und dem Erfolg bewusst ist, kann sich frei entscheiden. Wer bei großen Fehlern, beim Versagen und Scheitern das Gefühl hat, völlig wertlos zu sein, der wird keine großen Risiken eingehen und eher versuchen, auf Sicherheit zu spielen, um möglichst keine Fehler zu machen.

In der Realität zeigt sich das daran, dass die Führungskraft z. B. so lange an dem Pitch oder dem Produkt feilt, bis es perfekt ist. Erst dann traut sie sich zu präsentieren. So kommt es auch vor, dass sehr gute Führungskräfte höhere Positionen ausschlagen, weil sie vermeintlich noch nicht alle Anforderungen erfüllen.

Die Angst, zu scheitern und Fehler zu machen, bremst uns aus und versteckt sich meist hinter Perfektionismus, übermäßiger Kontrolle und dem Gefühl, selbst immer alles noch weiter optimieren zu müssen.

Dabei lernen wir am schnellsten, indem wir neue Wege gehen – und zwar nicht perfekt. Wie willst du wissen, was es wirklich braucht, wenn du es nicht einfach versuchst? Setze um, übe, teste, mach Fehler und fang von vorn an. Übernimm den neuen Job, auch wenn du nur 70 Prozent der Anforderungen erfüllst. Lerne, zeig Einsatz. Mach dir einen Plan, welche Lücken es gibt, und schließe sie schnellstmöglich.

Ich hatte einen Kunden im Coaching, der aus der Non-Profit-Branche in die Industrie wechseln wollte. Er dachte jedoch, dass er nicht die relevanten Kompetenzen habe und auch seine Vorerfahrung in der Branche einen Wechsel unmöglich machte. Er suchte nach einer Weiterbildung, die ihm in ein paar Jahren den Wechsel ermöglichen sollte. Nachdem er bei mir im Coaching gewesen war, wir seine Fähigkeiten und Talente ins rechte Licht gerückt und herausgefunden hatten, was ihn wirklich motivierte und antrieb, fing er an, Bewerbungen zu schreiben. Bereits nach acht Wochen schloss er einen neuen Arbeitsvertrag ab – genau in dem Bereich, in dem er tätig sein wollte.

Facebook-Gründer Mark Zuckerberg sagte: «Das größte Risiko ist, kein Risiko einzugehen. In einer Welt, die sich unglaublich schnell verändert, ist keine Risiken zu wagen, die einzige Strategie, die garantiert scheitert.» Wer nicht bereit ist, Risiken einzugehen, Neues zu testen, der wird bald überholt werden.

Die Coronakrise hat es gezeigt: Es war schon lange überfällig, dass sich Unternehmen mit neuen Technologien, Digitalisierung und neuen, ortsunabhängigen Arbeitsformen auseinandersetzen.

Doch es wurde verdrängt, man wollte diese Dinge nicht angehen. Bis sich auf einmal durch die Krise die Welt so schnell veränderte und alle kurzzeitig in eine Starre verfielen, weil sie sich viel zu lange nicht um Themen gekümmert hatten, die schon längst relevant waren. Genauso ist es mit Lebenskrisen: Sie sind das große Erwachen in Bezug auf Themen, mit denen man schon viel zu lange gehadert hat. Denn Veränderung passiert immer – proaktiv durch dich oder reaktiv durch das Außen.

Weißt du, was eine Fehlerkultur auch verhindert? Ganz klar: Führungskräfte, die ihre Mitarbeiter kleinmachen und für Fehler bestrafen. Doch das ist zu offensichtlich, darauf brauchen wir hier nicht einzugehen.

Deutlich weniger offensichtlich sind die Führungskräfte, die es eigentlich sehr gut mit ihren Mitarbeitern meinen. Die ihre Mitarbeiter vor Fehlern bewahren und schützen wollen. Sie zeigen ihnen damit, dass Fehler etwas Schlechtes sind. Doch stell dir ein kleines Kind vor, das Radfahren lernt: Wenn du es niemals loslässt, wird es nie selbstständig mit dem Rad fahren und sich immer auf dich verlassen. Geh das Risiko ein, lass deine Mitarbeiter hinfallen. Ja, manchmal müssen sie sogar gegen die Wand fahren. Lass deine Mitarbeiter los, sie müssen selbst Fehler machen und die Konsequenzen spüren. Steh dann hinter ihnen und gib ihnen Rückendeckung. Zeig ihnen, dass man aus Fehlern lernt. Die richtigen Mitarbeiter werden denselben Fehler nicht zweimal machen. Menschen permanent vor Fehlern und Konsequenzen zu retten, zeigt ihnen nur, dass sie selbst unfähig sind, und löst einen Teufelskreis aus. Die Mitarbeiter trauen sich selbst immer weniger zu, haben noch mehr Angst vor Fehlern. Außerdem sinkt ihre Motivation gegen null. Sie freuen sich nicht mehr auf eine Belohnung, schließlich glauben sie nicht daran, das Ergebnis selbst erzielen zu können.

Auch Führungskräfte, die im Dauerstress sind, verhindern eine Fehlerkultur. Dieses Buch zeigt dir noch, dass Stress im Körper einen Alarmzustand auslöst inklusive der Ausschüttung von Stresshormonen. Alarmzustand heißt immer erhöhte Vorsicht, Fokus auf Sicherheit und Vermeidung von Gefahren und Fehlern. Denn hinter Stress stecken Ängste – Angst vor Niederlagen, Angst vor Überarbeitung oder Schamgefühlen, Angst vor Fehlern, die wir zu unserem eigenen Schutz tunlichst vermeiden wollen. Wer im Dauerstress ist, wird niemals nach Chancen schauen, sondern immer den Fokus auf Risiken und Probleme richten. Dadurch sehen wir, was alles nicht geht, statt zu schauen, was alles möglich wäre.

Das ist wie beim Fußball: Die Mannschaften, die einen komplett defensiven Fußball spielen, rein auf Torvermeidung bedacht sind, stehen permanent unter Druck. Eine dauerhaft sehr erdrückende Lage. Dagegen erzeugen die Mannschaften, die offensiv auf Chancen und Tore ausgerichtet sind, viel Energie und Bewegung. Dauerstress ist niemals offensiv und auf Risiko ausgerichtet, sondern immer vorsichtig und auf Probleme fokussiert.

PROBLEM- ODER CHANCEN-BLICK

Michael Jordan, weltberühmter Basketballspieler, sagte etwas Tolles zu seinen Fehlern: «In meiner Laufbahn habe ich mehr als 9.000 Würfe verschossen. Ich habe fast 300 Spiele verloren. 26-mal war ich derjenige, der das Spiel gewinnen konnte, und ich habe danebengeworfen. Ich bin immer und immer wieder gescheitert. Und genau deshalb bin ich erfolgreich.»

Thomas Alva Edison unternahm fast 9.000 Versuche, bis er die Glühlampe zur Marktreife entwickelte. Schon nach seinem

1.000. Versuch sprach ein Mitarbeiter vom Scheitern. Edison erwiderte: «Ich bin nicht gescheitert. Ich kenne jetzt 1.000 Wege, wie man keine Glühlampe baut.»[1]

Du hast die Wahl, ob du dich auf das Negative oder das Positive im Leben fokussierst. Wenn du Fehler machst, wenn du scheiterst, dann kannst du alles negativ sehen, dich fertigmachen, weil du es nicht geschafft hast, dich über dich selbst und die Welt ärgern. Oder du erkennst das Positive in der Niederlage, siehst, dass du wieder einen Schritt weiter bist und Neues dazugelernt hast. Du hast wieder einen Weg mehr gefunden, der nicht funktioniert.

Das größte Problem an Lebenskrisen ist: Man fühlt sich als völliger Versager und wertet sich selbst ab. Viel besser ist es doch, zu sagen, ich bekomme eine Chance für einen Neustart, kann künftig meine Erfahrungen nutzen und es direkt besser machen. Du fällst nicht zurück auf null – du hast so viel Erfahrung. Im Endeffekt gehst du nur einen kleinen Umweg und bist bald wieder da, wo du bisher warst, nur in einer besseren Umgebung. Jedes kleine Ende im Leben ist gleichzeitig immer auch die Chance, etwas Neues zu starten und es besser zu machen – dieses Mal noch bewusster.

Wenn du Konflikte und Probleme im Leben hast, die sich wiederholen, dann schau hin und frage dich, was du daraus lernen sollst. Denn erinnere dich daran, dass unsere Muster wie blinde Flecken sind, die wir selbst nicht erkennen. Indem du Problemen und Konflikten im Leben begegnest und lernst hinzuschauen, kannst du dein Muster, deine Nervenzellenautobahn erkennen und so verändern.

Denke in Chancen und Möglichkeiten. Fokussiere dich auf das Gute in jeder Situation.

Von Tony Robbins, weltweit erfolgreichster Motivationstrainer, stammt der Spruch: «Das Leben passiert für dich, nicht gegen dich.» Statt dich lange zu ärgern, dich niederzumachen, dass du es wieder nicht hinbekommen hast, ändere deinen Blick auf die Situation. Alles, was im Leben passiert, jedes Problem, dem du dich stellst, ist eine Lektion, ein Geschenk für dich, das dir zeigt, was du noch Neues dazulernen darfst.

Ich habe schon so oft von Führungskräften gehört: «Ich habe eigentlich noch nie in meinem Leben verloren oder einen großen Fehler gemacht.» Darauf kann man stolz sein, aber man darf sich gleichzeitig auch die Frage stellen, ob man immer nur auf Sicherheit spielen und keine großen Risiken eingehen sollte. Mario Andretti, ein genialer Rennfahrer, der als einziger Mensch Rennen in der Formel 1, NASCAR, IndyCar und World Sportscar Championship gewonnen hat, sagte: «Wenn du alles unter Kontrolle hast, bist du nicht schnell genug.» Setze deinen Fokus zu 90 Prozent auf die Chancen und nur zu zehn Prozent auf die Risiken, ansonsten verlierst du zu viel an Geschwindigkeit. Probleme und Fehler sind gut, sie zeigen dir dein Potenzial.

HÜRDEN UND STOLPERSTEINE

Wenn wir ein Ziel anstreben, werden Hürden, Stolpersteine und Rückschläge auftreten. Das ist völlig normal und auch durch die beste Planung nicht zu verhindern. Denn Hürden sind immer Teil des Erfolgs. Mach eine Risikoanalyse, bereite dich vor, dann wirst du nicht so schnell aus der Bahn geworfen. Überleg dir daher, 1. welche potenziellen Stolpersteine und Schwierigkeiten auf dem Weg zum Ziel auftauchen können und 2. welche Lösungsideen du hierfür hast.

Unsere größten Stolpersteine sind meist wir selbst und unser Umfeld. Daher ist es wichtig für dich, dass du auf deine Gedanken und die Stimmen um dich herum achtest. Lass nichts in deinen Kopf, was dich ausbremst und dich nicht weiterbringt. Geh deine Ängste und Zweifel an und stärke dein Selbstbewusstsein. Achte daher genau darauf, wer dich voranbringt und wer dich unterschwellig immer wieder kritisiert und dich so kleinmacht.
    Wenn du dein Leben veränderst, hat das Auswirkungen. Viele Menschen werden das nicht verstehen. Eure bisherigen Gemeinsamkeiten, das, was euch verbunden hat, treten in den Hintergrund. Wenn du lieber Sport machst oder etwas Neues lernst, statt bis nachts zu feiern, dann liegen Welten dazwischen. Mach dir bewusst, dass du da drüberstehen musst, um echte Veränderung zu schaffen. Menschen, die dich nicht verstehen und nicht wollen, dass du dein Leben verändern willst, helfen dir nicht weiter.

WACHSTUMSBREMSE: DIE ANGST, LOSZULASSEN

Die Angst, die uns am stärksten blockiert, ist die Angst, Fehler zu machen und die Kontrolle abzugeben. Wir malen uns Katastrophenszenarien aus, die in der Realität nur sehr selten eintreten. Doch statt es zu testen, spielen wir auf Sicherheit und vermeiden Fehler schon von vornherein.

Vor Kurzem hatte ich ein sehr interessantes Gespräch mit einem Logistikunternehmer. Ein spannender, erfolgreicher Mensch. Vor 40 Jahren hat er sein Unternehmen gegründet, selbst aufgebaut, dann kürzlich an seinen Nachfolger übergeben und schließlich verkauft. Er sagte zu mir: «Weißt du, ich habe die letzten Jahre kaum eine Nacht mehr als vier Stunden am Stück geschlafen, es gab immer mehr Probleme, immer mehr Einsätze, bei denen ich Feuerlöscher spielen musste. Die Leidenschaft, die war da, aber der Stress hat sie aufgefressen. Auch meine Familie habe ich lange vernachlässigt – jetzt ist Schluss damit. Denn was ist der Erfolg wert, wenn du zu viel dafür vernachlässigst und nie Zeit hast?» Einen Ausweg sah er nicht. All die Jahre nicht. Sich Unterstützung holen oder delegieren? «Ach, wer soll mir da schon helfen? Das ist mein Unternehmen, da schaut keiner so gewissenhaft nach wie ich.»

Er war als Unternehmer bis zum Schluss wirklich Tag und Nacht operativ ins Tagesgeschäft eingebunden und hatte niemanden, dem er anvertraut hätte, sich um die brennenden Themen zu kümmern. Ein Unternehmer, der so die Lust auf das eigene Lebenswerk verloren hat. Das ist kein Einzelfall. Im Gegenteil, das ist oft die Realität von Unternehmern, die im wahrsten Sinne des Wortes selbst-ständig unterwegs sind und es nicht schaffen, loszulassen. Das gilt für Unternehmer wie auch für Führungskräfte in oberen Positionen.

Ich kenne das von mir nur allzu gut. Ich war immer der letzte Sicherheitscheck, obwohl ich 40 Leute führte. Das Aufgabenfeld meiner Mitarbeiter war sehr breit. Es reichte von einfachen Routinetätigkeiten wie der Buchhaltung bis hin zu dem sehr komplexen Projektgeschäft mit mehrstufigen Unternehmensverschmelzungen oder -käufen, Steuern oder eben auch Prozessoptimierungen und Automatisierungen.

Hinzu kam, dass ich selbst fachlich lange Zeit die beste Mitarbeiterin im Stall war und daher immer von allen um Rat gefragt wurde und noch mal kurz prüfen sollte.

Bis ich eines Tages wusste: Das geht so nicht mehr. Es war schon kurz nach Mitternacht, ich saß wieder einmal, wie schon die letzten Monate, freitagnachts im Büro, ganz allein. 70 bis 80 Stunden pro Woche waren seit Monaten der Normalzustand. Ich war verantwortlich für meine 40 Mitarbeiter sowie eine große Verschmelzung, ein Systemautomatisierungsprojekt, und hatte nebenher noch eine Abteilungsumorganisation zu managen. Die Security hatte um Mitternacht schon den letzten Rundgang gemacht, es war natürlich sonst niemand mehr da. Auf einmal bekam ich extrem starkes Herzstechen, mir blieb die Luft weg. Vor Schmerzen ging ich in die Knie und hing zusammengekauert am Boden. Innerlich machte sich Panik in mir breit. Ich dachte: «Ich bin Mitte 30, der Security-Mann ist schon weg. Soll mein Ende hier im Büro sein, soll es sein, dass sie mich irgendwann morgen früh hier finden und dass ich wegen der Arbeit mit einem Herzinfarkt draufgehe?!» Für mich war das der Warnschuss. In dem Moment wurde mir bewusst, wie bescheuert ich war, mir selbst so etwas aufzuladen, so mit mir umzugehen und meine Gesundheit zu riskieren. Mir war klar, dass ich so nicht weitermachen wollte und dringend mein Verhalten ändern musste.

Glücklicherweise hörten die Schmerzen nach einer gefühlten Ewigkeit wieder auf. Auch der spätere Check-up beim Arzt ergab nichts Ernsthaftes.

Dennoch war mir klar: Jetzt war es genug. Ich musste eine Lösung finden, um meine Arbeitszeit und den Stress zu reduzieren. Also fing ich an, meine ganzen Tätigkeiten zu analysieren: Aus welchen Projekten meines Teams kann ich mich rausziehen?

Das Ergebnis war ernüchternd. Bei den Projekten gab es immer irgendwo Lücken, die ich zu füllen hatte, weil kein anderer aktuell das entsprechende Wissen dazu besaß – zumal die Themen auch in meinem Verantwortungsbereich lagen und ich wusste, dass es mich meinen Job kosten konnte, wenn es schiefging.

Trotzdem habe ich mich entschieden, mich zeitlich weitestgehend aus dem Projekt der Unternehmensverschmelzung herauszunehmen. Statt wie bisher in die Details einzusteigen, um alles reibungslos und sicher steuern zu können, ließ ich meine Mitarbeiter allein laufen. Lieber kostete es mich meinen Job als mein Leben.

Mein Gedanke war: Das ist das Projekt, das am weitesten zeitlich hinten liegt. Hier kann ich immer noch in ein paar Monaten einsteigen. Also habe ich die Mentorfunktion übernommen. Statt wie bisher selbst als Expertin operativ tätig zu sein, habe ich mir nur noch wöchentlich einen Status-Report geben lassen – denn ich hatte keine Zeit, um im Detail einzusteigen.

Am Ende lief das Projekt zeitlich gut durch, es wurde rechtzeitig verschmolzen und integriert. Es war sicher nicht alles optimal – und ja, ehrlicherweise gab es einige Monate später bei der Prüfung zwei Momente, in denen mir der Atem stockte. Auf einmal waren mehrere Millionen durch Buchungsverschieber kurzzeitig verschwunden. Es konnte aber zum Glück alles geklärt werden. Trotz allem war diese Situation ein sehr wichtiger Lernprozess für mich und mein Team:

- Nur du selbst bzw. deine Angst vor dem Loslassen entscheidet darüber, was du abgibst und was nicht. Wir glauben immer, wir müssten die Welt retten, doch ehrlicherweise geht es auch ohne uns weiter.

- Menschen wachsen mit ihren Herausforderungen. Wenn sie selbst Verantwortung übernehmen müssen und nicht immer gerettet werden, birgt das auch für sie ein extrem großes Wachstumspotenzial.

- Wir schieben die Einarbeitung und das Fördern von Mitarbeitern aufgrund von Zeitmangel immer hinaus. Wir machen Dinge lieber selbst, weil es dann schneller geht. Doch das schafft nur einen Teufelskreis. Hätte ich vorher anders gearbeitet, meine Mitarbeiter selbst Fehler machen lassen und mehr in die Verantwortung genommen, wäre das alles anders gelaufen.

- Oftmals wollen wir nicht loslassen – aus Angst, aber auch, weil wir selbst zu sehr in operativen Themen stecken. Das Loslassen fiel mir zusätzlich schwer, weil mir die Unternehmensumstrukturierungen und Integrationen auch sehr viel Spaß gemacht haben.

Wenn du nicht loslassen und abgeben kannst, dann könnte Folgendes der Grund dafür sein:

- Du führst eine falsche Einstellungspolitik, da du die falschen Mitarbeiter auswählst oder nicht streng genug aussortierst.

- Du bringst das Wissen nicht gut genug an deine Leute heran. Frag dich, wie lange dein Mitarbeiter braucht, um genauso gut zu werden wie du, und wie du ihn unterstützen kannst. Oder frag dich, welchen Mitarbeiter du benötigst, um Verantwortung abgeben zu können.

- Du glaubst, dass deine Chefs oder Mitarbeiter erwarten, dass du es selbst machst. Doch das ist selten der Fall. Teste es und lass es deine Mitarbeiter machen – es wird vermutlich niemand merken. Denn eine gute Führungskraft ist, wer ein starkes, selbstverantwortliches Team führt.

- Du erkennst die Notlage erst, wenn es zu spät ist. Kümmer dich lieber rechtzeitig darum, loszulassen, und plane es entsprechend. Ansonsten riskierst du große Einbußen, falls du doch einmal unerwarteter Weise ausfällst.

- Du hast Angst, nicht mehr gebraucht zu werden. Auch das ist völlig falsches Mangeldenken. Wenn du starke Mitarbeiter ausbildest und ihr gemeinsam eine gute Arbeit ablieferst, wird dich sicher niemand gehen lassen. Im Gegenteil, du wirst für das Unternehmen und das Team wertvoller, an Einfluss gewinnen und auf besseren Positionen eingesetzt werden.

Trainiere deine Mitarbeiter darin, sich an große Projekte zu wagen und selbst Verantwortung zu übernehmen. Das ist der optimale Weg. Lerne loszulassen. Mach dir bewusst, dass es immer weitergeht, auch wenn du gehst oder ausfällst. Hör auf, Situationen zu ertragen, die schon lange nicht mehr erträglich sind. Überwinde die Angst vor der Katastrophe und dem Loslassen und teste aus, was passiert. Bevor alles zusammenbricht, wirst du es schon merken. Meist entwickelt sich aber eine ganz andere Dynamik, und die Mitarbeiter und du werden dadurch stärker.

KOMFORTZONE NEU GEDACHT: ÄNGSTE ALS AUSGANGSPUNKT FÜR WACHSTUM

Um deine Mitarbeiter zu stärken und sie schrittweise an Veränderungen heranzuführen, ist das Komfortzonenmodell sehr wichtig. Nutze es und zeig es auch deinen Mitarbeitern. Es wird ihnen dabei helfen, mutiger und offener für Veränderungen zu werden.

Viele Menschen blockieren Veränderungen. Sie halten sehr stark an dem fest, was gerade ist. Das gilt für Veränderungen im Leben, im Unternehmen, im Team. Aber es gilt eben auch für persönliches Wachstum.

Hier entstehen dann oft Konflikte: Die Führungskraft, die in ihren Erfahrungen deutlich weiter ist, versteht nicht, warum der Sachbearbeiter nicht einfach mal eine Präsentation halten will. Schnell entsteht der Eindruck, der Mitarbeiter sei faul oder unfähig. Doch das ist nicht die Realität.

Menschen blockieren aus Angst. Um das besser zu verstehen, hilft dir das Komfortzonenmodell. Jeder kennt es, doch die wenigsten verstehen es in der Tiefe.

Unsere Komfortzone ist das, was wir kennen. Sie entspricht deinen täglichen Gewohnheiten und damit auch der Struktur deines Nervenautobahnnetzes im Gehirn (erinnere dich an die Wiese und die Autobahn).

Wichtig ist hier zu verstehen: Ein Unternehmer, eine Führungskraft hat eine andere Komfortzone als ein Sachbearbeiter, aufgrund eines unterschiedlichen Erfahrungsstandes und auch unterschiedlicher persönlicher Motive. Die Komfortzone endet beim Sachbearbeiter oft «schon» bei der Präsentation von Ergebnissen vor dem Chef. Bei der Führungskraft endet die Komfortzone vielleicht bei einem Vortrag auf der Bühne vor

500 Leuten oder beim beruflichen Aufstieg, wo man ins Risiko gehen und mit nur 70 Prozent der nötigen Kenntnisse den Bereichsleiterposten übernehmen soll. Beim Unternehmer endet die Komfortzone da, wo man Kontrolle und Eigentum in die Verantwortung von anderen Menschen übergeben soll. So ist die Komfortzone für jeden individuell abgesteckt.

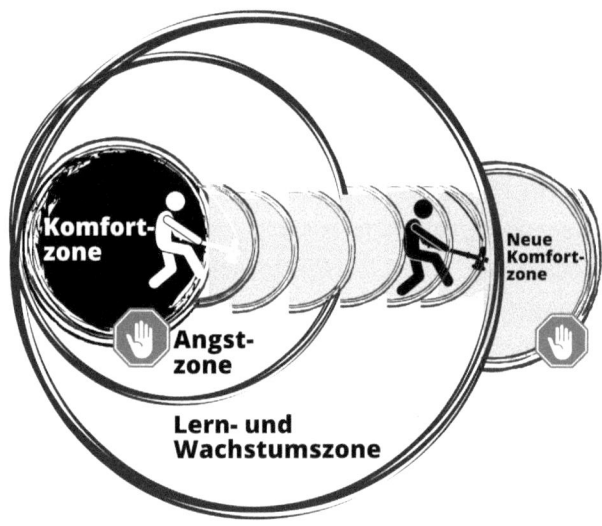

Abbildung 20: Komfortzone erweitern

Wichtig ist zu verstehen, dass an den Grenzen unserer individuellen (!) Komfortzone sich direkt die Angstzone anschließt. Immer wenn wir etwas Neues erleben oder ausprobieren, werden wir mit Ängsten vor dem Scheitern, Versagen und der Ablehnung konfrontiert. Und genau diese Ängste bringen uns schnell dazu, zu blocken und neue Aufgaben abzulehnen, um kein Risiko einzugehen. Die meisten wissen nicht, dass diese Angst ganz normal ist. Dass wir nur lernen und wachsen, wenn wir sie in kleinen Schritten überwinden.

In der Angstzone muss man bereit sein, Fehler zu machen und ein eventuelles Scheitern und Rückschläge ertragen können. Denn nur wer seine Angst überwindet, kommt in die Lernzone.

Mit jedem Mal, wenn du etwas Neues testest, erweiterst du deinen Erfahrungshorizont:

- Du lernst, dass es völlig normal ist, Angst zu bekommen, wenn du etwas Neues versuchst.

- Du lernst auch, dass nach dem zweiten oder dritten Versuch diese Ängste schon gar keine Relevanz mehr haben und schnell komplett verschwinden.

- Vor allem lernst du, dass du einen Chancen-Blick entwickelst, wenn du positiv denkst, und jeder Versuch dich weiterbringt. Selbst wenn du Fehler machst, entwickelst du dich persönlich weiter.

- So baust du dein Selbstvertrauen auf, weil du merkst, was du alles schaffen kannst – selbst Dinge, die weder du noch andere dir zugetraut haben.

Setze dir herausfordernde Ziele und trainier dich. Du wirst merken, wie viel stärker, selbstbewusster und zufriedener du mit dir selbst wirst.

Wenn du deine Mitarbeiter also in Veränderungsprozessen richtig abholen oder sie leistungsfähiger machen möchtest, dann bring ihnen bei, neue Herausforderungen anzunehmen, und unterstütze sie dabei, die Ängste zu minimieren, indem du sie in kleinen Schritten aus der Komfortzone begleitest und durch ihre Ängste führst.

Wenn es um Präsentationen geht, kannst du sie z. B. einen ersten Vortrag vor dem vertrauten Team machen lassen, dann den nächsten Vortrag vor anderen Menschen. Du versprichst, dabei zu sein und jederzeit einzuspringen, wenn es irgendwo hakt. So bist du eine vertrauensvolle Stütze für deine Mitarbeiter, die dich auch mehr schätzen. Parallel schaffst du dir mittelfristig mehr Freiraum, da deine Mitarbeiter mehr und mehr Verantwortung übernehmen.

Ich habe meinem Team z. B. die Leitung meines Abteilungsmeetings übergeben. Sie haben alles koordiniert, die Präsentation und das Meeting geleitet, und ich war eine der Vortragenden mit dem Part «Update vom Chef». Für mich war es super, zu sehen, dass das Team es allein schaffte, dass ich mich nur um die relevanten Update-Folien kümmern musste, statt mit meiner Assistentin ein komplettes Meeting zu managen. In der Zeit konnte ich mich um andere strategische Themen kümmern. Als Führungskraft ist es deine Aufgabe, dein Team zu eigenverantwortlichem Arbeiten zu befähigen, statt aufgrund von Status oder Hierarchiedenken zu meinen, bestimmte Themen selbst bearbeiten zu müssen. Denn eigentlich will jeder Mensch Neues lernen und wachsen. Fördere das.

WACHSTUM UND WEITERBILDUNG ALS MENSCHLICHE BEDÜRFNISSE

Wachstum, Lernen und einen Mehrwert bieten sind wichtige Bedürfnisse eines jeden Menschen. Lass dich nicht von der Angst ausbremsen, sondern mach dir immer wieder bewusst, dass Lernen wichtig für dich und deine Zufriedenheit im Leben ist.

Du erinnerst dich: Alles, was sich nicht bewegt, stirbt irgendwann ab. Menschen, die keine Motivation, keine Bewegung mehr spüren, Dienst nach Vorschrift machen, verfallen in eine Lethargie, in den Bore-out – und das nicht nur im Job, sondern es wirkt sich auf ihr ganzes Leben aus. Der Muskel, der nicht bewegt wird, baut sich ab.

Lernen hilft dir auch, damit dein Leben spannend bleibt. Du kennst das sicher: Als Kleinkind haben wir ewig Zeit und als Erwachsener das Gefühl, als überhole uns die Zeit – und schon ist wieder ein Jahr vorbei. Psychologen haben bestätigt, dass das Leben im Alter deutlich schneller an uns vorbeizieht, weil wir keine neuen Eindrücke mehr empfangen.[2] Als Kleinkind hast du tägliche neue Wachstums- und Lernimpulse, du stößt permanent auf neue Eindrücke, die du verarbeiten kannst. Als Erwachsener dagegen lebst du jeden Tag in den gleichen Routinen, du läufst deine Box ab wie ein Tiger im Käfig. Neue Impulse gibt es kaum, selbst für den Urlaub wählen wir oft genau denselben Ort als Ziel aus.

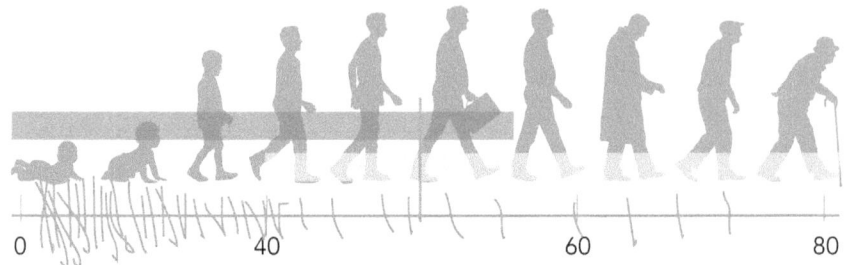

Abbildung 21: Impulse im Altersverlauf

Lerne wieder Neues, wachse über dich hinaus. Das ist es, was dich begeistert im Leben, der Motor, der dich antreibt – dich und dein Team. Das hat gleich mehrere Vorteile: Du erfüllst deinen Mitarbeitern ein wichtiges Bedürfnis und gibst ihnen gleichzeitig neue Impulse für ihr Leben, von denen sie erzählen können. Das erzeugt Verbundenheit, mehr Motivation und gleichzeitig auch mehr Leistungsfähigkeit durch starke, fähige Mitarbeiter. Eine Win-Win-Situation für alle.

LERNERFAHRUNGEN ALS BASIS VON PROBLEMEN ODER CHANCEN

Die Strukturen in deinem Gehirn, also dein neuronales Straßennetzwerk, sind durch das Lernen entstanden. Das Lernen hilft uns dabei, durch frühere Erfahrungen schnell und angemessen in Situationen zu reagieren.[3] Immer wenn wir etwas Neues lernen, bildet sich eine neuronale Autobahn aus. Der kanadische Psychologe Donald Hebb beschrieb das in etwa mit: «Neurons that fire together, wire together.» Immer wenn wir etwas Neues lernen, ist das stark mit Emotionen verknüpft, sodass das limbische System im Gehirn hier eine wichtige Rolle spielt.[4]

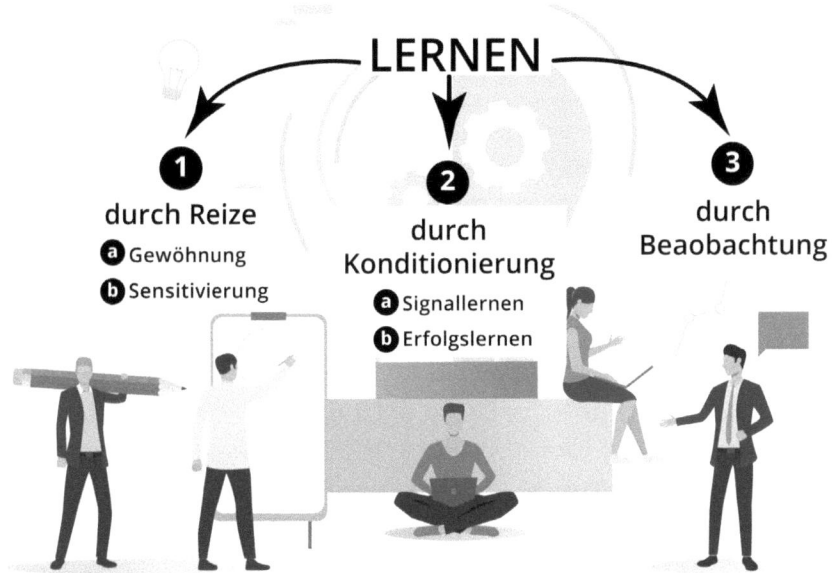

Abbildung 22: Es gibt drei Arten des Lernens[5]

1 **Reizlernen (Nichtassoziatives Lernen)**
Wir lernen und passen unser Verhalten dadurch an, dass ein einzelner Reiz öfter oder über längere Zeit auf uns einwirkt. Es gibt zwei Formen: Gewöhnung und Sensitivierung.

a) Gewöhnung (Habituation): Unser Gehirn schwächt einen dauerhaften Reiz ab oder blendet ihn komplett aus, wie z. B. ein tickender Wecker, den man irgendwann nicht mehr wahrnimmt. Dies geschieht, weil nach wiederholtem Feuern die Ausschüttung von Botenstoffen immer weiter reduziert wird.[6]

b) Sensitivierung: Hier wird der Reiz durch Wiederholung verstärkt, also indem er öfter oder über längere Zeit auf uns einwirkt. Zum Beispiel wird der Schmerz bei wiederholter Berührung einer verletzten Stelle stärker, um uns zu schonen.[6]

2 **Konditionierungslernen (Assoziatives Lernen)**
Ein neutraler Reiz wird mit einem zweiten Reiz verknüpft, der Belohnung oder Bestrafung für den Menschen bedeutet – bewusst oder unbewusst. Ein typisches Wenn-Dann-Muster. Wenn der eine Reiz in der Zukunft wieder auftritt, wird der andere automatisch erwartet.[7]

a) Signallernen = klassische Konditionierung
Auf ein Signal hin erfolgt unbewusst eine bestimmte Reaktion. Das bekannteste Beispiel ist der Pawlowsche Hund des Forschers und Nobelpreisträgers Iwan Pawlow. In seinem Experiment hat er Hunde so trainiert, dass sie beim Hören eines Glockentons Speichelfluss entwickelten (ohne Futter zu sehen). Bei der klassischen Konditionierung wird also eine natürliche Reizreaktion mit einem anderen Reiz verbunden, etwa wenn wir uns bei bestimmten Liedern an schöne Momente im Leben erinnern, aber auch wenn wir Angst vor einem Vortrag verspüren, weil wir einmal bei einem Referat in der Schule stark kritisiert wurden. Das Bohrgeräusch und die Schmerzen beim Zahnarzt sind ebenfalls eine Konditionierung, wenn allein das Bohrgeräusch dir ein flaues Gefühl im Magen verursacht.[7]

b) Erfolgslernen = operante Konditionierung[8]
Hier trifft das Bild von Zuckerbrot und Peitsche zu. Erwünschte Verhaltensweisen werden belohnt, damit sie öfter gezeigt werden. Unerwünschte Verhaltensweisen werden bestraft, damit sie seltener gezeigt werden. Hierbei lernen wir durch die Folgen unseres Verhaltens.
Nehmen wir an, du übernimmst ein Sonderprojekt, dann gibt es:

1. die angenehme Konsequenz:

- Positive Verstärkung: Als Dankeschön für deinen Einsatz bekommst du Lob vom Big Boss.

- Negative Verstärkung: Der Projektsponsor hat dich bisher immer kritisiert. Seit dem erfolgreichen Projektabschluss unterlässt er das (negative Konsequenzen bleiben aus).

In beiden Fällen wirst du dein Verhalten wiederholen.

2. die unangenehme Konsequenz:

- Positive Bestrafung: Wenn du das Projekt erledigt hast, wirst du nur kritisiert, was du alles vergessen hast (erwartete positive Belohnung bleibt aus).

- Negative Bestrafung: Du bekommst keine angemessene Belohnung, noch nicht mal ein Danke.

In beiden Fällen wirst du freiwillig kein Sonderprojekt mehr übernehmen.

BELOHNUNG
- Verhalten steigern
- Angenehme Konsequenz
- Unangenehme Konsequenz bleibt aus

BESTRAFUNG
- Verhalten mindern
- Unangenehme Konsequenz
- Angenehme Konsequenz bleibt aus

Abbildung 23: Erfolgslernen

3 Beobachtungslernen (Imitationsprozesse)[9]

Beim Beobachtungslernen spielt das «Spiegelneuronensystem» eine wichtige Rolle. Dieses Gebiet wird aktiviert, wenn wir die Handlungen anderer beobachten oder sehen, wie andere berührt werden. Außerdem werden Gehirnareale aktiviert, die für das Erleben von Emotionen zuständig sind, wenn wir Ekel, Schmerz, Freude oder Belohnung beobachten. Indem wir beobachten und nachahmen, lernen wir sehr schnell. Gleichzeitig übernehmen wir dabei aber auch Glaubenssätze, Werte und die Körpersprache unserer Vorbilder. Der kanadische Psychologe und Verhaltensforscher Albert Bandura fand heraus, dass wir insbesondere dominante, mächtige Personen imitieren sowie Personen, die uns ähneln. Im Rahmen der Evolution steigerte man seine Überlebenschancen, indem man die Mächtigen und Erfolgreichen imitierte.[10]

Je intensiver, je länger oder häufiger das emotionale Erleben und Lernen erfolgt, desto stärker wird unser limbisches Zentrum aktiviert, das die Emotionsnetzwerke befeuert. Dadurch prägt sich die Lernerfahrung tiefer und auch länger in unser Gehirn ein. Das beste Beispiel ist die heiße Herdplatte: Man legt seine Hand sicher nur einmal darauf.

MUSTER VERÄNDERN, PROBLEME LÖSEN

Durch das Lernen hast du positive Verhaltensweisen entwickelt, die dich heute im Leben erfolgreich machen. Gleichzeitig hast du aber auch Verhaltensweisen entwickelt, die dich heute immer wieder in Probleme und Konflikte stürzen. Das sind sogenannte Überlebensstrategien und Schutzmechanismen, also Verhaltensweisen, die du als Kind immer wiederholt hast und für die du belohnt wurdest. Nun aber sind sie zu stark ausgeprägt und schaden dir eher. «Sei fleißig, bring Leistung und du wirst geliebt» oder «Vermeide Konflikte und du wirst geliebt» sind typische Glaubenssätze, die Erwachsene zu überfleißigen Workaholics oder überangepassten Menschen machen.

Alle Verhaltensweisen sind durch Training, also Wiederholungen, entstanden und führen zu Verhaltensmustern, die dir heute gar nicht mehr bewusst sind.

Deine positiven Muster kannst du beibehalten und weiterführen. Wenn du jedoch wiederholt mit Problemen oder Konflikten zu kämpfen hast, dann lohnt es sich, solch ein Muster zu verstehen und es aus dem Unterbewusstsein ins Bewusstsein zu bringen.

Das ist im Endeffekt so, als hättest du dir z. B. beim Tennis jahrelang unbewusst eine bestimmte Schlagtechnik angeeignet, die aber nicht besonders effizient ist. Nun sollst du diese

Technik auf die effizientere neue Technik umtrainieren. Das ist am Anfang schwer, denn du musst das alte Muster loslassen, was deine volle Konzentration benötigt. Doch dann spürst du, dass es hinterher deutlich leichter geht.

Wenn sich Probleme oder Konflikte wiederholen, hast du zwei Optionen, damit umzugehen: Du kannst entweder glauben, dass es nicht an dir liegen kann, und die Schuld auf andere schieben. Dann musst du nichts an dir verändern, kannst dir aber sicher sein, dass sich das Ganze immer wiederholen wird, wenn auch in anderer Konstellation. Oder du verstehst dein Verhaltensmuster, veränderst es durch Training und eliminierst diese Probleme und Konflikte für immer aus deinem Leben.

Wenn du fitter, energiegeladener und wacher sein willst, es aber nicht schaffst, dann liegt meist ein Muster dahinter: Vermutlich bist du in der Vergangenheit eines Abends von der Arbeit nach Hause gekommen und erschöpft und vom Stress gezeichnet auf das Sofa gefallen, hast dir ein Glas Wein oder eine Tafel Schokolade gegönnt. Sofort hast du gespürt, dass es dir auf einmal deutlich besser geht und du dich gut und entspannt fühlst. In dem Moment findet dein Gehirn die Lösung für das Stressproblem und lernt, wie es sich auch künftig sofortige Entspannung besorgt. Es lernt: Wein und Schokolade heißt Entspannung und Ablenkung. Das Ganze wird als neuronale Autobahn verknüpft und gespeichert. So ist dein Muster entstanden.[11] Unserem Gehirn ist es in dem Moment völlig egal, dass Wein dich in Summe schlechter schlafen lässt und daher kontraproduktiv für Erholung und Entspannung ist. Unser Gehirn kann sich immer nur einem Problem gleichzeitig widmen und kümmert sich daher um dasjenige, das aktuell höchste Priorität hat.[12] Genau hierin liegt das Problem: Wir sind uns unserer eigenen Muster nicht bewusst, und statt uns zu überlegen, was uns langfristig guttun würde, befriedigen wir unser Bedürfnis kurzfristig durch Alkohol oder Essen.

Wir leben in einer Leistungsgesellschaft. Früher hast du vielleicht gelernt, dass du von deinen Eltern gelobt wurdest, wenn du gute Schulnoten oder einen Pokal nach Hause gebracht hast. Dein Gehirn lernt: Wenn du gute Leistung bringst, dann wirst du geliebt und dann sind alle gut drauf. Solche Situationen wiederholen sich sehr oft im Leben. Es bildet sich ein entsprechendes Verhaltensmuster aus. Parallel merkst du, dass sich alle Sorgen machen oder vielleicht sogar wütend sind, wenn du schlechte Noten nach Hause bringst.

Wenn du nun mit 40 wieder sehr spät von der Arbeit nach Hause kommst und erzählen willst, was du alles geleistet hast, dann hast du das Bedürfnis nach Liebe, Aufmerksamkeit und Lob. Wenn dich dein Partner nun aber sehr stark kritisiert, weil du wieder keine Zeit und nur den Job und deine Leistungen im Kopf hast, dann verstehst du die Welt nicht mehr. Du machst doch alles, leistest extrem viel und erntest trotzdem nur Kritik statt Liebe. Du arbeitest noch mehr, um dein Bedürfnis nach Liebe endlich erfüllt zu bekommen. Doch das alte Muster «Leistung bringt Liebe» wird hier nicht zu einer Lösung führen. Du musst dein Verhalten ändern und dir ein neues Muster schaffen: Zeit mit deinem Partner verbringen, wirklich präsent sein und ein gemeinsames Verständnis dafür schaffen, was Qualitätszeit bedeutet und wie man zugleich erfolgreich arbeiten kann.
Deine Probleme und Konflikte sind extrem wichtig. Sie sind Hinweisschilder auf unbewusste Muster und negative Gewohnheiten. Sie bringen diese in dein Bewusstsein, damit du sie verändern kannst – indem du deine neuronalen Netzwerke, die Autobahnen, umbaust.

Dazu helfen dir folgende Schritte:

1. Bewusstsein: Versteh deine Muster und die dahinterliegenden Glaubenssätze.

2. Akzeptanz und Distanz: Werde die emotionale Ladung los und akzeptiere die Vergangenheit. Erkenne die Vor- und Nachteile daraus.

3. Neue Gewohnheiten schaffen: Überleg dir, wie ein neues Verhalten aussehen kann. Wann, wo und wie willst du diese neuen Gewohnheiten ausführen? Erstell dir einen konkreten Handlungsplan mit klaren Zielen.

4. Konkrete Handlung: Setze deinen Plan um. Wenn der entsprechende Tag da ist, handelst du entsprechend und ziehst es durch.

5. Mach es dir leicht: Komm schnell und einfach in die Umsetzung, indem du etwaige Hürden möglichst kleinhältst.

6. Prinzip der Minimalkontinuität: Setze dir zu Beginn kleine Ziele, die du sicher erreichen kannst. Wenn du dich dann schon mal aufgerafft und das erste Teilziel erreicht hast, wirst du weitermachen. Deine kleinen Erfolgserlebnisse werden dich antreiben.

7. Gewohnheitskopplung: Verknüpfe zwei Handlungen miteinander und etabliere so einen Automatismus. Nach aktueller Gewohnheit folgt die neue Gewohnheit.[13]

QUALITÄT DEINER FRAGEN

Ein elementarer Faktor, um Dinge verändern zu können, beginnt schon damit, welche Fragen du dir selbst stellst. Wenn du z. B. ein Problem hast, das dich immer wieder blockiert, dann stellst du dir meist Fragen wie: Warum passiert das gerade mir? Warum schaffe ich das einfach nicht? Womit habe ich das verdient?

Typische Fragen, auf die wir knallharte Antworten bekommen. Antworten, die dir dein Unterbewusstsein zurückgibt und die genau die Denkweisen liefern, die dich blockieren: «Weil du nicht gut genug bist», «Weil du nicht schlau genug bist», «Weil du es nicht besser verdient hast.» Diese Fragen bringen dich nicht weiter, sondern ziehen dich nur runter und verstärken das Gefühl der Ohnmacht, Hilflosigkeit und Wertlosigkeit.

Gerade in Krisenzeiten ist dies elementar wichtig. Fachkräftemangel, Lieferschwierigkeiten, Energiekrise – ja, das ist alles real. Aber wenn du dir sagst: «Ich finde keine Mitarbeiter, es gibt schließlich einen erheblichen Fachkräftemangel», dann verharrst du und findest keine Lösung.

Erst wenn du lernst, dir bessere Fragen zu stellen, wirst du auch bessere Antworten bekommen.
Stell dir Fragen, die dir Lösungen bringen und dich zum gewünschten Ergebnis führen:

- Was kann ich aus der Situation lernen?
- Was kann ich an mir verändern, sodass mir das nicht wieder passiert?
- Was kann ich in Zukunft anders machen?

Die Qualität deiner Fragen bestimmt die Qualität deiner Ergebnisse im Leben. Wenn du glaubst, dass du deine Situation nicht verändern kannst, bleibst du im Opferdenken und in der

Ohnmacht gefangen. Hör auf, darauf zu warten, dass sich die äußeren Umstände verändern. Das wird nicht passieren, Krisen und Herausforderungen wird es immer geben. Fang an, selbst die Veränderung anzutreiben. Jede Krise und jede Herausforderung bringen etwas Neues, etwas Positives mit sich.

DIE MACHT DER KLEINEN SCHRITTE

Von anderen er*warten* heißt warten – oftmals vergeblich. Viele Menschen haben die Erwartung, dass irgendwann ein Retter kommt und ihnen das gibt, was sie sich wünschen.

Wenn du dein Unternehmen profitabel machen, endlich befördert werden oder deine Beziehung verbessern willst, dann hör auf, darauf zu warten, dass sich dein Gegenüber ändert oder dass dich jemand sieht und dein Leben verbessert.

Du selbst darfst deinen Weg gehen. Verschaff dir Klarheit über das, was du wirklich erreichen willst, und dann geh los – Schritt für Schritt. Überleg dir, wer du sein musst, was du lernen musst, um den Profit, den Job, die erfüllende Beziehung zu bekommen, die du dir wünschst. Hör auf, von anderen zu fordern, wenn du selbst nicht den ersten Schritt machst. Wenn du nicht vorlebst und klar aussprichst, was dir wichtig ist und was du erreichen willst, dann erwarte nicht von anderen, dass sie dies wissen.

Abwarten heißt, dass wir den Fokus auf die großen Dinge richten, auf die großen Erfolge, die uns andere bringen sollen, ohne dass wir selbst anfangen, uns zu verbessern. Doch Veränderung beginnt immer bei dir. Wenn du auf einen Berg willst, kannst du lange warten, bis jemand kommt, der bereit ist, dich hinaufzutragen. Wenn du die Zeit nutzt und trainierst und kleine Schritte machst, kommst du schneller auf den Berg und weißt, dass du es selbst geschafft hast. Das wiederum stärkt dein Selbstvertrauen und macht dich unabhängig.

Wenn du abnehmen willst, dann hör auf, dich zwei Monate lang zu knebeln, ohne Essen und ohne Alkohol, nur um danach wieder alles wie vorher zu machen. Du landest wieder beim Ausgangspunkt, denn dein Verhalten ist weiterhin auf dein altes Gewicht programmiert. Ändere deine kleinen Gewohnheiten im Alltag, dann änderst du dein Leben.
Wenn du Neues lernen und dein Leben verändern willst, dann hilft es dir nicht, ein Buch zu lesen. Du musst die Inhalte umsetzen und dranbleiben. Das Hören eines Podcasts bringt dich nicht weiter. Es ist die Umsetzung, die dich ans Ziel bringt. Alles andere beruhigt nur dein Gewissen.

Neue Gewohnheiten, die du lange genug wiederholst und lebst, werden zu deiner Identität. Aus dem neuen Trampelpfad wird dann eine sechsspurige Autobahn. Hierbei ist es wichtig, sich bewusst zu machen, dass jede neue Gewohnheit mit kleinen Veränderungen startet. Es gilt die Macht der Ein-Prozent-Methode: Indem du dich jeden Tag nur um ein Prozent verbesserst, erreichst du in einem Jahr exponentielles Wachstum.[14] Oftmals sind es diese kleinen Veränderungen, die Großes bewirken.

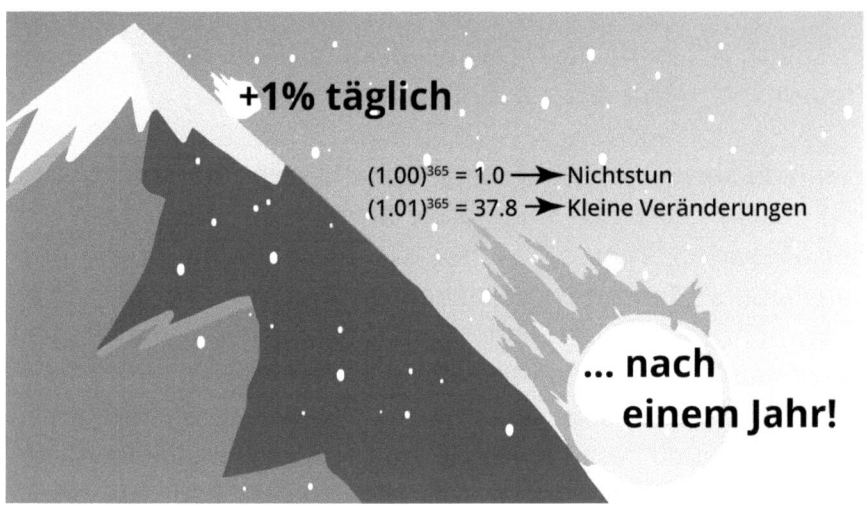

Abbildung 24: Täglich ein Prozent Verbesserung

Was du bisher getan hast, bestimmt nicht das, was du aus deiner Zukunft machst. Du kannst dein Leben jeden Tag in eine ganz neue Richtung lenken. Oft sind wir nur einen Zentimeter von einem ganz neuen Leben oder einem neuen Durchbruch entfernt.

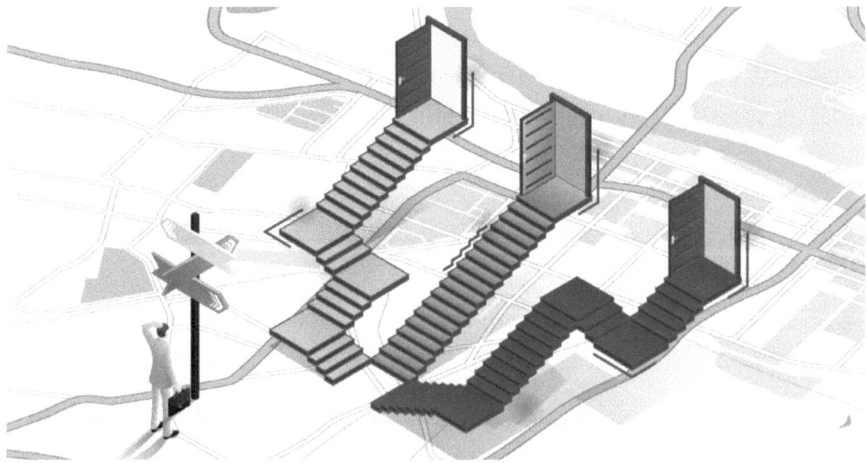

Abbildung 25: Neue Richtung

Am meisten wurde mir das beim Crossfit klar. Beim Gewichtheben kam ich immer nur um wenige Zentimeter aus der optimalen Mitte heraus und verlor somit wertvolle Energie und Kraft. Als ich das korrigiert hatte, konnte ich innerhalb kürzester Zeit meine Gewichte deutlich steigern. Oft braucht es nur wenige Tipps, wenige Zentimeter Anpassung, um ganz neue Ergebnisse zu erzielen. Im Leben ist das ähnlich.

Abbildung 26: Minimale Veränderung

Entscheide dich dafür, statt abends TV zu schauen, mit deinem Partner zu reden oder Gesellschaftsspiele zu spielen, damit ihr euch wieder nahe seid. Sei während der Familienzeit voll präsent und leg das Handy weg. Findet einen Kompromiss, wie oft und wann du nur für die Familie da bist. Das wird sehr viel im Miteinander verändern.

Auch wenn wir uns ernsthaft weiterentwickeln wollen – wir malen uns dann so große Szenarien aus, was wir noch alles lernen müssen, dass wir uns selbst blockieren und nicht loslegen. Schon ein kleiner Schritt kann Großes bewirken. Frag dich, wo du aktuell stehst, wo du hinwillst und was du dafür lernen darfst. Dann verpflichte dich dazu, für sechs Monate jede Woche für zwei Stunden dein Wissen zu erweitern und umzusetzen. Du wirst staunen, was in sechs Monaten alles möglich ist.

Du hast jeden Tag die Chance, komplett neue Entscheidungen zu treffen. Verändere deinen Fokus um ein Prozent – so kannst du in einem Jahr ein ganz anderes Wachstum erreichen.

KAPITELZUSAMMENFASSUNG

Probleme sind die größten Wachstumshebel. In diesem Kapitel hast du Folgendes gelernt:

- Fehlerkultur: Eine Fehlerkultur nur anzupreisen, reicht nicht, du musst sie vorleben.

- Misserfolge sind elementare Bausteine von Erfolg. Hab keine Angst vor dem Scheitern. Denn am schnellsten lernst du, indem du neue Wege gehst – und zwar nicht perfekt.

- Denke in Chancen und Möglichkeiten statt in Risiken und Problemen. Alles, was in deinem Leben passiert, jedes Problem, dem du begegnest, ist ein Geschenk für dich, das dir zeigt, was du noch Neues dazulernen darfst.

- Angst blockiert dich. Du malst dir Katastrophenszenarien aus, die teilweise möglich sind, aber in der Realität nur sehr selten eintreten. Lerne, dich deiner Angst zu stellen und durch sie hindurchzugehen.

- Je mehr Wissen du an dein Team weitergibst, umso wertvoller wirst du für deinen Chef, dein Team und dein Unternehmen.

- Komfortzone: Du als Unternehmer und Führungskraft hast eine andere Komfortzone als deine Mitarbeiter – denn jeder hat andere Vorerfahrungen. An der Grenze der individuellen Komfortzone wartet direkt die Angstzone. Überwinde deine Angst und wachse über dich hinaus.

- Lernen, Wachstum und anderen einen Mehrwert bieten sind wichtige menschliche Bedürfnisse und daher elementar für deine Zufriedenheit im Leben.

- Wenn du etwas Neues lernst, bildet sich eine neuronale Autobahn in deinem Gehirn aus. Lernen hilft dir, schnell und angemessen zu reagieren.

- Es gibt drei Arten des Lernens: Reizlernen, Konditionierungslernen, Beobachtungslernen.

- Durch das Lernen hast du positive, aber auch negative Verhaltensweisen entwickelt. Es lohnt sich, diese negativen Verhaltensweisen, die dich immer wieder in Streit und Konflikte stürzen, abzutrainieren.

- Die Qualität deiner Fragen bestimmt deinen Erfolg. Es helfen nur Fragen an dich selbst, die zu einer Lösung führen, und nicht solche, die eine Opfermentalität stärken.

- Alles potenziert sich – das Positive wie das Negative. Verbessere dich jeden Tag nur um ein Prozent und du wächst exponentiell.

- Es sind die kleinen Schritte, die Großes bewirken und deine Gewohnheiten und damit dein Leben verändern.

WAS BEDEUTET DAS FÜR DICH ALS FÜHRUNGSKRAFT?

- Geh neue Wege und wage das Risiko. Denn wer nicht bereit ist, Risiken einzugehen und Neues zu testen, wird überholt.

- Erstell eine Risikoanalyse und bereite dich auf mögliche Stolpersteine vor, damit du nicht so schnell aus der Bahn geworfen wirst.

- Mach deine Mitarbeiter innerlich stark und verhelfe ihnen zu einem Chancen-Blick.

- Stopp deinen Drang, zu helfen und zu beschützen. Das beste Wachstum bei deinen Mitarbeitern erreichst du, indem du sie eigene Erfahrungen machen lässt.

- Lass Fehler zu, denn sie fördern Wachstum – bei dir und deinen Mitarbeitern. Für jeden Menschen ist es wichtig, aus den eigenen Fehlern zu lernen. Gib Tipps, stell die richtigen Fragen, aber lass deine Mitarbeiter selbst machen. Wenn du sie permanent rettest, sind sie verloren.

- Lerne loszulassen. Zieh dich, soweit möglich, aus Aufgaben zurück und übergib die Verantwortung an dein Team. Nur so kannst du echtes Wachstum fördern.

- Lebe vor, dass Erfolg nur durch Hinfallen und Wiederaufstehen eintritt.

- Vermeide Dauerstress bei dir und deinem Team, denn das bremst eure Leistungsfähigkeit aus.

- Nutze Probleme und Konflikte, indem du die dahinterliegenden Muster verstehst. Löse sie auf bzw. unterstütze andere dabei, ihre Muster und damit Konflikte aufzulösen.

- Zeig Verständnis für die Grenzen, die deine Mitarbeiter in der Komfortzone haben. Hilf ihnen, Schritt für Schritt die Angst zu überwinden und aus ihrer Komfortzone herauszuwachsen.

- Richte dein Team auf Lernen und neue Impulse aus. Das verbessert die Stimmung und die Leistungsfähigkeit.

- Stell dir und deinem Team die richtigen Fragen. Geh voran und lebe einen Lösungsfokus.

- Potenziere das Positive in deinem Team. Bremse das Negative.

- Nutze die Macht der kleinen Schritte. Geh mit deinem Team immer wieder kleine Veränderungen an und verbessere so das große Ganze. Überlegt gemeinsam kleine Veränderungen in den Aufgabenfeldern, der Teamstruktur oder dem Umgang miteinander und schafft Möglichkeiten, neue Impulse in euren Arbeitsalltag zu integrieren.

6. BEHARRLICHKEIT MACHT ERFOLGREICH

> «Wenn Leute erfolgreich sind,
> ist es aufgrund ihrer harten Arbeit.
> Glück hat nichts mit Erfolg zu tun.»
>
> Diego Armando Maradona
> (Argentiniens größte Fußballikone)

Erfolg ist, wenn man seine angestrebten Ziele erreicht. Hierbei kann man noch unterscheiden, ob der Mensch sein Ziel erreicht hat und ob er auch glücklich dabei ist. Doch als wirklich erfolgreiche Menschen bezeichnen wir in der Regel jene, die ein bestimmtes Ziel erreicht und dabei auch etwas verändert oder bewegt haben – deren Erfolg also größer ist als das persönliche Erfolgserlebnis.

Viele Menschen haben den Glaubenssatz verinnerlicht, dass Erfolg pures Glück bedeutet. Sie nehmen außerdem an, dass er über Nacht kommt. Genau das wird uns auch sehr oft in den Medien erzählt. Es wird suggeriert, dass man sich nur Ziele vorzustellen oder ein Buch zu lesen habe – und ohne dass man sonst etwas tun müsste, würde man in sieben Tagen Millionär. Auch wird suggeriert, dass man tief verwurzelte Muster, die mit der eigenen Identität verbunden sind, in nur zwei Minuten auflösen könne.

Doch weit gefehlt. All diese falschen Versprechen bestätigen Menschen nur darin, weiter auf die Lösung von außen zu warten und nicht selbst zu handeln. Das führt dazu, dass sie verharren. Selbst wenn du Millionär werden willst und dazu Lotto spielst: Wenn du nicht den Einsatz bringst und den Lottoschein kaufst, wirst du sicher nicht gewinnen.

Wenn man sich die Geschichten der erfolgreichen Unternehmer und Stars anschaut, dann sieht man, dass immer jede

Menge Herzblut, Schweiß und Wachstum dahinterstecken. Ich zumindest habe keinen erfolgreichen Menschen gefunden, dem der Erfolg einfach so zugeflogen ist.

Elementar wichtig ist es, dass du ein Thema findest, für das du brennst. Denn das gibt dir die nötige Anfangsmotivation und Energie, um loszulegen. Gleichzeitig brauchst du eine Vision und Ziele, für die es sich lohnt, dauerhaft Einsatz zu zeigen. Das haben wir in diesem Buch schon gelernt.

Doch ein weiterer, sehr entscheidender Faktor für Erfolg ist Beharrlichkeit[1], also das Ausmaß und die Entschlossenheit deines Einsatzes, das Dranbleiben, wenn es schwierig wird, das Durchziehen und das Aufstehen, wenn du mal hinfällst. Nur so kannst du dein Ziel erreichen. Und genau hierin besteht der große Unterschied zwischen den Erfolglosen und den Erfolgreichen. Denn einmal loszulaufen, das schaffen die meisten, doch das Dranbleiben ist das, was wirklich zählt.

Weg zum Erfolg:

Abbildung 27: Weg zum Erfolg

In diesem Buch hast du schon erfahren, dass es neue Handlungen und Training braucht, um die Nervenbahnen in deinem Gehirn zu verändern. Es ist wichtig, das zu verstehen. Wissen aufzunehmen, ohne es selbst aktiv umzusetzen, beruhigt nur dein Gewissen. Du glaubst, du hättest etwas versucht, obwohl du eigentlich keinen Schritt gegangen bist.

Selbst im Coaching ist der Blick von außen extrem wertvoll und hilft dir, schneller eine Lösung zu finden. Auch Methoden wie das EMDR (Eye Movement Desensitization and Reprocessing) und weitere erleichtern es dir, alte, belastende Emotionen und Glaubenssätze aufzubrechen. Doch auch hier musst du im Nachgang deine Gewohnheiten selbst aktiv verändern.

Lionel Messi, einer der erfolgreichsten Fußballer aller Zeiten, sagte: «Ich fange früh an und bleibe bis spät, Tag für Tag, Jahr für Jahr. Ich habe 17 Jahre und 114 Tage gebraucht, um über Nacht erfolgreich zu werden.» Erfolg kommt nicht über Nacht. Erfolg ist kein Glück. Erfolg erfordert Einsatz und Kontinuität. Wenn du ein Unternehmen aufbaust oder dein Team verbessern willst, musst du viele kleine Schritte gehen und deine Gewohnheiten dauerhaft ändern.

FALSCHE GLAUBENSSÄTZE IN BEZUG AUF ERFOLG

Viele Menschen blockieren ihren Erfolg, weil sie Glaubenssätze verankert haben, die sie ausbremsen. Solang du solche Glaubenssätze in dir trägst, wirst du nicht erfolgreich werden. Daher ist es an der Zeit, sie aufzudecken und zu verändern.

Typische Glaubenssätze sind:

«Ich kann das nicht!»
- Immer wenn wir etwas Neues lernen, kommt erst mal dieser Satz auf. Das geht jedem so.
- Besser ist: «Ich kann alles lernen und Fehler gehören dazu. Ich muss es nicht gleich perfekt machen, sondern werde dranbleiben, bis es klappt.»

«Erfolg und Geld haben nur schlechte Menschen.»
- Mach dir klar, dass erfolgreiche Menschen gute Menschen wie du und ich sind. Und mach dir klar, dass Geld genutzt werden kann, um Menschen zu helfen.
- Besser ist: «Erfolg und Geld eröffnen sehr viele neue Möglichkeiten.»

«Es ist zu spät/Ich bin zu alt, um erfolgreich zu werden.»
- Es ist nie zu spät. Erkenne deine Chancen und nutze sie klug.
- Besser ist: «Ich tue das, was mir Spaß macht und worin meine Leidenschaft liegt.»

«Ich muss sofort erfolgreich sein, sonst wird das nichts.»
- Erfolg braucht meistens Zeit. Schau dir das Beispiel von Thomas Edison und das vieler anderer berühmter Persönlichkeiten an.
- Besser ist: «Erfolg ist ein Weg, den ich genieße und auf dem ich wachse und lerne.»

«Ich bin es nicht wert/Ich bin nicht gut genug/Andere sind viel besser.»
- Selbstzweifel hat jeder. Hör auf, dich mit anderen zu vergleichen. Vergleich dich mit dir und erkenne, welche Fortschritte du schon gemacht hast. Das ist das Einzige, was zählt. Setze dich für deinen Wert ein und verlang, was du verdienst. Solang du selbst dich nicht schätzt, werden es auch andere Menschen nicht tun.
- Besser ist: «Ich bin gut genug und mit meinem Einsatz und meiner Willenskraft kann ich jedes Ziel erreichen.»

«Ich verliere meine Mitarbeiter und Kunden.»
- Wir alle leben unterbewusst in einer Angst, es anderen nicht recht zu machen, und verlieren so uns selbst. Doch wer es allen recht macht, hat kein starkes Standing, wird oft ausgenutzt und als schwach angesehen.
- Besser ist: «Ich kenne meinen Wert und stehe für mich ein. Menschen können frei entscheiden, ob sie mit mir mitgehen oder eben nicht.»

«Ich möchte mich nicht selbst darstellen und verkaufen.»
- Wir alle verhalten uns im Alltag so, dass wir uns permanent verkaufen. Du verkaufst dich deinen Mitarbeitern, deinem Chef, deinem Partner, deinen Freunden. Wenn du deine Erfolge und Ergebnisse in deiner Schublade versteckst, kannst du nicht von anderen erwarten, dass sie diese sehen. Du darfst dich zeigen und stolz auf deine Ergebnisse sein.
- Besser ist: «Ich weiß, dass ich für Qualität und Leistung stehe, und bin stolz darauf, das zu zeigen.»

Erfolgreiche Menschen haben die richtigen Glaubenssätze verinnerlicht. Darüber hinaus haben sie besondere Charaktereigenschaften, die sie erfolgreich machen:

- Beharrlichkeit und Disziplin
- Begeisterung
- Mut
- Veränderungsbereitschaft und Innovation
- Inspiration und die Fähigkeit, groß zu denken
- Eigenverantwortung

HANDELN UND UMSETZEN

Warte nicht länger darauf, dass dich jemand rettet. Warte nicht auf die besseren Umstände. Herausforderungen wird es immer geben. Warte nicht auf den besseren Job, den besseren Chef oder den besseren Partner.

Wenn du mehr Umsatz oder mehr Freiheit willst, dann verändere deine Organisations- und Teamstrukturen und motiviere deine Mitarbeiter.

Wenn du die Beförderung oder den neuen Job willst, finde heraus, welche Kompetenzen es braucht, und erarbeite sie dir. Geh aktiv an die Sache heran, sprich aus, was du willst, verkauf dich und hol dir die Position.

Wenn du einen besseren Partner willst, der aufmerksamer, liebevoller, unterstützender ist, dann lebe diese Eigenschaften erst mal selbst vor. Du musst zu der Person werden, die du anziehen willst. Denn Gleiches zieht Gleiches an. Es passiert selten, dass jemand kommt und dich aus der Negativität herauszieht und sich dadurch alles verbessert.

Wenn du motiviertere, positive Mitarbeiter willst, gehe selbst voller Begeisterung und guter Laune im Job voran. Übertrag deine Energie auf die anderen.

Wir bekommen im Leben immer genau das zurück, was wir aussenden.

Jeder Mensch trägt einen Rucksack mit sich, in dem alte Muster und Bewertungen gespeichert sind. Missfällt dir etwas in deinem Leben – dein Partner oder dein Job – so sehr, dass du überlegst, diesen zu verlassen? Dann überleg zuerst, ob vielleicht deine eigenen Muster im Rucksack die Ursache sind. Denn ansonsten verlässt du deinen Partner oder den Job, wanderst mit deinem Rucksack weiter zu einem neuen Partner oder

Job und wunderst dich dort dann, dass sich alles wiederholt.

Wenn du dein Leben verändern willst, sind drei Schritte wichtig:

1. Bewusstsein schaffen – schau hin, erkenne deine Muster und übernimm die Verantwortung dafür, was in deinem Leben passiert.
2. Akzeptieren und Loslassen – nimm an, was war, und such nach dem, was in Zukunft sein soll.
3. Umsetzung – trainiere und verbessere dich, setze deine Erkenntnisse um.

MOMENTUM UND SCHNELLE ENTSCHEIDUNGSKRAFT

Menschen haben ein Talent, sich selbst zu belügen. Sie machen sich selbst und auch anderen vor, dass doch eigentlich alles okay ist. Sie versuchen, sich selbst zu schützen, wollen nicht hinschauen, nur um nichts verändern zu müssen. Dabei verharren sie über Jahre hinweg.

Doch Erfolg entsteht, indem du das Momentum, das Hier und Jetzt nutzt und schnelle Entscheidungen triffst. Sei radikal ehrlich, schau hin, schau dir die Fakten an und geh dann los. Verändere Dinge und lass los, was dir nicht guttut, mach mehr von dem, was dir Energie gibt. Lass dich nicht von Perfektionismus und Zweifeln aufhalten. Nutze das Momentum, denn deine Zeit ist begrenzt.

Starte nicht perfekt – die Optimierung kommt von allein. Ansonsten kommst du keinen Schritt weiter. Was glaubst du, wie oft ich mir früher gesagt habe: «Wenn ich etwas mache, dann mach ich es richtig, halbe Sachen mache ich nicht»? Genau denselben Satz höre ich oft von meinen Kunden. Doch dieser Satz ist nur eine ruhmreiche Ausrede. Denn solang du noch nicht perfekt bist, kannst du nicht weitergehen, du bist innerlich gelähmt. Denn hinter diesem Satz steckt die Angst, sich zu blamieren, die Angst, Fehler zu machen. Daher wollen wir lieber erst perfekt werden. Doch was ist schon perfekt? Perfekt gibt es nicht. Jeder hat Zweifel und jeder macht Fehler. Nutze das Momentum und starte, bevor du perfekt bist. Große Firmen wie Microsoft verkaufen Softwares und nutzen dann Updates und Releases. Bei Onlinekursen kannst du deine Videos noch so oft optimieren – ob sie gut sind, bemerkst du erst, wenn sie von deinen Kunden getestet werden. Wenn wir in der Vergangenheit Jahresabschlüsse erstellt haben, konnten wir noch so oft prüfen – trotzdem hat sich noch immer irgendwo ein Fehler im Bericht eingeschlichen. Geh die Veränderung deiner Organisationsstruktur an und baue Feedbackschleifen ein, statt ein starres Konstrukt vorzugeben, mit dem sich niemand identifiziert. Hol dir zügig Feedback von außen, dadurch wirst du besser. Nur weil du schnell entscheidest und schnell umsetzt, heißt das nicht, dass viele Fehler passieren oder es an Qualität mangelt. Es heißt, dass du schneller bessere Ergebnisse erzielst.

DRANBLEIBEN UND DURCHHALTEN

Erfolg braucht Durchhaltevermögen und langfristiges Dranbleiben, allen Widrigkeiten zum Trotz. So sagte auch Arnold Schwarzenegger: «Stärke kommt nicht vom Gewinnen. Du wächst an deinen Herausforderungen. Wenn du auf Widerstände triffst und dich entscheidest, dranzubleiben, das ist Stärke.» Sieger entstehen dadurch, dass sie so lange wieder aufstehen, bis sie ihr Ziel erreichen.

Niemand wird erfolgreich, ohne Fehler zu machen. Fehler sind nicht das Problem, sondern es ist dein Umgang damit. Du kannst denken, Fehler sind der Untergang, oder du denkst, Fehler sind die Chance, besser zu werden. Misserfolg entsteht nicht durch Fehler, sondern wenn du nicht mehr bereit bist aufzustehen. Scheitern gibt's nicht – es gibt nur Aufgeben.

Du musst lernen, hinzufallen und wieder aufzustehen. Bleib an deinem Ziel dran – dann ist nicht die Frage, *ob* du es erreichst, sondern *wann*. Erst wenn wir Rückschläge erleben, sind wir bereit zuzuhören, Neues zu lernen und zu fragen: Was muss ich das nächste Mal anders machen? Rückschläge sind der Weg zum Erfolg. Wenn du noch schneller ans Ziel kommen willst, dann hol dir Hilfe – statt ‚Trial and Error' kannst du die Fehler der anderen vermeiden und so schneller ans Ziel kommen.

So erlebte ich es beim Kitesurfen. Ich wollte einen neuen Trick lernen, einen Sprung mit einer Art Vorwärtssalto. Das Interessante war: Als ich mir den Trick von anderen genau abgeschaut und es dann zum ersten Mal selbst ausprobiert hatte, hat er sofort ohne Probleme funktioniert. Am Strand sagten dann einige, dass der wirklich nicht so einfach sei und richtig wehtun könne, wenn es blöd liefe. Dann ging das Gedankenkarussel los: Vielleicht hatte ich dann nur Glück? Ich bin wieder rauf aufs Wasser – und natürlich hat nichts mehr geklappt. Aus Angst vor Schmerzen habe ich mich nicht mehr getraut, den Trick zu versuchen. Völlig frustriert bin ich aus dem Wasser – mehrmals. Dann habe ich mir gesagt: Ich mache den Trick jetzt 60-mal, und erst wenn er klappt, gehe ich wieder aus dem Wasser. Ich habe es tatsächlich bis zum 44. Mal durchgehalten und den Trick 44-mal völlig verhauen, bis ich beim letzten Mal so voller Wucht und mit voller Geschwindigkeit aufs Wasser aufgeprallt bin, dass mir vor Schmerzen die Tränen kamen und ich aus dem

Wasser ging. Kurzzeitig kam wieder Frust hoch. Doch nach ein paar Stunden Pause ging ich wieder aufs Wasser und habe weitergemacht. Am Ende des Tages hat der Trick funktioniert. Zumindest hatte ich ihn so weit unter Kontrolle, dass ich wusste, wie ich kontrolliert aufs Wasser klatschen kann, wenn etwas schiefgehen sollte. Bis heute ist er mein Lieblingssprung. Seither habe ich den Schirm deutlich besser unter Kontrolle und bei neuen Tricks habe ich kaum noch Angst. Manchmal heißt es also: Dranbleiben, auch wenn es wehtut!

Jeder einzelne Versuch bringt dich näher ans Ziel. Niemand startet und landet sofort im Ziel.[2]
Was passiert, wenn du ein Jahr lang konsequent an deinem Ziel dranbleibst? Wo wirst du dann stehen?
Bleib dran und zieh es durch. Sei verbindlich zu dir selbst – das steigert deinen Stolz und deinen Selbstwert. Denn du bist es dir wert, dranzubleiben. Feier deine kleinen Erfolge auf deinem Weg. Mach dir jeden Tag klar, was du erreicht hast, auch wenn es noch so unbedeutend erscheint. Schreib dir dazu am besten ein Erfolgsjournal. Denn so lernst du, auch die kleinen Erfolge zu schätzen, und siehst, wie weit du gekommen bist.

Die Frage: «Was würdest du tun, wenn du nicht scheitern könntest?» hat vermutlich jeder schon einmal gehört. Noch besser finde ich die Version von Christian Bischoff, einem populären Motivationstrainer: «Stell dir vor, du fährst ein Projekt gegen die Wand. Von welcher Sache bist du so felsenfest überzeugt, dass du, selbst wenn es nicht funktioniert, stolz bist und sagst: ‚Wenigstens habe ich es probiert'?»[3] Wenn du tust, was du liebst, dann bist du bereit, mehr Hürden zu ertragen und dauerhaft vollen Einsatz zu leisten.

INNOVATIONEN

Erfolg beinhaltet auch Innovations- und Anpassungsfähigkeit. Das gilt für dich persönlich, dein Team und dein Unternehmen. Denn neue Ideen und Innovationen sichern das Überleben. Auf einem Weltmarkt, der einem stetigen Wandel ausgesetzt ist, kannst du abwarten oder vorangehen. Denn Veränderung passiert so oder so – entweder wirst du reaktiv dazu gezwungen, oder du gehst sie proaktiv an. Ich kann dir nur raten, proaktiv voranzugehen, denn Innovation ist der Motor für Wettbewerbsvorteile und langfristigen Markterfolg. Sätze wie «Das haben wir schon immer so gemacht» bedeuten das Aus.

Indem du Trends und Chancen erkennst, verschaffst du dir einen großen unternehmerischen Vorsprung gegenüber deinen Mitbewerbern. Außerdem hilft es, bestehende Strukturen und Techniken zu hinterfragen und zu optimieren. Daher:

- Analysiere dein Marktumfeld, erkenne und nutze Trends rechtzeitig.
- Hör aufmerksam und neugierig zu bei neuen, verrückten Ideen und Impulsen.
- Sei innovativ und bleib am Zahn der Zeit.
- Etabliere ein Risikomanagementsystem, das aufzeigt, wenn dein Geschäftsmodell beeinträchtigt wird und äußere Einflüsse dein Unternehmen bedrohen.
- Wachse weiter und ruh dich nicht auf dem Erfolg aus.
- Entwickle eine Strategie, die Trends und Veränderungen integriert und umsetzt.
- Bring deinem Unternehmen, deinen Führungskräften und Teams bei, innovativ zu denken und sich zukunftssicher aufzustellen.

KAPITELZUSAMMENFASSUNG

Beharrlichkeit macht erfolgreich. In diesem Kapitel hast du Folgendes gelernt:

- Wirklich erfolgreich bist du, wenn du deine angestrebten Ziele erreichst und dabei auch etwas veränderst oder bewegst.

- Erfolgreich wirst du nicht durch Glück. Erfolg ist eine Gewohnheit und entsteht durch tägliche, zielgerichtete Handlungen.

- Negative Glaubenssätze wie «Geld macht Menschen schlecht» oder «Ich bin nicht gut genug» korrumpieren und verhindern deinen Erfolg.

- Warte nicht auf bessere Umstände. Herausforderungen wird es immer geben. Nur du selbst kannst dein Leben erfolgreich machen.

- Menschen haben ein Talent, sich selbst zu belügen. Doch nur wenn du bereit bist hinzuschauen, kannst du dir selbst und anderen helfen. Sei immer ehrlich zu dir selbst – das ist die Ausgangsbasis für Veränderung.

- Lebe vor, was du erwartest, und geh vorneweg. Denn wir bekommen im Leben immer genau das zurück, was wir aussenden. Übertrag daher deine positive Energie auf die anderen.

- Momentum: Nutze das Hier und Jetzt und triff deine Entscheidungen schnell. «Wenn ich etwas mache, dann mach ich es richtig» ist nur eine ruhmreiche Ausrede. Denn solang du noch nicht perfekt bist, musst du dich nicht verändern und nicht weitergehen.

- Starte nicht perfekt – optimiere später. Durch Feedback von außen wirst du besser.

- Erfolg braucht Durchhaltevermögen und Kontinuität, allen Widrigkeiten zum Trotz. Es geht um das Aufstehen nach dem Hinfallen.

- Fehler sind nicht das Problem. Es ist dein Umgang damit. Scheitern gibt's nicht – es gibt nur Aufgeben.

- Neue Ideen und Innovationen sichern das Überleben deines Unternehmens auf einem sich stetig wandelnden Markt.

WAS BEDEUTET DAS FÜR DICH ALS FÜHRUNGSKRAFT?

- Lebe als Führungskraft das, was du von deinen Mitarbeitern erwartest.

- Setze neu erlangtes Wissen mit deinem Team direkt um. Reines Wissen bringt dich nicht weiter. Du musst die Erkenntnisse umsetzen und sie in neue Gewohnheiten verwandeln.

- Erkenne negative Glaubenssätze und verwandle sie in positive – bei dir und deinem Team. Führe neue Handlungen durch und beweise dir das positive Gegenteil.

- Sei ehrlich zu dir. Sei ehrlich zu deinem Team. Geh die Dinge an, die nicht passen, und verändere sie.

- Triff schnelle Entscheidungen, auch wenn noch nicht alles perfekt ist.

- Bleib dran und halte durch. Wenn du dich für Veränderungen im Team entscheidest oder Entscheidungen triffst, bleib konsequent. Aufgeben ist keine Option.

- Finde heraus, in welchen Bereichen sich ein mögliches Scheitern lohnt. Führt gemeinsam eine Risikoanalyse durch und testet Neues.

- Bring deinem Unternehmen, deinen Führungskräften und Teams bei, innovativ zu denken und sich zukunftssicher aufzustellen.

- Etabliere ein Erfolgsmindset: Mach deinem Team klar, dass Fehler und Rückschläge ein Teil des Erfolgs sind.

7. DEIN NETZWERK AUF ERFOLG AUSRICHTEN

«Die Größe eines Menschen hängt nicht davon ab,
wie viel Reichtum er erlangt, sondern von seiner Fähigkeit,
andere in seinem Umfeld positiv zu beeinflussen.»

Bob Marley
(bedeutendster Vertreter und Mitbegründer der Reggae-Musik)

Der Mensch ist ein soziales Wesen. Das, was wir uns für unser Leben wünschen, also Verbundenheit, Freiheit, Liebe und Abenteuer, ziehen wir aus den Gruppen, mit denen wir leben. Unser Gehirn ist flexibel und passt sich an die Bedingungen in unserer Umgebung an, sowohl an Positivität wie auch an Negativität. Denn das, was wir wiederholt erleben, prägt unsere Gehirnstruktur und damit unser Verhalten. Wir wollen es anderen recht machen. Doch damit nicht genug, wir unterliegen sogar dem Anpassungsdruck, mit anderen übereinstimmen zu müssen.[1] Denn der Mensch war und ist ein Herdentier. Ein Ausschluss aus der Gesellschaft hat früher das eigene Überleben gefährdet. Daher tun wir alles dafür, um dazuzugehören. Das kann sich positiv auswirken, wenn du das richtige Umfeld hast. Wenn du aber von Negativität, Lästereien und Missgunst umgeben bist, dann wirst du die Welt genau mit diesem Blick sehen. Du bist, mit wem du dich umgibst. Je mehr Negativität du in deiner Umgebung und bei dir zulässt, umso negativer wirst du. Du kennst das ja sicher auch, wenn du dich mit Freunden triffst und es zuerst darum geht, was alles stressig im Leben ist, was alles schiefläuft. Da wird erst mal so richtig Dampf abgelassen, weil wir glauben, das tut uns gut. Doch die Wissenschaft belegt das Gegenteil: Wer Dampf ablässt, fühlt sich hinterher sogar noch aggressiver als die, die keinen Dampf ablassen.[2] Indem du das in deiner Umgebung zulässt und mitlästerst oder dich beschwerst, stimmst du dich über dein Spiegelneuronensystem automatisch auf dieselben Gefühle ein und raubst dir damit selbst Energie. Lass das nicht zu. Lenke solche Gespräche in eine andere Richtung und bremse dein Gegenüber. Negativität bedeutet Stress für uns. In Studien wurde sogar belegt, dass es Langzeitstress auslöst, wenn man sich permanent beschwert, und den Gehirnbereich schrumpfen lässt, der für das Lernen und die Gedächtnisleistung zuständig ist – den Hippocampus.[3] Gleichzeitig führt es auch dazu, dass unser Immunsystem belastet wird.

Daher ist es wichtig, dass du auf dein Umfeld achtest. Du bist der Durchschnitt der fünf Personen, mit denen du dich umgibst. Ich sage sogar, du bist der Durchschnitt der fünf Dinge, mit denen du die meiste Zeit verbringst. Die echten Menschen beeinflussen uns sehr, aber gleichzeitig wirkt auch das auf uns, was wir jeden Tag konsumieren.

Wenn du in deiner Freizeit permanent Nachrichten schaust, in denen es um Krieg, Tod, Kritik und Streit geht, dann spürst du diese Emotionen und raubst dir Energie. Außerdem wirst du die Negativität und Denkweisen übernehmen. Wer permanent Kriegsgeschichten liest, braucht sich nicht zu wundern, dass er überall Bedrohung, Verschwörung und Krieg sieht.

Wenn du dich jeden Tag mit Kollegen und Mitarbeitern umgibst, die du nicht leiden kannst, über die du dich permanent innerlich beschwerst, dann färbt das auf dich ab.

Achte auf dein Umfeld. Denn oft sind wir von Opfern umgeben, die das Gefühl haben, die ganze Welt sei gegen sie:

Von Kontramenschen, die immer aus Prinzip recht haben müssen, nie eine andere Meinung gelten lassen können und andere verurteilen.

Von Fordernden, die sich über dich beschweren, weil du ihnen nicht die Zeit oder Aufmerksamkeit gibst, die sie sich noch nicht mal selbst geben.

Von Wettkämpfern, die sich mit allem und jedem messen müssen, um besser zu sein und deswegen versuchen, dich-kleinzuhalten.

Von Ironischen, die dir immer wieder kleine Spitzen geben, dir Fehler auf lustige Art und Weise vorhalten und dich so immer wieder kleinhalten.

Von Aggromenschen, die in jedem Satz immer einen direkten Angriff gegen sich sehen und dir somit ein schlechtes Gewissen machen.

Von Sicherheitsfanatikern, die alles genau bestimmen und überwachen müssen und dir Vorgaben machen.

Es geht nicht darum, diese Menschen zu verurteilen. Ich glaube, jeder von uns verfällt hin und wieder in ein solches Muster. Doch es ist wichtig, solche Verhaltensweisen zu erkennen, diese möglichst zu vermeiden und für dich Klarheit zu finden, was du zulässt und was nicht. Verstehe und erkenne, was um dich herum passiert, ohne es zu bewerten oder zu verurteilen. Bremse Verhalten aus, das sich negativ auf dich auswirkt. Lass im Zweifel Menschen los, die dir permanent Energie rauben.

Mach dir also bewusst, mit wem du dich umgibst und was dich permanent beeinflusst. Dein Umfeld ist elementar für deinen Erfolg.

Viele Unternehmer und Führungskräfte verbringen einen Großteil der Zeit damit, ihre Themen abzuarbeiten – für einen Kaffee mit Kollegen haben sie nur selten Zeit. Sonst werden sie mit ihrer Arbeit nicht fertig. Genau so ging es mir früher. Small Talk war mir zu öde, die Zeit war mir zu schade. Denn jede Minute nutzloser Small Talk bedeutete für mich, dass ich abends länger arbeiten musste. Doch das war eine völlig falsche Einstellung. Small Talk ist öde, wenn man nicht die richtigen Fragen stellt.

Er kann aber auch bereichernd sein. Langfristig zahlen sich die geknüpften Kontakte oft aus. Denn wenn du erfolgreich werden willst oder einfach mal in deinem Leben Hilfe benötigst, dann ist ein Netzwerk extrem wertvoll.

Das richtige Netzwerk, das richtige Umfeld ist der Schlüssel zum Erfolg – beruflich und privat.

Erfolg basiert auf einem guten Image, also auf Marketing, einem starken Netzwerk und auf Wissen. Das gilt für Unternehmen genauso wie für Menschen. Es gibt mittlerweile so viele Führungskräfte, die ihren Marktwert durch eine starke Sichtbarkeit auf LinkedIn deutlich gesteigert haben. Durch solch ein starkes Netzwerk erreichen sie mittlerweile eine enorme Masse an Menschen. Etwas, das in der Vergangenheit unmöglich war. Sie schaffen damit Bekanntheit und Vertrautheit – für potenzielle Bewerber, neue Unternehmen oder auch Aufträge. Starke Netzwerke erleichtern den Informationszugang, erweitern unseren Aktionsradius und steigern den Bekanntheitsgrad.

EINFLUSS DES UMFELDES

Bist du schon mal in einen Raum mit Menschen gekommen, in dem kein einziges Wort gesprochen wurde, und du hast genau gewusst, obwohl du noch nicht mal in die Gesichter der Menschen geschaut hast, dass dort miese Stimmung geherrscht hat?

Wir nehmen andere Menschen allein schon durch ihre Körpersprache, die Ausstrahlung und die Energie wahr. Und wir spüren unsere Umgebung, wenn wir bewusst darauf achten.

Wie geht es dir, wenn du einen Raum betrittst: Spürst du, wie es dir oder den anderen geht?

Bemerkst du sofort, ob die Stimmung positiv oder negativ ist? Gibt es Orte, an denen du dich besser fühlst, und welche, die dir deine Energie rauben?

DEINE FÜNF HAUPTEINFLÜSSE

Schauen wir uns die Menschen in deinem Umfeld genauer an. Wer sind die fünf Menschen, mit denen du die meiste Zeit am Tag verbringst? Familie, Kollegen, Mitarbeiter, Chef? Mit wem teilst du deine 24 Stunden am Tag?

- Welche Denkweisen und Einstellungen zum Leben vertreten diese Menschen?
- Leben sie nach einem Growth oder Fixed Mindset?
- Wie erfolgreich und glücklich sind sie?
- Sind sie eher positiv oder negativ eingestellt?
- Welche Prioritäten setzen sie? Arbeiten alle sehr hart? Zeigen sie viel Einsatz? Haben sie wenig Zeit für Hobbys und Familie?
- Welche Werte vertreten sie?

Schreib dir diese Punkte zu deinen fünf Menschen auf. Daraus kannst du ableiten, wer du aktuell bist. Denn du bist der Durchschnitt der fünf Menschen, mit denen du die meiste Zeit verbringst.

Wenn wir die Wahl haben, umgeben wir uns mit Menschen, die uns und unserer Einstellung ähnlich sind. Für andersdenkende Menschen haben wir im ersten Schritt oft nur wenig Verständnis und meiden sie.

Doch in Gruppen haben wir nicht immer die Wahl, sondern müssen uns mit Menschen umgeben, die eine andere Einstellung haben. Das kann sich positiv oder negativ auf dich auswirken. Denn wenn du dich lange Zeit mit Menschen umgibst, die anders denken als du, dann passt du dich ihnen an. Wenn nur einer in der Gruppe permanent negativ, der Rest der Gruppe aber positiv gestimmt ist – dann stehen die Chancen gut, dass das Team in Summe positiv bleibt. Sobald dieses Gleichgewicht aber nur etwas kippt, also zwei negative Personen zu drei positiven, ist die Gefahr groß, dass die Gruppe aufeinander abfärbt und immer negativer wird.

Wir alle wollen Teil einer Gruppe sein, passen uns daher an und befolgen die Regeln. Wir ordnen uns ein. Schon als Kleinkind lernen wir: Wer besonders brav und folgsam ist, bekommt besonders viel Lob und Belohnung und wird damit glücklich.[4] Soweit die gesellschaftliche Prägung. Doch das Gegenteil ist meist der Fall. Wer dem Anpassungsdruck immer nachgibt, sich einordnet, der gibt nur sich selbst auf. Man ignoriert die eigenen Werte und Bedürfnisse und begibt sich in einen inneren Konflikt mit sich selbst. Selbstentfremdung entsteht. Das Grundbedürfnis des Menschen, dazugehören zu wollen (zu Familie, Partnerschaft, Team, Parteien, Kulturen), führt dazu, dass wir ungefiltert die Denkweisen und Regeln annehmen, ohne diese zu hinterfragen. Es lohnt sich immer, die Ideale und Regeln, die einem die Gesellschaft vorgibt, zu hinterfragen und einen eigenen Maßstab zu finden.

Stell dir mal folgende Fragen:

- Wie geht es dir, nachdem du Zeit mit einem bestimmten Menschen verbracht hast? Bist du energiegeladener, positiver und bestärkt er dich in deinen Vorhaben? Oder bremst er dich eher aus, sieht alles negativ und entzieht dir deine Energie?

- Wie geht es anderen Menschen, nachdem sie dich getroffen haben? Gibst du diesen Menschen, deinen Mitarbeitern, Energie? Bestärkst und lobst du sie oder hast du eher eine abwertende Meinung von ihnen? Raubst du ihnen vielleicht Energie, indem du dauergestresst oder genervt bist?

- Über was redest du im Zusammentreffen mit anderen Menschen? Redet ihr über große Ideen, Visionen, tolle Erlebnisse, Erfahrungen und Herausforderungen? Oder geht es eher um Probleme, Stress und unfähige Mitarbeiter?

Zieh eine Energiebilanz nach dem Zusammentreffen mit anderen Menschen. Versuche, selbst positiv zu sein, andere zu bestärken, ihnen Mut zu machen, sie anzufeuern. Dann werden sie viel lieber Zeit mit dir verbringen und sich gut mit dir fühlen. Fokussiere dich auf Gespräche, die dir Energie geben. Überleg, wer dir Energie gibt, wer dich unterstützt zu wachsen, und verbringe mehr Zeit mit diesen Menschen. Reduziere deine Zeit mit Menschen, die alles schlechtreden, dich permanent kritisieren und ausbremsen. Du wirst, mit wem du dich umgibst.

KRAFT VON EXPERTENKREISEN UND VORBILDERN

Such dir daher unbedingt auch Menschen, die weiter sind als du. Denn so kommst du selbst schneller an dein Ziel. Wenn du der Intelligenteste im Raum zu einem Thema bist, bist du im falschen Raum.

Denn unsere größten Erfolgsverhinderer sind wir selbst. Die Grenzen, an die wir im Leben stoßen, sind unsere eigenen Gedanken.

Diese Grenzen sind durch andere Menschen entstanden, die dir auf Basis ihrer eigenen Erfahrung gesagt und vorgelebt haben, was möglich ist. Die Stimmen von damals sind heute deine eigenen inneren Stimmen – die positiven wie auch die negativen. Diese Grenzen sind keine wirklichen Grenzen. Es ist so viel mehr möglich, als wir glauben.

Es sind also deine Gedanken, Gefühle und Handlungen von gestern, die bestimmen, wer du heute bist! Ein neuer Denkanstoß kann somit auch dein Leben verändern.

Neue Denkanstöße bekommst du durch Menschen, die dir einen reflektierten Blick von außen auf deine Situation geben. Daher ist ein Netzwerk von Experten, Coaches und Mentoren extrem wertvoll für dich. Finde Menschen, die schon Schritte gegangen sind, die du noch gehen willst.

Aus meiner Sicht nach zig Coaching-Ausbildungen kann ich dir heute sagen: Vorsicht beim Rat von Freunden! Auch wenn er gut gemeint ist. Jeder Mensch hat seine eigene Realität auf Basis seiner Erfahrungen. Diese eigene Realität muss man ausblenden, um dir einen Tipp geben zu können, der auch genau zu dir passt.

Das beste Beispiel sind Beziehungstipps. Wenn du dir überlegst, dich zu trennen, weil dein Partner dich vielleicht betrogen hat, dann kommt schnell der Tipp: Trenn dich, das ist absolut respektlos und nicht tolerierbar. Ein Tipp auf Basis der eigenen Wertvorstellungen deines Gegenübers und der eigenen Erfahrungen. Doch was dabei nicht berücksichtigt wird: Hier sind beide Parteien involviert, es ist oftmals ein schleichender Prozess, ein Auseinanderleben, ein jahrelanges Vernachlässigen elementarer Bedürfnisse – und all das kann zu so einer Handlung führen.

Hör dir daher auch niemals nur die Perspektive einer Partei in einem Konflikt an. Jeder erzählt dir die Situation aus seiner eigenen Wahrnehmung heraus, was oftmals wenig mit der Realität zu tun hat. Du kannst dir nur ein eigenes Bild machen, wenn du alle Seiten kennst.

Du kannst selbst in Form von ‚Trial and Error' lernen – also immer wieder hinfallen und aufstehen. Dabei verlierst du zwar Zeit und Energie, aber du schaffst es. Wenn du dich schneller weiterentwickeln und effizient vorankommen willst, dann brauchst du den Blick von außen, z. B. von einem Coach oder Mentor. Denn der kann dir immer wieder neue Denkanstöße und Impulse von außen geben, sodass du schneller auf deinem Weg vorankommst.

Such dir Vorbilder, die ein starkes Mindset haben und dich voranbringen können. Lass dich nicht bremsen, weil du denkst, der Invest sei es nicht wert. Ich selbst habe sechsstellige Beträge investiert, um voranzukommen, und kann dir sagen: Jeder einzelne Cent war es wert. Denn du kannst dich abkämpfen und planlos umherirren oder du besorgst dir einen Bergführer, der dir hilft, deinen Berg zu erklimmen.

Und das ist auch mein Geheimtipp für Small Talk. Statt sich gelangweilt über das Wetter zu unterhalten, nutze den Small Talk für dich, für neue Erkenntnisse. Jeder Mensch erzählt gern von sich selbst, teilt gern seine Erfahrungen. Frag dein Gegenüber daher nach seinen Erfahrungen, Erlebnissen und was ihm wichtig ist. Du wirst merken, so wird Small Talk deutlich interessanter. Du lernst dabei extrem viel für dich. Beginne, mehr zu fragen und zuzuhören, statt zu reden. Wenn du als Unternehmer erfolgreicher werden willst, dann frag einen, der dein Ziel erreicht hat, nach seinen fünf wichtigsten Erkenntnissen, die es braucht, um ans Ziel zu gelangen. Bau dir ein Netzwerk und finde die richtigen Kontakte – das bringt dich im Leben viel schneller voran.

POSITIVE BINDUNG ALS WICHTIGER FAKTOR

Tiefe, einfühlsame Beziehungen zu anderen Menschen sind der wichtigste Faktor für ein erfolgreiches und glückliches Leben. In der Grant-Studie hat der Psychiater und ehemalige Harvard-Professor George Vaillant mehr als 75 Jahre lang Menschen beobachtet und genau dies herausgefunden. Mehr noch: Eine Metaanalyse besagt, dass positive und tiefe Bindungen unsere Überlebenswahrscheinlichkeit um 50 Prozent steigern.[5]

Hierbei sind menschliche Bindungen in Summe relevant – beruflich wie privat. Es geht nicht ausschließlich um Partnerschaften.

Die Menschen, mit denen du den Großteil deiner Zeit verbringst – deine Familie, dein Partner, aber vor allem auch deine Kollegen –, haben eine große Auswirkung auf dein Glück und dein Befinden. Sie können deine Stimmung verbessern, du freust dich auf sie oder sie stressen dich. Die Menschen in deinem Leben beeinflussen sowohl dein Arbeitsumfeld als auch dein Umfeld zu Hause. Je stärker deine Beziehungen sind, desto besser ist dein Leben.

RETTERDRANG UND MITLEID

Hast du das Gefühl, dass du als Unternehmer und Führungskraft allen Menschen helfen musst? Gibst du oftmals alles für die anderen und vergisst dich selbst dabei – und niemand dankt es dir?

Ich sage dir: Du kannst nicht alle retten. Unterstütze deine Mitarbeiter, sodass sie über sich hinauswachsen, Neues lernen, Negatives loslassen und das Positive sehen. Führe mit Herz und Verständnis und bilde ein starkes, positives Team.

Doch mach dir auch bewusst, dass du nicht jeden retten kannst. Die Arbeit und das Umfeld sind elementare Faktoren für das persönliche Wohlbefinden und die mentale und körperliche Gesundheit. Daher kannst du hier viel bewirken. Aber im Endeffekt ist jeder Mensch für sich selbst verantwortlich und macht seine eigenen Lernerfahrungen. Es ist wichtig, das zu verstehen, denn ansonsten reibst du dich auf oder steckst zu viel Energie in Menschen, die gar keine Hilfe wollen oder noch nicht dazu bereit sind. Nur wer selbst Veränderungen im eigenen Leben vornimmt, seine neuronalen Autobahnen umbaut, kann sich verbessern. Du kannst sie dabei unterstützen, aber es niemals für jemanden übernehmen.

Ich sage dir das, weil du als Unternehmer und Führungskraft die Gesamtverantwortung für dein Unternehmen und alle Teammitglieder hast. Wenn ein Mitglied permanent stört, die Gruppe herunterzieht oder kleinmacht, dann liegt es in deiner Verantwortung, das Gleichgewicht wiederherzustellen, indem du entsprechende Maßnahmen ergreifst oder Konsequenzen ziehst.

Zwei weitere wichtige Punkte sind Fürsorge und Verständnis. Und zwar in dem Maße, dass du dich nicht emotional involvieren lässt. Denn das raubt dir sämtliche Energie. Hierbei sind drei Unterscheidungen wichtig:[6]

- *Mitleid* ist ein dysfunktionales Verhalten. Das Gefühl deines Gegenübers wird zu deinem Gefühl. Hierbei steigen der Stresspegel und damit das Stresshormon Cortisol. Du leidest mit. Es raubt dir wertvolle Energie und Leistungsfähigkeit, du brennst aus. Außerdem reduziert Stress klares Denken und blockiert die Lösungsfindung, womit niemandem gedient ist.[6]

- *Soziale Empathie* ist die Fähigkeit, Gefühle anderer nachzuempfinden. Es geht darum, zu fühlen, was andere fühlen. Du schwingst also emotional mit, obwohl du weißt, dass es das Gefühl des Gegenübers ist und nicht deins. Auch hier gilt: Zu viel Empathie ist schädlich.[6]

- *Fürsorge* meint, dass du dich in dein Gegenüber hineinversetzt und verstehst, was in ihm vorgeht – also seine Bedürfnisse, Absichten, Erwartungen oder Denkweisen. Gleichzeitig lädst du dir nicht die Emotionen deines Gegenübers auf. Du gibst Halt, bleibst aber bei dir, in deiner Stärke. So bleibst du bei klarem Verstand, bei voller Energie und kannst helfen, Lösungen zu finden. Diese Fähigkeit greift auf andere Strukturen im Gehirn zurück als die reine Empathie. Wichtige Mitspieler sind unter anderem der Frontallappen, der Parietallappen, der temporoparietale Übergang wie auch die Amygdala.[6]

Achte darauf, dass du mit deinem Umfeld und deinen Mitarbeitern nicht mitleidest. Nur so ist allen geholfen.

SYSTEME UND IHRE WIRKUNGEN

Du hast eben schon gehört, dass du als Unternehmer oder Führungskraft das Arbeitsleben deiner Mitarbeiter beeinflussen kannst. Doch es geht noch deutlich weiter – du beeinflusst auch alle anderen umliegenden Systeme, in denen deine Mitarbeiter unterwegs sind, z. B. ihre Familie.

Genauso wie das äußere Umfeld deiner Mitarbeiter einen Einfluss auf die Arbeit haben kann.

Wir alle leben in Systemen, die sich gegenseitig beeinflussen. Keine Handlung bleibt ohne eine Wirkung. Es gibt immer eine Aktion und eine Reaktion – sowohl zwischen zwei Menschen als auch zwischen deren Systemen.

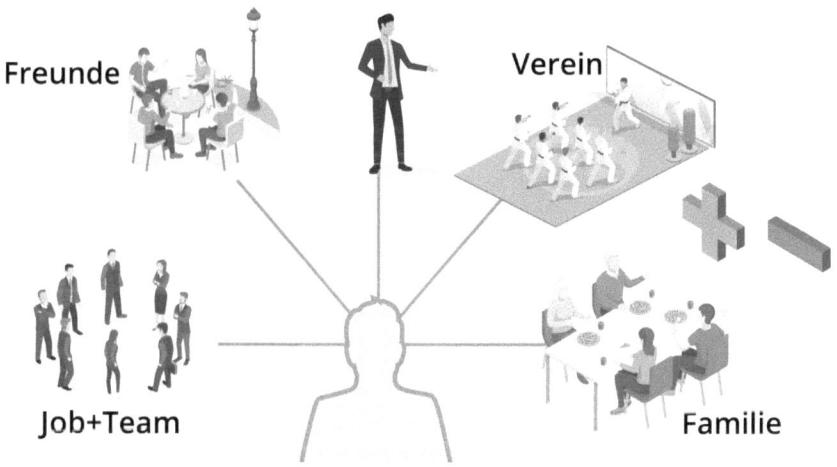

Abbildung 28: Systeme

Jeder Mensch ist immer in seinem gesamten Umfeld zu betrachten. Denn: Fühlt man sich privat schlecht, wirkt sich das auf die Arbeit aus und umgekehrt. Hat man immer wieder Stress mit dem Partner, so steigen auch die Chancen, dass man auf der Arbeit leichter gereizt ist und schneller aus der Haut fährt. Auch hier hat das Privatsystem direkte Auswirkungen auf das Arbeitssystem.

Eine Person, die gesundheitlich permanent über die eigenen Grenzen geht, deren Körper auf Hochtouren läuft – wie soll die noch Energie und Leistung erbringen? Wie soll sie Krisen managen können, wenn sie doch schon im roten Bereich läuft? Die Mitarbeiter bemerken das und passen sich an. Bloß keine Probleme ansprechen, sonst rastet die Person aus. Über das Spiegelneuronensystem und Gespräche über stressige Themen überträgt sich der Stress ins ganze Team. Anderseits: Wenn eine Person so richtig gute Laune hat, vollen Einsatz zeigt und andere mitreißt, dann überträgt sich auch das.

Daher ist es wichtig, den Menschen systemisch zu betrachten: Im Mittelpunkt steht der Mensch selbst mit seiner Persönlichkeit, seinen Bedürfnissen, Zielen, Problemen. Er ist vernetzt mit den einzelnen Systemen, in denen er lebt – mit dem System Familie, System Unternehmen, System Freunde, System Kletterverein etc. Alle Systeme sind durch Fäden wie in einem Spinnennetz miteinander verbunden. Wenn sich nun in einem der Systeme – z. B. der Familie – etwas verändert, dann zieht das am Gesamtsystem inklusive aller Teilsysteme.

Indem wir Systeme kennen, können wir negative Beziehungsmuster besser verstehen. Teufelskreise, blockierende Gefühle (wie Wut, Angst, Ohnmacht) oder limitierende Denkmuster (Selbstzweifel, Neid) können so verstanden und gelöst werden. Dies hilft dir, aus dem Opfermodus heraus- und in den Meistermodus hineinzukommen.

Jedes Unternehmen stellt ein eigenes System dar. Es beinhaltet die Führungskräfte, Mitarbeiter und Gremien im Inneren ebenso wie die Beziehungsverflechtungen im Äußeren: Kunden, Ämter, Banken, Behörden etc. – und über die Mitarbeiter auch deren Familien, die mit am System hängen. Stell dir vor, wie zwischen allen Beteiligten ein großes Netz gespannt ist und jeder einen Teil vom Faden hält. Je größer das Unternehmen ist, umso weniger kann ein Einzelner das System ins Wanken bringen. Da braucht es schon eine erhebliche Kraft oder eine entsprechende Menge an Menschen, die in eine Richtung ziehen, um das Netz zu verschieben. Daher darf man sich bewusst machen, wenn die Stimmung in Unternehmen nicht passt, dass dies nicht nur einzelne Fälle sind, sondern das Problem breiter gestreut sein muss. Je kleiner das System, umso mehr Wirkung hat ein Einzelner, der das System in eine entsprechende Richtung zieht.

KULTURELLE NORMEN BEEINFLUSSEN SYSTEME

Verhaltensweisen, die in der eigenen Kultur als normal gelten, sind besonders attraktiv für uns. Das führt oft dazu, dass sich bestimmte Verhaltensmuster einprägen. Der Mensch ist noch immer ein Herdentier, wir wollen dazugehören und passen uns an. Bist du also in einer Familie aufgewachsen, die sehr leistungsorientiert war, in der es wichtig war, «hart zu arbeiten», dann ist dein Verhalten sehr stark daran ausgerichtet. Wenn wir auf die Welt kommen, dann sind wir die ersten Jahre vollkommen abhängig von der Liebe und Fürsorge unserer Eltern oder Bezugspersonen. Ein Ausschluss aus dem Stamm hat früher den Tod bedeutet, unsere ältesten Teile im Gehirn sind noch gleich aufgebaut wie damals. Liebe, Anerkennung und das Dazugehören sind noch heute wichtige menschliche Bedürfnisse. Viele Handlungen zielen genau darauf ab.

Daher folgen wir unbewusst dem, was die Gesellschaft und unser Umfeld von uns erwarten. Das ist wie ein unsichtbares Regelkorsett, in dem wir stecken. Es gibt uns vor, welche Karriere sinnvoll ist, wie die Familienplanung abzulaufen hat und welche Wirkung man im Außen hinterlassen soll, um akzeptiert zu sein und dazuzugehören. Such dir daher eine Gruppe, die das lebt, was du gern hättest. Denn das lässt dich am schnellsten wachsen. Indem du dich also mit Menschen umgibst oder einer Gruppe beitrittst, die dein *gewünschtes* Verhalten lebt, dann wirkt sich das positiv auf dich aus, da du die Denk- und Verhaltensweisen übernimmst und sich deine Identität verändert.

Wenn du dein Team stärker aufstellen willst, dann nimm das nächste Mal, wenn du Bewerbungsgespräche führst, deinen stärksten Mitarbeiter mit. Gleiches zieht Gleiches an. Lass dir Feedback von ihm geben, denn er wird automatisch gegenüber denjenigen Kandidaten positiv gestimmt sein, die ähnlich ticken wie er.

MACHT UND SOZIALER STATUS ZIEHEN UNS AN

Menschen streben nach Ansehen, Status und Macht. Jeder Mensch hat das Bedürfnis, respektiert, geschätzt und anerkannt zu werden. Die Mächtigen und Erfolgreichen hatten schon immer Zugang zu mehr und besseren Ressourcen. Dadurch stieg die Chance, zu überleben, um ein Vielfaches. Entsprechend lohnte es sich, diese Personen nachzuahmen. Außerdem gelten die Erfolgreichen automatisch als attraktiver und anziehender, da sie eine gewisse Ausstrahlung haben. Wer kennt sie nicht, die Fußballer, die selbst maximal durchschnittlich aussehen, aber

Topmodels zur Frau haben? Genau deshalb interessieren wir uns für die Geheimnisse der Erfolgreichen und derjenigen, die wir bewundern. Wir wollen das Verhalten kopieren, um selbst Erfolg zu haben und unseren Status zu erhöhen.

Gleichzeitig versuchen wir, Dinge zu vermeiden, die unseren Status senken können – wie das negative Auffallen in der Gesellschaft. Denn unser Gehirn strebt nach Verbundenheit und Zugehörigkeit. In einem wissenschaftlichen Experiment mit Affen wurde sogar bewiesen: Ein Affe, der in Gruppe eins gelernt hat, schnell Nüsse zu knacken, und dann in Gruppe zwei versetzt wird, die diese Fähigkeit nicht hat und Nüsse deutlich langsamer knackt, der wird seine Fähigkeit aufgeben, um sich der Gruppe anzupassen. Das zeigt, dass wir selbst unsere Stärken und Fähigkeiten aufgeben, um uns anzupassen – nur um die Normen der Gruppe zu erfüllen.[7] Wir sind lieber angepasst statt intelligent. Wir fügen uns dem Druck der Gruppe, passen uns brav ins Bild unseres Umfeldes ein und tun die Dinge, die alle tun und von uns erwartet werden. Das ist eine typische Gruppendynamik, die sich in Teams ab drei Personen zeigt: Das Team bestimmt die Wirkung und das Auftreten der Gruppe. Es braucht eine enorme Stärke, um sich dieses Regelkorsetts zu entledigen und neue Dinge zu tun, die nicht im Sinne der Gruppe sind.

Im Endeffekt tendieren wir dazu, drei Arten von Menschen nachzuahmen: die uns nahestehenden Menschen, die Masse (Gruppenzwang, um dazuzugehören) und die Mächtigen.[8]

SCHUBLADENDENKEN

Wusstest du, dass wir nur circa 300 bis 600 Millisekunden brauchen, bis wir einen ersten Eindruck vom Gegenüber haben?[9] Das reicht, damit unser Gehirn einschätzt, ob jemand bedrohlich oder vertrauensvoll auf uns wirkt. Ein bewusstes Eingreifen in diesen Prozess ist nicht möglich. Wie du bereits weißt, findet diese Einschätzung auf Basis deiner Vorerfahrungen im Leben statt. Denn die Amygdala im Gehirn überprüft diesen Menschen auf Analogien und Parallelitäten zu vorherigen Begegnungen. Diese Bewertung nimmst du erst bewusst wahr, wenn über die Insula ein körperliches Behagen oder Unbehagen ausgelöst wird. Daher sollten wir alle überprüfen, ob wir einer Person vielleicht doch eine zweite Chance geben und sie wieder aus der Schublade herausholen.

Dieser Prozess ist wichtig für dich als Führungskraft. Denn wenn du einen Menschen aufgrund des Verhaltens oder Auftretens in eine Schublade gesteckt hast, dann hat er es schwer, da wieder herauszukommen. Dein Bewertungsfilter sorgt dafür, dass du nur die Facetten wahrnimmst, die seine Schublade bestätigen.

Wenn du als Führungskraft glaubst, alle Mitarbeiter seien faul, dann hast du einen Filter auf, der nach Beweisen sucht, dass alle Mitarbeiter faul sind und nicht arbeiten. Und wenn du mit dieser Brille durch die Gänge läufst, wirst du sicher Beweise finden. Der eine Mitarbeiter nippt gerade an seinem Kaffee, zwei andere reden auf dem Gang und lachen dabei. Du nimmst kurze Situationen wahr, die eigentlich keine Aussagekraft haben, aber das Gehirn bekommt seine Bestätigung. Durch diesen Filter ist deine Wahrnehmung getrübt. Bremse dich immer wieder und ändere deinen Filter in: «Mitarbeiter sind fleißig». Sieh, was sie gut und richtig machen. Dann ändert sich auch deine Haltung ihnen gegenüber und sie werden mehr Leistung bringen. Erinnere dich an den Pygmalion-Effekt.

Frag dich immer wieder, wenn du bestimmte Mitarbeiter auf dem Kieker hast, ob du sie überhaupt noch neutral wahrnimmst. Ist es möglich, dass sie doch auch tolle Leistungen erbracht haben und du diese aktuell einfach nicht mehr wahrnehmen kannst? Manchmal lohnt es sich, bewusst noch mal drei Wochen auf positive Aspekte zu achten, bevor man finale Schlüsse zieht.

GRUPPENDYNAMIK

Das Phänomen der Gruppendynamik ist ein wichtiger Effekt in Teams. Denn sobald sich eine Gruppe formt, entstehen durch das Zusammenspiel der Mitglieder neue Verhaltensweisen. Es bilden sich Rollen und Hierarchien ebenso wie Verhaltensregeln, Einstellungen und Werte aus, welche die Dynamik der Gruppe bestimmen. Solche Rollen sind: Anführer, Leistender, Schlichter, Mitläufer, Organisator, Helfer, Sündenbock. Sie bilden sich unbewusst aus – eine Person übernimmt automatisch sämtliche Organisationstätigkeiten, wiederum andere gehen voran, leiten die Gruppe und motivieren sie. Diese Rollen festigen sich im Laufe der Zeit mehr und mehr. Sie können auch zu Konflikten führen, wenn einer seine Rolle nicht mehr ausüben will oder sich die Zusammensetzung in der Gruppe ändert.

In jeder Gruppe gibt es Dynamiken, die nicht zu unterschätzen sind. Bei einer negativen Gruppendynamik verliert die Gruppe den Glauben an sich und damit ihre Wirksamkeit – wie die brasilianische Fußballnationalmannschaft, die bei der WM 2014 mit 1:7 gegen Deutschland unterlag. Bei einer positiven

Gruppendynamik werden die Rollen sinnvoll und kompetent zwischen den Mitgliedern verteilt – es erfolgt eine positive gegenseitige Beeinflussung. Jeder hat eine klare Aufgabe und erfüllt diese mit hoher Motivation.

Entscheidend ist, wie die Gruppe mit einer solchen Dynamik umgeht. Es gibt positive Umgangsweisen, welche die Produktivität und Motivation steigern, aber auch negative, welche die Leistungsfähigkeit senken.[10]
Folgende typische Phänomene treten in Gruppen auf:

- Trittbrettfahrer: Einzelne nehmen die Verzichtbarkeit der eigenen Leistung wahr und lassen andere für sich arbeiten.[11]

- Drückeberger: Mit steigender Anzahl an Gruppenmitgliedern sinken die Motivation und Leistung eines Einzelnen, da die Vergleichbarkeit der Leistung fehlt.

- Soziale Kompensation: Einige Gruppenmitglieder strengen sich mehr an, um die Minderleistungen anderer zu kompensieren.[12]

- Beitragsgerechtigkeit: Ein Gruppenmitglied verringert seine Leistungen, da es glaubt, es werde ausgenutzt, wenn ein anderes Gruppenmitglied wegen mangelnder Anstrengung eine schwache Leistung erbringt.[13]

- Gruppenanpassung: Das Streben nach Harmonie sorgt dafür, dass individuelle Meinungen an die Meinungen der Gruppe angepasst werden.

- Ringelmann-Effekt: Der Produktivitätsverlust nimmt mit der Gruppengröße aufgrund von Koordinations- und Motivationsverlusten zu.[14]

- Köhler-Effekt: Ein schwächeres Gruppenmitglied in Zweier- oder Dreiergruppen strengt sich mehr an, als die Summe der Einzelleistungen ergeben würde.[15]

Diese Gruppenphänomene gilt es, zu beachten und zu managen, sodass es im Team zur Leistungssteigerung und nicht zu einem Leistungsabfall kommt.

KAPITELZUSAMMENFASSUNG

Dein Netzwerk auf Erfolg ausrichten – in diesem Kapitel hast du Folgendes dazu gelernt:

- Der Mensch ist ein soziales Wesen und passt sich an seine Umgebung an. Daher unterliegst du unterbewusst dem Anpassungsdruck, mit anderen übereinzustimmen.

- Positivität oder Negativität färbt von deinem Umfeld auf dich ab. Du bist der Durchschnitt der fünf Menschen und Dinge, mit denen du die meiste Zeit verbringst.

- Das richtige Netzwerk, das richtige Umfeld ist der Schlüssel zum Erfolg – beruflich und privat.

- Deine Umgebung beeinflusst dich, ohne dass du es bemerkst. Analysiere, ob du dich nach einem Treffen mit Menschen energiegeladener oder energieloser fühlst.

- Grenzen, an die du im Leben stößt, sind deine eigenen Gedanken. Neue Denkanstöße durch einen reflektierten Blick von außen, z. B. durch ein Netzwerk von Experten, Coaches und Mentoren, sind extrem wertvoll und lassen dich schneller wachsen.

- Nutze Small Talk, um Menschen näherzukommen und wertvolle Impulse für dich zu gewinnen. Hör zu und frag nach ihren Erlebnissen und wichtigsten Erkenntnissen im Leben.

- Tiefe, einfühlsame Beziehungen zu anderen Menschen sind der wichtigste Faktor für ein erfolgreiches und glückliches Leben.

- Du kannst Menschen nicht retten. Jeder Mensch ist für sich selbst verantwortlich und muss seine eigenen Lernerfahrungen machen. Einfühlungsvermögen und Verständnis sind wichtig. Doch Mitleid schadet dir selbst und deinem Gegenüber.

- Wir alle leben in Systemen, die sich gegenseitig beeinflussen. Jede deiner Handlungen hat eine Auswirkung auf dein System.

- Wir alle streben danach, uns von der Masse abzuheben und besonders zu sein. Doch dann steht dir dein Gehirn im Weg – der Mensch ist ein Herdentier. Er will dazugehören, daher passen wir uns oft der Masse an. Denn Liebe und Anerkennung sind wichtige menschliche Bedürfnisse. Daher folgst du unbewusst oft dem, was die Gesellschaft und dein Umfeld von dir erwarten. Du brauchst Stärke, um dich von diesem Regelkorsett zu befreien und aus der Gruppe auszubrechen.

- Wir tendieren dazu, drei Arten von Menschen nachzuahmen: nahestehende Menschen, die Masse und die Mächtigen.

- Wir stecken andere schnell in Schubladen, dabei ist es wichtig, daraus keine sich selbst erfüllende Prophezeiung zu machen. Gib Menschen eine zweite Chance.

- Gruppendynamik: In einer Gruppe formen sich Rollen, Hierarchien, Verhaltensregeln, Einstellungen und Werte.

- Gruppenphänomene können sehr starke positive wie negative Einflüsse haben. Die Dynamiken können zur Leistungssteigerung oder Leistungsminderung führen.

WAS BEDEUTET DAS FÜR DICH ALS FÜHRUNGSKRAFT?

- Achte auf das Umfeld, in dem du dich täglich bewegst. Entscheide bewusst, wie viel Zeit du mit wem verbringst. Das gilt auch für dein Team.

- Achte auf den Umgang im Team und stärke die Positivität der Mitglieder.

- Eine starke Führungskraft erschafft ein positives Umfeld, von dem alle Beteiligten profitieren – gesundheitlich und karrieretechnisch.

- Du hast die Gesamtverantwortung für dein Unternehmen und deine Mitarbeiter: Du trennst dich von Störenfrieden, sorgst für eine positive Stimmung und stellst ein gutes Miteinander her.

- Ist eine Führungskraft besonders gestresst, dann wirkt sich das nicht nur auf sie aus, sondern überträgt sich auch auf andere. Dasselbe gilt für Mitarbeiter, die immer gestresst oder negativ gestimmt sind.

- Schaffe Rahmenbedingungen, in denen sich die Mitglieder gegenseitig bestärken. Nutze dafür auch Netzwerke, Mentoren und Coaches, um dein Team wachsen zu lassen.

- Wenn du dein Team stärker aufstellen willst, dann nimm das nächste Mal, wenn du Bewerbungsgespräche führst, deinen stärksten Mitarbeiter mit. Denn Gleiches zieht Gleiches an.

- Hol deine Mitarbeiter bewusst wieder aus Schubladen heraus. Erkenne deinen Bewertungsfilter und gib ihnen eine zweite Chance.

- Nutze deine Position und deinen Status, um Menschen positiv zu beeinflussen.

- Achte auf Gruppendynamiken: Du bekommst, was du duldest. Negatives Verhalten, insbesondere von Keyplayern, kann schnell zu einem neuen Gruppenverhalten werden.

8. SICHTBARKEIT UND GEWINNBRINGENDES ÜBERZEUGEN

> «Wenn du kritisiert wirst, dann musst du irgendetwas richtig machen. Denn man greift nur denjenigen an, der den Ball hat.»
>
> Bruce Lee

Wie wichtig ist es dir, sichtbar zu sein?
Wie wichtig ist es dir, dich selbst zu verkaufen und zu zeigen?
Wie wichtig ist es dir, eine starke Ausstrahlungs- und Überzeugungskraft zu haben?

Viele Unternehmer und Führungskräfte lehnen es ab, sich selbst zu verkaufen und sich zu zeigen. Sie wollen sich nicht in den Mittelpunkt drängen und glauben, dass es reicht, nur genug zu leisten, um voranzukommen. Doch genau deswegen ziehen andere mit schlechteren Kompetenzen an diesen Führungskräften vorbei. Denn was bringen dir die beste Qualität, die tollste Idee, die wertvollsten Inhalte, wenn sie niemand sieht, du Menschen nicht für dich gewinnen und sie nicht davon überzeugen kannst, mit dir gemeinsam die nächsten Schritte zu gehen? Deine Fähigkeiten bringen nur wenig, wenn du sie in einer Schublade versteckst und sie dort verstauben.

Wenn du als Führungskraft dich selbst und dein Team zum Erfolg führen willst, darfst du dich verkaufen. Am besten hast du so einen überzeugenden, klaren Auftritt, dass du das, was du möchtest, anziehst und alles, was du nicht willst, automatisch abschreckst. Das gilt für Jobs, Mitarbeiter, Kunden und Beziehungen. Wer bereit ist, sich zu zeigen, kann sich vieles deutlich erleichtern.

Starke Führungskräfte können das Leben vieler Menschen verändern, wenn sie sie erreichen. Um Menschen zu erreichen, braucht es einen starken Auftritt, eine überzeugende Kommunikation und Vertrauen als Basis – Vertrauen darin, dass dein Gegenüber einen Mehrwert aus der Beziehung zieht.

Nimm dir die Berühmten und Erfolgreichen wie Mutter Teresa, John F. Kennedy, Lady Diana oder Gandhi. Sie alle haben sich gezeigt, sie waren von ihrer Idee und ihren Idealen so sehr überzeugt, dass sie Menschen begeistert und mitgerissen haben. Das hätte niemals funktioniert, wenn sie ihre Botschaft nicht stark nach außen getragen hätten. Nur wer es schafft, sich zu vermarkten und zu verkaufen, kann erfolgreich werden und somit seine Qualität und Ideale an die Menschen bringen.

Was glaubst du, warum Unternehmen wie Nike jährlich Millionen[1] in Werbung stecken, obwohl sie schon sehr bekannt sind? Dasselbe gilt, wenn du ein Unternehmen aufbauen oder als Führungskraft aufsteigen willst – wenn du erfolgreich sein willst, dann musst du deine Qualitäten, dein Team und dein Produkt zeigen und lernen zu verkaufen.

Im Endeffekt verkaufen wir uns alle doch permanent. Deinem Partner hast du deine besten Seiten gezeigt und ihn so von dir überzeugt. Deinen Kindern und Mitmenschen verkaufst du permanent deine Ansichten und versuchst, sie zu überzeugen. Im Leben geht es immer ums Verkaufen – und das ist etwas Positives. Denn wenn du es schaffst, andere zu überzeugen, und sie dir ihr Vertrauen schenken, dann ist das definitiv positiv. Damit kannst du sie bereichern und ihnen dabei helfen, ihre Chancen zu nutzen und das Beste aus sich herauszuholen.

VERSTÄNDNIS UND ZUHÖREN

Den Zugang zu anderen Menschen erhältst du am schnellsten, wenn sie sich von dir verstanden fühlen – nicht wenn sie dich verstehen. Wenn du deine Mitarbeiter überzeugen willst, dass sie deinen Rat annehmen, etwas Neues zu lernen oder für dich zu arbeiten, dann finde einen Zugang zu ihnen.

Doch schon in der Kommunikation und im Miteinander passieren Fehler. Wir versuchen, Gespräche zu dominieren und zu überzeugen, wollen beweisen, welchen Mehrwert wir bieten, und vergessen dabei das Gegenüber. Wir vergessen zu verstehen, was das Gegenüber gerade überhaupt braucht. Dabei ist es genau das, was Vertrauen fördert.

Das kennst du sicherlich auch: Wir alle hören im Alltag schon gar nicht mehr zu – sobald unser Gegenüber redet, hören wir gerade noch den ersten Halbsatz und bereiten dann gedanklich schon unsere Antwort vor. Wir überlegen uns, was wir am besten antworten, welche Story von uns selbst wir ergänzen können. In diesen Momenten reißt die Verbindung zum Gegenüber ab – statt zuzuhören, wechseln wir den Fokus auf uns selbst. So verpassen wir die wertvolle Chance, Vertrauen und Verständnis aufzubauen.

Wenn wir neue Menschen kennenlernen – bei der Partnersuche oder neuen Bekanntschaften – fängt oftmals eine Person an, von sich zu erzählen, und hört dann gar nicht mehr auf. Sie versucht, sich ganz besonders toll und in einem positiven Licht darzustellen und sich dir zu verkaufen. Doch meistens wirkt das eher abschreckend. Denn damit zeigt die Person, dass es ihr nur um sich selbst und die eigene Wirkung geht. Das Ego löst dieses Gefühl aus, sich zwanghaft verkaufen zu müssen, da es sich unbedingt zur Geltung bringen möchte.

Wir Menschen sind Egoisten. Und das heißt nichts Schlechtes. Wenn du ein Bild von einer Hochzeit zugesendet bekommst, wen suchst du zuerst auf dem Bild? Natürlich dich selbst – sitzt die Frisur, der *Anzug bzw. das Kleid*, wie sehe ich aus? Was ich damit sagen will: Es geht uns im ersten Schritt um uns selbst. Wenn du Zugang zu einem Menschen finden möchtest, dann erfülle ihm ein wichtiges Bedürfnis und hör zu, interessiere dich für ihn, lobe ihn.

Wenn du in einen Laden gehst, um Schuhe zu kaufen, und dir die Verkäuferin direkt erzählt, dass sie die Besten im Geschäft sind, 30 Jahre Erfahrung haben und die *bequemsten* Schuhe der Welt verkaufen, dann interessiert dich das relativ wenig, wenn du gerade nach High Heels suchst. Was ich damit sagen will: Hör erst mal zu, frag, was dein Gegenüber braucht und sich wünscht. Es geht nicht darum, sich um jeden Preis selbst zu verkaufen, Ansagen zu machen und eigene Geschichten zu erzählen. Das schafft keine Verbindung. Verbindung entsteht durch Zuhören und Präsenz für das Gegenüber.

Wie fühlst du dich, wenn du in einem Meeting etwas erzählst und merkst, dass dein Gegenüber die ganze Zeit am Handy spielt oder E-Mails schreibt und dir eigentlich gar nicht zuhört? Das sind Momente, in denen man doch am liebsten gehen will. Präsent zu sein, demonstriert Wertschätzung, denn es bedeutet, voll und ganz bei dem anderen zu sein und zuzuhören.

Das gilt auch für deine Familie. Wenn du die Zeit zu Hause mit deiner Familie dafür nutzt, dass ihr euch austauscht, kommuniziert und aufeinander eingeht, dann hörst du keine Beschwerden mehr wie: «Nie hast du Zeit». Denn uns kommt es gar nicht so sehr auf die Quantität des Beisammenseins an, es geht vielmehr um die Qualität. Lieber spricht man mit jemandem intensiv zehn Minuten lang, tauscht sich wirklich aus und hört sich zu, als dass zwei Stunden lang zwei Körper anwesend sind, die gar nichts voneinander mitbekommen. Lerne, wieder mehr auf deine Umgebung zu hören und zu achten, dann wird auch dein Umfeld dir gegenüber wohlwollender.

LOBE OFT, ABER NUR EHRLICH

Ehrliches, aufrichtiges Lob kann den ganzen Tag eines Menschen verbessern. Lobe oft, aber meine es ehrlich – heruntergeleiertes Lob erkennt jeder sofort. Das schlägt schnell in das Gegenteil um und führt zu Geringschätzung und Demotivation.

In meiner Abteilung konnten wir die Stimmung deutlich verbessern, indem wir Post-its ausgelegt haben, mit dem Ziel, anderen öfter mal einen Dank oder ein Lob auszusprechen. Wir haben damit wirklich tolle Effekte erzielt. Das schönste Erlebnis vor Jahren war hierbei für mich: Ich habe zu Weihnachten jedem meiner 20 Mitarbeiter eine Dankeskarte geschrieben und erwähnt, was ich alles an ihnen persönlich schätze und welchen Mehrwert sie bringen. Zwei Jahre später zog einer der Mitarbeiter in einem Meeting, in dem es um Führung ging, genau diese Karte aus seinem Geldbeutel, hielt sie hoch und sagte, so etwas habe er in seinen 40 Jahren Berufsleben noch nicht erlebt, die Karte mache ihn noch heute stolz. ‚Nicht geschimpft ist genug des Lobs' – wer das meint, denkt und handelt nicht wertschätzend. Menschen streben nach Anerkennung. Tue ihnen etwas Gutes und lobe lieber einmal mehr, denn das treibt zu Höchstleistungen an.

FEEDBACK UND KRITIK

Feedbackgespräche sind enorm wichtig für das persönliche Wachstum und die Motivation. Positive Bestätigungen auf dem Weg zum Ziel erhöhen die Erfolgsquote deutlich und halten deine Mitarbeiter motiviert auf Kurs.

Erstell daher mit jedem Mitarbeiter eine klare Zielplanung und führe regelmäßige Feedbackgespräche. In den meisten Unternehmen gibt es nur einmal jährlich oder vielleicht sogar halbjährlich Feedbackgespräche. Das ist viel zu wenig. Sei nah an deinen Mitarbeitern dran – umso besser und schneller kannst du sie voranbringen.

Für all deine Mitarbeiter gilt: Erarbeitet ein gemeinsames Verständnis für die Anforderungen der Stelle. Was ist zu leisten, anhand welcher Ziele und Kennzahlen kann dies getrackt werden? Kläre dann zu jedem Punkt den Istzustand und die künftige Erwartungshaltung. So habt ihr beide ein klares, verbindliches Ziel. Hier sollte es immer wieder Feedbacks und Reviews zum aktuellen Stand geben. Eventuell braucht es auch zwischendurch eine Kurskorrektur oder neue Maßnahmen. Im Endeffekt sollte jeder Mitarbeiter seinen eigenen Fahrplan haben, wie bei einer Bergexpedition, damit er den erwarteten Beitrag im Team leisten kann.

Ein klarer Plan hilft auch, wenn du Mitarbeiter hast, die sehr motiviert und willig sind, aber ihre Fähigkeiten noch optimieren können. Listet die Erwartungshaltungen auf. Bewertet jede Erwartungshaltung auf einer Skala von 0 (nicht erfüllt) bis 5 (absolut erfüllt). Überlegt euch die Anforderungen, die der Mitarbeiter zu erfüllen hat, um einen Punkt weiterzukommen. Überleg dir auch Maßnahmen und Unterstützungsleistungen

(Mentoren, Coachings, Training-on-the-Job), die dem Mitarbeiter helfen, sich weiterzuentwickeln.

Damit Feedback ankommt, sind ein paar Punkte wichtig. Manche Menschen können Feedback nicht annehmen, weil sie sich vor Konsequenzen schützen wollen. Andere reagieren wie ein kleines, bockiges Kind, das aus Prinzip Nein sagt. Oft sind dann, nach dem US-amerikanischen Psychologen Thomas Gordon, Kommunikationssperren die Ursache. Leider verwenden wir diese sehr oft im Alltag, obwohl sie jedes weitere Miteinander unmöglich machen. Denn zwischen den Beteiligten fährt eine Wand hoch und blockiert alles.

Kommunikationssperren[2] sind:

- Befehlen, anordnen, auffordern (Lern doch endlich, dich durchzusetzen.)

- Warnen, mahnen, drohen (Dann kannst du selbst sehen, wie du klarkommst.)

- Moralisieren, predigen, beschwören (Organisier dich doch besser.)

- Beraten, vorschlagen, Lösungen liefern (Hättest du dich doch bloß für Option zwei entschieden.)

- Urteilen, kritisieren, Vorwürfe machen, widersprechen (Sei nicht so direkt.)

- Belehren, mit Logik überzeugen, Vorträge halten (Das ist doch nur halb so schlimm.)

- Loben, zustimmen, schmeicheln, manipulieren (Ach, komm schon, du kannst das doch so toll.)

- Beschämen, beschimpfen, lächerlich machen (Stell dich nicht so an.)

- Interpretieren, analysieren, diagnostizieren (Du bist doch nur neidisch.)

- Beruhigen, beschwichtigen, trösten, aufrichten (Andere Mütter haben auch schöne Söhne.)

- Nachforschen, verhören (Warum hast du das nicht einfach anders gemacht?)

- Ablenken, ausweichen, sich zurückziehen (Jetzt essen wir erst mal.)

Wenn du Kommunikationssperren nutzt, dann gibst du deinem Gegenüber eine Lösung und Bewertung vor, ohne irgendwelche Hintergründe erfragt zu haben. Kommunikationssperren suggerieren dem Gesprächspartner die Unfähigkeit, selbst zu denken und seine Probleme zu lösen, und werten den anderen ab. Denn man unterstellt ihm, nur man selbst habe die richtige Lösung. Durch das mangelnde Verständnis bricht die Verbindung zwischen zwei Menschen ab.

Wenn du Feedback gibst, achte darauf, nur in Ich-Botschaften und niemals in Du-Botschaften zu kommunizieren.

Außerdem ist es wichtig, dass du deine eigene Bewertung bewusst wahrnimmst und außen vor lässt. Dafür musst du erst einmal deine eigenen Gefühle und Bedürfnisse finden, die relevant sind. Erst dann folgt eine klare Formulierung, wie es besser werden soll. Um Missverständnissen vorzubeugen und damit du dich nicht zigmal wiederholen musst, ist es wichtig, dein Gegenüber im letzten Schritt zu fragen, was es denn verstanden hat. Dann bittest du es, es zu wiederholen.

- Wahrnehmung: Schildere deine Wahrnehmung, ohne zu bewerten (Zahlen, Daten, Fakten).

- Wirkung: Beschreibe die Wirkung, die das wahrgenommene Verhalten auf dich hat. Welche Gefühle nimmst du wahr?

- Bedürfnis: Welches Bedürfnis wurde verletzt? Was brauchst du?

- Wunsch: Formuliere eine Bitte, was du dir stattdessen wünschst.

- Bestätigung: Frag den anderen, was er verstanden hat.

Abbildung 29: Kommunikation

Wir fordern oftmals etwas ein und sagen: «Nie hast du Zeit für mich.» Häufig wissen wir aber nicht, was uns genau fehlt und was wir eigentlich wollen. Doch das ist trainierbar. Denn mit einem solchen Satz kann dein Gegenüber rein gar nichts anfangen – im Gegenteil, es drängt die Person in die Ecke und lässt Distanz entstehen. Besser ist es, zu sagen: «Du warst letzte Woche keinen Abend vor Mitternacht zu Hause. Ich fühle mich allein und einsam, weil mir unsere gemeinsame Zeit wichtig ist. Daher möchte ich dich bitten, dass wir zweimal pro Woche einen gemeinsamen Abend verbringen. Darf ich dich fragen, was bei dir angekommen ist?»

Achte immer darauf, dass das Feedback auf die Sache bezogen ist und niemals auf die Persönlichkeit. Sei so konkret wie möglich und stütze dich auf beobachtbares, beschreibbares Verhalten ohne Bewertungen. Worte wie «immer» und «nie» sind Generalisierungen und helfen nicht weiter. Sprich Dinge, die dich stören, direkt oder zeitnah an. Komm nicht ein halbes Jahr später mit der Aussage: «Nie tust du dieses oder jenes.» Wer kann schon rekapitulieren, was die Rahmenbedingungen vor einem halben Jahr waren? So spätes Feedback hilft niemandem. Sprich Dinge direkt in der Situation an, damit das Feedback nachvollziehbar ist.

Beziehst dich ein Mitarbeiter in einen Konflikt zwischen zwei Mitarbeitern oder auch Kunden ein, hol dir immer, wirklich immer, das Feedback von beiden Seiten ein. Verschaff dir ein klares Bild, selbst wenn du zu einem deiner Mitarbeiter schon eine Haltung hast und es deine Einschätzung bestätigt. Jeder Mensch erzeugt Situationen auf Basis der eigenen Realität, wie du bereits erfahren hast.

KOMMUNIKATION

Wie wichtig Kommunikation ist, wird jeden Tag klar ersichtlich: Mitarbeiter, Kollegen und Vorgesetzte sollen informiert werden, Kunden sollen besänftigt oder begeistert werden, bei Präsentationen soll überzeugt werden und in Vorträgen soll man die Zuhörer emotional fesseln. Kommunikation ist das Instrument, um Menschen zu erreichen. Egal ob du Einzelgespräche führst, Meetings einberufst, Präsentationen und Vorträge hältst oder Entscheidungsvorlagen vorbereitest – ob du dein Gegenüber erreichst, hängt von deiner Kommunikation ab. In der Realität wird meist versucht, durch strukturierte Folienpräsentationen das eigene Team abzuholen. Dabei werden emotionale Geschichten viel besser aufgenommen und bleiben länger im Gedächtnis.

Kommunikation muss einfach und für jeden verständlich sein. Benutze die 3C-Regel: Wenn es Children, Customers und Chief Executives verstehen, dann ist die Kommunikation gut. Denn oftmals stecken wir selbst zu sehr in den Details und wollen unserem Gegenüber möglichst viele Fakten vorlegen. Aber dabei verlieren wir unsere Zuhörer. Achte daher darauf, dass deine Sprache und Inhalte selbst kleine Kinder verstehen. Nutze hierzu einprägsame Beispiele und Metaphern. Wichtig ist auch: Achte auf dein Gegenüber, auf die körperlichen und mimischen Reaktionen und sei präsent. Hör deinem Gegenüber zu, verstehe die Bedenken und Bedürfnisse. So kannst du deine Ideen viel leichter kommunizieren und andere überzeugen.

Wenn Kommunikation ankommen soll, ist es wichtig, jede Person bei ihrer individuellen Wahrnehmung und Motivation abzuholen. Nur so kann deine Nachricht verstanden werden. Gerade CEOs und Unternehmer haben in der Regel eine kurze Aufmerksamkeitsspanne, wenig Zeit und wollen schnelle Ergebnisse sehen. Kommuniziere kurz und prägnant, ansonsten langweilst und verlierst du sie.

Gemäß der Theorie der affektiven Neurowissenschaften nach Jaak Panksepp gibt es vier neurobiologische Grundmotive, welche die Motivation hinter unseren Gedanken, Entscheidungen und Handlungen steuern. Diese Grundmotive werden bereits pränatal im Gehirn als Basis angelegt und entwickeln sich im Laufe der ersten Lebensjahre weiter. Jeder Mensch strebt danach, sich diese vier Grundmotive zu erfüllen, in unterschiedlicher Präferenz.[3] Sie zeigen sich auch in der Kommunikation und im Verhalten.

Die nachfolgende Übersicht zeigt dir die vier Kommunikationstypen nach dem DISG®-Modell von Marston in Erweiterung der Darstellung um die neurobiologischen Grundmotive nach Panksepp und den Motivkompass® von Eilert.

Die vier Typen:
- Der dominante Typ: will sofortige Ergebnisse erzielen und schnelle Entscheidungen treffen. Kommunikationstipp: Stell den Erfolg und die Wettbewerbsvorteile in den Vordergrund. Formuliere prägnant, fokussiert und zielgerichtet.

- Der initiative Typ: will Begeisterung erzeugen und selbst erleben, steht gern im Mittelpunkt und will Menschen verbinden.

  Kommunikationstipp: erzähl emotionale, ausgeschmückte Stories, gib neue Impulse. Formuliere in vielen Bildern und gib ihnen selbst viel Redeanteil.

- Der stetige Typ: will Stabiltität, Harmonie und mag gewohnte Abäufe.

  Kommunikationstipp: zeig die Vorteile für das Team, die Stabilität und Harmonie auf und wie alle davon profitieren.

- Der gewissenhafte Typ: will Zahlen, Daten, Fakten und ist sehr datenaffin. Kommunikationstipp: Präsentiere Analysen, Zahlen, welche die Qualität und Sicherheit belegen. Formuliere genau, sachlich und faktenbasiert.

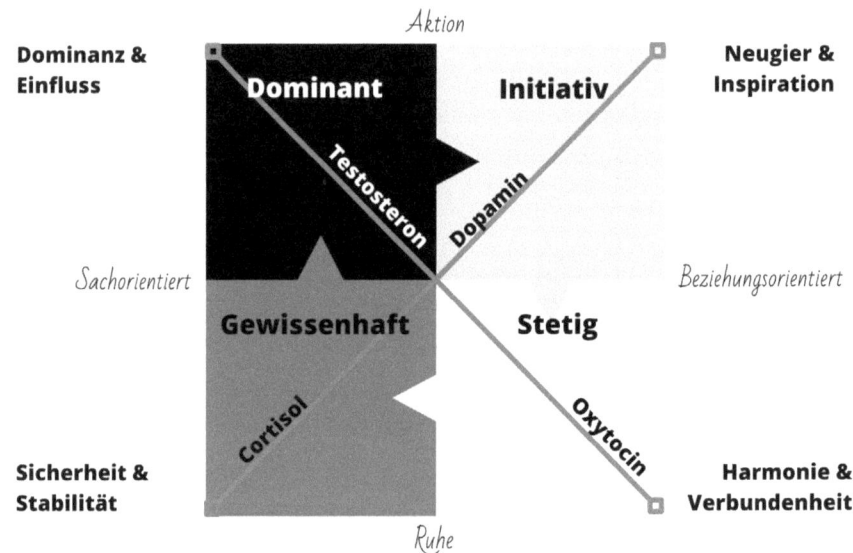

Abbildung 30: Typengerechte Kommunikation

Nun noch ein spezieller Tipp von mir, der mir viel Kraft erspart hätte: die Chamäleon-Taktik, die du anwenden kannst, wenn du auf Widerstand stößt. Wenn andere Menschen uns unfairerweise blockieren, denken wir uns: Ich gebe nicht nach. Als Folge gehen wir permanent in Konfrontation, der Konflikt eskaliert. Doch dieses Vorgehen bringt dich keinen Schritt weiter. Es baut sich eine Mauer auf, die immer unüberbrückbarer wird. Du investierst viel Energie und regst dich auf, weil du mit deinem Thema einfach nicht vorankommst.

Ich kenne das nur zu gut. Als ich damals in den obersten Führungskreis berufen wurde, saß ich als Mitte 30-jährige mit 20 Männern, die fast alle Mitte 50 waren, in einem Gremium.

Natürlich gab es auch einen Kollegen, der mich blockierte. Wenn ich Informationen brauchte, hat er mich auflaufen lassen, Veränderungsvorschläge wurden ignoriert und blockiert.

Begründungen dafür gab es nicht. Und dann passierte es, dass genau diese Person in einem darauffolgenden Meeting meinen Vorschlag vorstellte, den er vor einer Woche bei mir noch blockiert hatte. Zu Beginn habe ich viel Kraft verloren. Ich wollte mir nichts gefallen lassen, habe mich mit voller Kraft dagegengestellt. Weitergekommen bin ich nicht. Der Druck erzeugte Gegendruck und hat keinen weitergebracht. Das raubt nur unnötig Kraft. Also habe ich angefangen auszutesten, wie die Zusammenarbeit mit der genannten Person funktionieren kann. Ich versuchte zunächst, auf unterschiedliche Weise mit ihm umzugehen: volle Konfrontation, mit dem Chef drohen, weichspülen, mit Daten überzeugen usw. Was letzten Endes funktioniert hat: ihn zu loben, ihm zu sagen, welch beeindruckende Erfahrung er besaß (das stimmte ja auch), ihn um Lösungen zu fragen, die ich eigentlich selbst schon längst erarbeitet hatte, und ihm danach zum Dank einen Kaffee zu bringen. Sein Bedürfnis war das nach Macht und Anerkennung. Das habe ich ihm erfüllt. Noch einige Jahre zuvor hätte ich das niemals getan – das wäre mir viel zu berechnend und so gar nicht authentisch gewesen. Mein Stolz und mein Ego hätten es mir verboten, dass ich hier Extrawege gehe, nur weil er unfair zu mir ist. Aber wenn du jeden Tag wieder gegen eine Wand rennst, bringt das weder dich noch dein Team weiter. Also spiel Chamäleon und finde ein Schlupfloch. Ich habe es gefunden und ihn «geknackt». Das hat die ganze Zusammenarbeit gedreht. Wir waren auf Augenhöhe. Kurze Zeit später kam er zu mir und hat mich um Rat gefragt, mich zu relevanten Meetings eingeladen. Was glaubst du, wie ich mich gefühlt habe? Als Verliererin, weil ich ihm entgegengekommen bin? Nein, im Gegenteil: als Gewinnerin, weil ich das Problem gelöst habe. Je höher du kommst, umso mehr darfst du lernen, auf die einzelnen Persönlichkeiten und ihre Bedürfnisse mithilfe der entsprechenden Kommunikation einzugehen.

Einen wichtigen Tipp habe ich von einem Geschäftsführer erhalten: Wenn dir niemand zuhört von den Obersten, weil sie so viel zu tun haben und mit dem Kopf überall sind, nur nicht bei deinem Thema, dann überlege dir, welches Thema so relevant für sie ist, dass sie dir zuhören. Das ist der eigene Geldbeutel oder das Haftungsrisiko. Spätestens wenn es an die persönlichen Belange geht, hört dir jeder zu. Das ist jedoch eine Geheimwaffe, die man nicht oft verwenden sollte und hoffentlich auch nicht einsetzen muss. Das ist das beste Beispiel dafür, dass du deine Kommunikation am besten an die Bedürfnisse deines Gegenübers anpasst, damit das Gesagte ankommt.

Für jedes Konfliktgespräch gilt: Du wählst zwischen Diskurs oder Debatte, also zwischen einer Aussprache oder einem Wortgefecht. Meist enden wir in einem Wortgefecht. Jeder will recht haben, den eigenen Standpunkt dem anderen aufdrücken und am Ende «gewinnen». In solchen Gesprächen wird oftmals das Vertrauen verletzt und die Distanz zwischen den Parteien gefördert. Besser ist es, sich auf den anderen einzulassen, seine Sicht der Dinge zu verstehen und anzunehmen. Wir können andere Menschen nicht durch Druck verändern und Meinungen aufzwingen. Oftmals sind wir selbst in unserem eigenen Regelkorsett gefangen und versuchen, es anderen aufzuzwingen. Doch jeder Mensch hat andere Regeln. Verständnis kann helfen, um einen gemeinsamen Weg zu finden, indem auf die Bedürfnisse von beiden Seiten eingegangen wird. Manchmal können auch beide Seiten unterschiedliche Meinungen stehen lassen. Im schlimmsten Fall merkt man so, dass die Bedürfnisse von beiden Seiten nicht vereinbar sind und der gemeinsame Weg endet.

TRANSPARENZ UND VERLETZLICHKEIT

Je mehr wir uns selbst öffnen, desto stärker fühlen wir uns mit anderen verbunden. Transparenz und Verletzlichkeit sind ein wichtiges Mittel, das Vertrauen schafft. Denn so ziehst du genau die richtigen Menschen in dein Leben. Sprich über deine ganz persönlichen Kämpfe, deine Herausforderungen, deine Erfolge, deine Leidenschaften, dein Leben. Sprich über deine Emotionen. Je mehr du zu dir selbst stehst, so, wie du bist, dich öffnest, umso mehr Verbundenheit kann entstehen. Damit meine ich nicht, dass du alles direkt herausposaunst, was dir auf der Zunge brennt, oder permanent deine negativen Gefühle teilst – denn das schreckt Menschen eher ab. Aber überleg dir, inwieweit du in deinem Unternehmen und als Führungskraft transparenter werden kannst und deine Geschichten, Erfahrungen sowie Herausforderungen offen und ehrlich teilst.

Bemühe dich um Beziehungen statt um ein reines Miteinander. Das gilt für dein Privatleben wie auch für dein Unternehmen und dein Team. Statt deine Mitarbeiter zu fragen: «Wie geht es dir?» stell konkrete Fragen zu ihrem Leben, z. B.: «Wie geht es deinem Hund?», «Warst du am Wochenende wieder in den Bergen?». Das baut Nähe und Vertrauen auf.

Lerne die Menschen kennen, erfahre, was sie beschäftigt, wo ihre Leidenschaften und Herausforderungen liegen. Wenn deine Mitarbeiter auf einmal ihre Arbeit nicht mehr erledigen und unmotiviert sind, dann verwende etwas Zeit darauf, ihre Welt zu verstehen. Eine Beziehung entsteht durch Gegenseitigkeit. Wenn du mehr Offenheit willst, dann öffne dich selbst. Wenn du mehr Einsatz willst, zeig mehr Einsatz. Wenn du mehr Nähe willst, schenke mehr Nähe. Verbesserung beginnt nicht mit Forderungen, Verbesserung beginnt mit Geben und Vorleben.

STARKES STANDING

Starke Unternehmen entstehen durch starke Führungskräfte. Als Führungskraft darfst du dir bewusst machen, dass es immer Menschen geben wird, die dich und deine Art lieben, und jene, die rein gar nichts mir dir anfangen können. Und das ist auch gut so. Mache dir klar, für was du stehen willst, und dann zieh es durch. Du brauchst ein starkes Standing, eine klare Linie, denn damit können dich deine Mitarbeiter einschätzen, was wiederum für Sicherheit und Vertrauen sorgt. Genau hierin liegt die Krux. Du musst herausfinden, wofür du stehst, was deine Grenzen sind, zeigen, dass du Versprechen einhältst, und dies deinem Team ganz klar vermitteln. Wenn du etwas versprichst, dann halte es. Wenn jemand gegen deine Grenzen verstößt, dann werde aktiv und gehe dagegen vor. Denn nur wenn du auch lebst und das durchziehst, wofür du stehst, wirkst du glaubwürdig. Wenn du nur leere Versprechungen machst oder Drohungen aussprichst, dann wissen das bald alle und es wird dir niemand mehr zuhören oder irgendetwas glauben. Das gilt teamintern, aber auch wenn jemand von außen gegen dein Team vorgeht. Vertrauen basiert auf einer Vorhersehbarkeit. Die Menschen müssen wissen, wer du bist, wofür du stehst und was du mit dir machen lässt oder auch nicht. Wenn du niemals Grenzen setzt, dann bist du ein Spielball der anderen. Menschen bewundern andere, weil sie eine klare Linie haben, nicht weil sie es allen recht machen.

Ein starkes Standing erreichst du, indem du dir deiner Persönlichkeit bewusst wirst. Tipps, wie du das erreichst, hast du in den vorherigen Kapiteln bereits erhalten. Klarheit über deine Persönlichkeit hilft dir, bewusst zu handeln.

Bist du vielleicht sehr harmoniebedürftig und ein Teamplayer, dann mach dir bewusst, dass es als Führungskraft Situationen gibt, in denen du trotzdem klare Ansagen oder Entscheidungen treffen musst, die nicht allen passen. Bist du sehr dominant, stehst du selbst gern im Vordergrund, dann mach dir bewusst, an welchen Stellen du einen Schritt zurücktrittst und deinem Team die Bühne überlässt.

ZIELGERICHTETE DELEGATION

Damit Mitarbeiter leistungsstark sind, muss die Delegation zielführend sein. Sie muss klar sein, damit der Mitarbeiter genau weiß, was er zu tun hat.

Eine der häufigsten Beschwerden von Führungskräften ist: «Mitarbeiter können nicht eigenverantwortlich arbeiten und handeln. Alles muss man selbst machen.»

Denn die Erwartungen der Führungskraft an die Mitarbeiter stimmen nicht mit dem überein, was an Ergebnissen geliefert wird.

Diese Beschwerde betrifft zwei Mitarbeiterkategorien:

- Low Performer

Hier bleiben dir nur zwei Möglichkeiten: Gib ihnen eine letzte Chance, sich zu beweisen, oder wenn nichts mehr zu retten ist, dann schau, wie ihr euch trennen könnt. Analysiere auch, welche Fehler bei der Einstellung und in der Probezeit gemacht wurden, dass die Person noch im Unternehmen ist.

- Normale Performer

Wenn Aufgaben nicht richtig erledigt werden, dann muss der Fehler irgendwo im Prozess zwischen der Anforderungsübermittlung durch die Führungskraft und der Aufgabenerfüllung durch den Mitarbeiter liegen. Normalerweise sollte der Mitarbeiter grundsätzlich intelligent und motiviert genug sein, die Aufgabe zu erledigen. Ansonsten hättest du die Person nicht eingestellt, würdest dich um Kompetenzverbesserungsmaßnahmen kümmern oder versuchen, den Mitarbeiter loszuwerden. Dann bleibt eigentlich nur noch die Delegation als Quelle des Problems – eine Differenz zwischen dem, was du sagst, und dem, was der Mitarbeiter versteht.

Das folgende Delegationsstufenmodell soll dir dabei helfen, noch klarer zu kommunizieren und zu erkennen, auf welchen Stufen du und dein Mitarbeiter stehen:

1 Entscheiden – Chef trifft die Entscheidung und informiert. Die Führungskraft erstellt die Vorgaben. Der Mitarbeiter ist ausschließlich da, um die Vorgaben der Führungskraft umzusetzen. Die Erwartungen müssen klar formuliert sein oder es muss ein klar definierter Prozess bestehen, damit der Mitarbeiter weiß, was zu tun ist und wie das Ergebnis final aussehen soll. Die Führungskraft überprüft die finale Umsetzung auf Basis der eigenen Vorgaben.

2 Entscheiden nach Beratung – Chef trifft die Entscheidung, holt sich aber vorher Rat vom Team ein. Die Führungskraft erstellt die Vorgaben. Der Mitarbeiter wurde bei der Erstellung der Vorgaben befragt. Der Mitarbeiter ist zur Umsetzung der Vorgaben da. Auch hier müssen die Erwartungen klar formuliert sein oder es muss einen klar definierten Prozess geben, damit der Mitarbeiter weiß, was zu tun ist und wie das Ergebnis aussehen soll. Die Führungskraft überprüft die finale Umsetzung.

3 Konsens – Gemeinsame Lösung wird erarbeitet. Der Mitarbeiter und die Führungskraft haben die Vorgaben gemeinsam erstellt und kennen sie beide. Die Details und Erwartungen müssen final abgestimmt sein, damit der Mitarbeiter sie entsprechend umsetzen und die Erwartungen erfüllen kann. Die Führungskraft wird über die finale Umsetzung informiert und überprüft das Ergebnis.

4 Coachen – Mitarbeiter wird befähigt, selbst Entscheidungen zu treffen (holt sich Rat und Tipps). Der Mitarbeiter erstellt die Vorgaben. Er erhält hierbei immer wieder Feedback durch die Führungskraft, die über die finale Umsetzung informiert wird. Sie zieht sich aus dem Prozess stark zurück, steht aber als Coach beratend zur Seite und gibt Freiraum.

5 Entscheidungsfreiheit – Mitarbeiter entscheidet selbst. Der Mitarbeiter bekommt ein Ziel. Er erstellt die Vorgaben und hat völligen Freiraum, wie er dieses Ziel erreicht. Der Mitarbeiter setzt selbstständig um, ohne die Führungskraft zu involvieren – in der Regel wird sie auch nicht über die Fertigstellung informiert.

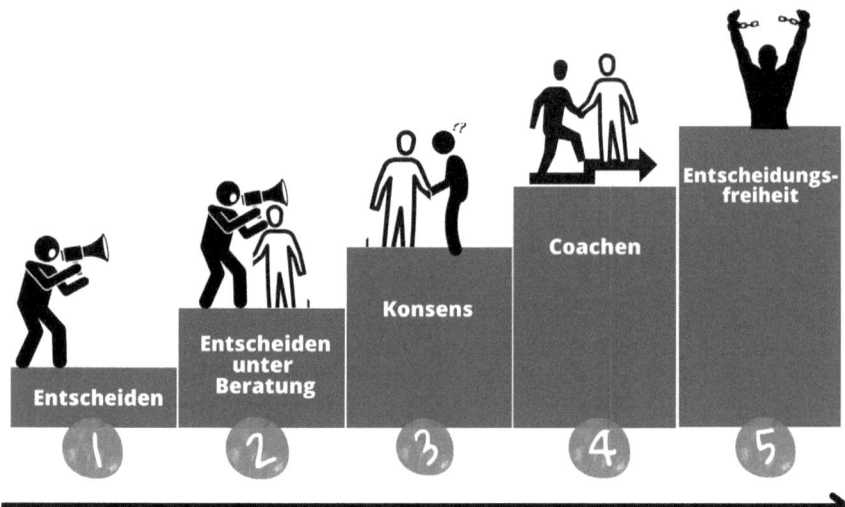

Abbildung 31: Delegationsstufenmodell

Was bei diesen fünf Stufen der Delegation wichtig ist:

1 Von Stufe eins (unselbstständig) bis fünf (selbstständig) steigen der Grad der Selbstständigkeit des Mitarbeiters und auch der Freiraum, der dem Mitarbeiter gegeben wird. Entsprechend sinkt der Grad der Einbindung der Führungskraft.

2 Jeder Mitarbeiter kann auf einer anderen Stufe stehen. Dies ist abhängig von der Kompetenz der Mitarbeiter, aber auch der Wunsch nach klaren Vorgaben oder einem großem Freiraum spielen hier eine Rolle. Wenn du mehr Selbstständigkeit willst und dein Mitarbeiter eine Stufe höher steigen soll, dann braucht es Training und entsprechende Befähigung für das höhere Level.

3 Damit Delegation funktioniert, dürfen Führungskraft und Mitarbeiter maximal eine Stufe voneinander entfernt stehen. Das heißt, wenn du einen Mitarbeiter hast, der sehr viel Anweisung braucht – also auf Stufe eins steht –, dann kannst du ihm maximal Aufgaben auf Stufe zwei geben. Alles andere führt nur zu mangelhafter Umsetzung und Unzufriedenheit. Wenn du auf Stufe fünf stehst und nur das Ziel delegierst, dein Mitarbeiter aber auf Stufe eins steht und klare Anweisungen benötigt, weil er nur das kennt, dann wird er nicht wissen, was zu tun ist.

4 Mach deinem Team klar, welche Delegationsstufe du erreichen willst und wie ihr gemeinsam dorthin kommt.

5 Wenn du selbstständiges Arbeiten willst (Stufe fünf), dann sei offen dafür, wie der Mitarbeiter die Aufgaben umsetzt, und gib ihm entsprechende Freiräume. Wenn du willst, dass der Mitarbeiter nach Schema F und deinen Vorgaben arbeitet (Stufe eins), dann gib auch alles genau vor.

In der Hektik des Alltags passiert es oft, dass dem Mitarbeiter schnell Informationen hingeschmissen werden. Die Führungskraft hat eine genaue Vorstellung, wie das Ergebnis umgesetzt werden soll – also eigentlich die Stufe eins. Aber weil keine Zeit ist, werden die genauen Schritte nicht kommuniziert. Der Mitarbeiter weiß daher nicht genau, was erwartet wird. Entsprechend schlecht sind die Ergebnisse. Willst du wenig Informationen geben, dann sei bei der Zielfindung offen und überprüfe, ob der Mitarbeiter mit diesem Freiraum aktuell schon umgehen kann. Hast du eine ganz genaue Vorstellung, dann liefere auch die Details.

Wenn du delegierst, dann nimm deinen Mitarbeitern nicht die Verantwortung ab, indem du am Ende einspringst und die Präsentation selbst finalisierst. Denn so erzeugst du ein Vakuum. Der Mitarbeiter weiß nicht, was zum Schluss noch angepasst wurde und welche Überlegungen zu den Anpassungen geführt haben. Dementsprechend kann er auch nichts dazulernen. Ein Teufelskreis, der beim Mitarbeiter zu Demotivation führt, da er permanent gezeigt bekommt, dass er es nicht gut genug kann, und zu Frust bei der Führungskraft, weil sie das Gefühl hat, immer alles selbst machen zu müssen.

Im Endeffekt gibt es für dieses Problem nur zwei Lösungen:

- **Option 1:** Du kannst den Mitarbeiter durch Fragen anleiten, ihn lernen lassen, ihm dabei helfen, sich die Umsetzung der Aufgabe selbst zu erarbeiten. Statt dem Mitarbeiter den Weg zur Lösung vorzugeben, hilfst du ihm, durch die richtigen Fragen die Lösung selbst zu finden: Welche Optionen siehst du? Welche Risiken gibt es? Für welche Option entscheidest du dich und warum? Und welche wählst du, wenn Problem X eintritt? So lernt der Mitarbeiter, selbstständig zu arbeiten und zu denken. Mit jedem neuen Prozess kann er dies optimieren und verbessern. Das heißt auch, dass er die volle Verantwortung trägt und Feedback selbst einarbeitet und verbessert. Das heißt auch, dass für genau diese Reviewschleifen entsprechend Zeit eingeplant werden muss. Trainiere deinen Mitarbeitern rechtzeitig an, mitzudenken und Verantwortung zu übernehmen. Das passiert nicht über Nacht, sondern ist ein Prozess, der zu Beginn Zeit kostet.

- **Option 2:** Gib Anweisungen, die klar und detailliert sind. Plane Reviewschleifen vor Abgabedeadlines ein, damit du dir die Details anschauen kannst.

Aus meiner Sicht ist nur die erste Option sinnvoll. Solltest du dich für die zweite entscheiden, dann geht das nur mit Mitarbeitern, die so eine Arbeitsweise mögen und nicht selbstständig denken wollen. Alle anderen werden dadurch komplett demotiviert.

SICHTBARKEIT ALS FÜHRUNGSKRAFT

Es gibt viele Führungskräfte, die richtig gut sind in dem, was sie tun. Aber sie fühlen sich nicht gesehen. Das Ausmaß ihrer Leistung wird ihrer Meinung nach nicht komplett wahrgenommen. Sie bleiben bei Beförderungen, Gehaltssprüngen oder Prämien außen vor. Die Blender, die eine deutlich schlechtere Qualität abliefern und weniger können, aber sich besser in den Mittelpunkt drängen, werden sogar noch bevorzugt und kommen schneller voran.

Oftmals glauben sie, wenn man nur gut genug sei, dann sei es die Aufgabe der Chefs, sie zu sehen und zu berücksichtigen. Aber das passiert meist nicht. Wenn du nicht formulierst, was du willst, wo du hinwillst, was dir wichtig ist, dann kann das kein Mensch außer dir wissen. Nicht dein Chef, dein Partner, niemand. Ja vielleicht hast du Glück und es kommt jemand, der dich fördert, doch viel besser und sicherer ist es, selbst voranzugehen.

Eine hohe Qualität zu liefern, ist schon mal die beste Voraussetzung. Diese Qualität muss jedoch auch sichtbar sein, du musst sie entsprechend präsentieren. Denn sich selbst verkaufen zu können, ist eine sehr wichtige Fähigkeit, wenn man weiterkommen möchte.

Im Endeffekt verkaufen wir uns jeden einzelnen Tag – beim Sport, beim Kennenlernen unseres Partners, wenn Freunde uns jemandem vorstellen. Also warum sollst du nicht auch dich und deine Leistung mehr in den Vordergrund rücken?

Sprich über das, was du machst – das schafft Transparenz für deine Mitarbeiter. So wissen sie, was du tust und dass du etwas für sie tust. Oftmals sagen Mitarbeiter: «Keine Ahnung, was die da oben machen, wir machen doch alles! Die treffen sich den ganzen Tag nur in Meetings und reden über Themen, die wir erarbeitet haben.» Sie sagen so etwas, weil sie nicht wissen, was du tust. Sorge für Transparenz und erkläre ihnen, welche Erfolge du für sie erzielst – das baut Vertrauen auf.

Ohne eine Sichtbarkeit deiner Person und Leistungen erhältst du keine neuen Chancen und kannst nicht wachsen. Heutzutage geht Sichtbarkeit sogar noch weiter. Sichtbarkeit auf Social Media, im Berufskontext insbesondere auf LinkedIn, kann deinen Wert als Person und die deines Unternehmens deutlich steigern. Der Trend zeigt klar: Je mehr Einblicke die Menschen in dein Unternehmen, deine Teams und dein Leben bekommen, umso mehr Vertrauen empfinden sie. Das steigert die Chancen enorm, dass sie bestenfalls Teil deines Teams werden wollen – ein wichtiger Wettbewerbsvorteil im ‚War for Talents'. Viele der größeren Unternehmen sind hier schon sehr aktiv – bestes Beispiel ist SAP. Darüber hinaus bedeutet ‚Personal Branding' auch eine enorme Wertsteigerung für dich als Führungskraft selbst. Denn sowohl neue Mitarbeiter als auch potenzielle Arbeitgeber werden auf dich aufmerksam, lernen dich kennen und bauen so Vertrauen zu dir auf.

KAPITELZUSAMMENFASSUNG

Sichtbarkeit und gewinnbringendes Überzeugen – in diesem Kapitel hast du Folgendes dazu gelernt:

- Sichtbarkeit ist ein elementarer Faktor für Erfolg. Sichtbarkeit auf Social Media wird ein zunehmend wichtigerer Wettbewerbsvorteil.

- Willst du erfolgreich sein, dann lerne, dich, dein Team und dein Produkt zu verkaufen.

- Wir alle verkaufen uns permanent im Alltag – beim Dating, unseren Kindern, den Mitmenschen. Zeig dich und überzeuge andere, damit sie dir ihr Vertrauen schenken.

- Mitarbeiter überzeugst du am schnellsten, wenn sie sich von dir verstanden fühlen. Verstehe deinen Mitarbeiter, verstehe, was er gerade braucht. Das baut Vertrauen auf.

- Lerne, wieder zuzuhören: Hör zu 70 Prozent zu und rede nur zu 30 Prozent.

- Lobe oft, aber nur ehrlich gemeint.

- Eine klare Zielplanung und regelmäßige Feedbackgespräche sind wichtig für leistungsstarke und motivierte Mitarbeiter.

- Vermeide Kommunikationssperren und Du-Botschaften und nutze stattdessen Ich-Botschaften.

- Für eine effektive Kommunikation sind fünf Bausteine wichtig: Wahrnehmung (Beschreibung der neutralen Situation), Wirkung (Welche Gefühle spürst du?), Bedürfnis (Was brauchst du?), Wunsch (Formuliere eine Bitte), Bestätigung (Was hast du verstanden?).

- Bei einem Konflikt: Hör dir immer alle beteiligten Parteien an und lasse dich nicht von einer Voreingenommenheit zu den beteiligten Personen beeinflussen.

- 3C-Regel (Children, Customers, Chief Executives): Nutze eine einfache, klare Kommunikation, die selbst ein Kind versteht.

- Wenn deine Kommunikation beim Empfänger ankommen soll, muss sie an ihn und seine Bedürfnisse angepasst sein.

- Nutze die Chamäleon-Taktik bei Widerständen. Passe deine Strategie im Umgang mit schwierigen Menschen an, statt permanent gegen eine Wand zu laufen.

- Transparenz und Verletzlichkeit schaffen Vertrauen. Bemühe dich um Beziehungen statt um ein reines Miteinander.

- Starke Führungskräfte stehen zu sich und ihren Werten – egal was das Außen sagt.

- Die richtige Delegation ist der Schlüssel zu einer erfolgreichen Zusammenarbeit mit deinem Team. Hierzu hast du das fünfstufige Delegationsmodell kennengelernt.

WAS BEDEUTET DAS FÜR DICH ALS FÜHRUNGSKRAFT?

- Werde sichtbar und beginne, dich und dein Team zu verkaufen – zeig dich dabei ehrlich und authentisch!

- Hör deinen Mitarbeitern zu. Verstehe deren Ängste, Wünsche, Bedürfnisse. Damit schaffst du mehr Verständnis und steigerst das Vertrauen in dich.

- Formuliere klare Erwartungshaltungen an deine Mitarbeiter. Erarbeite mit ihnen ein gemeinsames Verständnis über die Anforderungen ihrer Stelle. Bestimme den Istzustand der aktuellen Kompetenzen und zeige dann die Erwartungshaltung auf, indem ihr Ziele und Kennzahlen hinter jede Erwartung setzt.

- Stell sicher, dass du zu dieser Erwartungshaltung bzw. Zielplanung regelmäßiges Feedback gibst und ihr etwaige Verbesserungsmaßnahmen einleitet.

- Gib konstruktives Feedback. Lieber einmal mehr positiv bestärken als negativ bremsen.

- Kommuniziere adressatengerecht, geh auf die Bedürfnisse deines Gegenübers ein, denn so schaffst du es, deine Interessen durchzusetzen.

- Wende die fünf Stufen der Delegation mit deinem Team an. Führe sie schrittweise an ein höheres Delegationslevel.

- Lobe oft und ehrlich gemeint.

- Bei Konflikten: Hör dir immer alle beteiligten Seiten an.

9. DU BIST SO GUT WIE DEIN KÖRPER

«Die Gewinner im Leben behandeln ihren Körper, als ob er ein prachtvolles Raumschiff ist, das ihnen den besten Transport und Stehvermögen für ihr Leben gibt.»

Denis Waitley
(US-Motivationsredner und Bestsellerautor)

Erinnerst du dich an das letzte Mal, als du dir einen Neuwagen gekauft hast, und daran, wie sehr du in den ersten Wochen auf ihn geachtet hast, damit er bloß keine Kratzer oder Schäden bekam? Jetzt stell dir vor, wie du bereits den fünften Tag in dieser Woche mit genau diesem Auto täglich zehn Stunden in den roten Drehzahlen fährst. Der Motor raucht schon. Sämtliche Warnleuchten sind an. Aber egal, du musst weiterfahren. Beim Ölwechsel nimmst du das billige Öl – warum unnötig Geld ausgeben? Hauptsache Öl. Und weil es noch nicht genug ist, hängst du zusätzlich einen tonnenschweren Lastenanhänger ans Auto. Weiter mit Vollgas – das geht schon noch. Würdest du das deinem Auto antun? Niemals.

Doch mit unserem eigenen Körper gehen wir nicht so bewusst um. Wir laden uns die permanente Höchstlast auf, rasen von Termin zu Termin, nehmen gehaltloses Essen zu uns und rauben uns selbst permanent Energie, indem wir uns über Kleinigkeiten im Alltag aufregen – den Stau, den Lärm, den nervigen Kollegen. Und wenn Zeit fehlt, dann sparen wir als Erstes beim Schlaf oder bei der Bewegung.

Unser Körper, das wichtigste Arbeitsgerät und gleichzeitig das am meisten vernachlässigte.

Warum ist das so? Warum achten wir so wenig auf unseren Körper?

Gesundheit ist etwas, das wir als selbstverständlich betrachten. Das wir so lange ausblenden, bis es uns einholt. Erst wenn es uns so richtig schlecht geht, beginnen wir, darüber nachzudenken, wie nachlässig wir die ganze Zeit mit unserem Körper umgehen. Und klar, jeder hat Phasen, in denen man versucht, durch eine Saftkur, durch weniger Fast Food oder weniger Alkohol dem Körper mal ein paar Wochen Pause zu gönnen. Aber wirklich dauerhaft kümmern sich die wenigsten um den eigenen Körper. Dabei sind zu viel Stress, ungesunde Ernährung, schlechter Schlaf und mangelnde Bewegung erst der Anfang eines negativen Lebensstils, der sich immer mehr verstärkt. Durch Langzeitstress und die Stresshormone in unserem Körper schrumpft z. B. der Hippocampus, der Gehirnbereich, der für das Lernen und Erinnern zuständig ist, und das Cortisol schwächt unser Immunsystem. Das Problem hierbei ist, dass wir die Höhe des Stresslevels schon gar nicht mehr spüren, weil es für uns normal geworden ist. Wie wenn man permanent Druck auf dieselbe Stelle ausübt – irgendwann flacht der Reiz ab und wird normal.

Erst wenn wir krank sind, wird auf einmal alles andere egal. Das Einzige, was dann zählt, ist, wieder gesund zu werden. Ich selbst hatte vor vielen Jahren das Pfeiffersche Drüsenfieber mit über einer Million Virenlast im Körper und kann dir sagen: Wenn der Körper nicht mehr will, keine Energie mehr hat, dann merkt man erst, wie wichtig er ist. Wenn man dann noch miterlebt, wie ein sehr wichtiger Mensch mit Mitte 30 durch eine schwere Krankheit aus dem Leben gerissen wird und was das mit dem kompletten Umfeld macht, dann spürt man erst, dass Gesundheit das Einzige ist, was wirklich zählt.

Frage dich: Wie willst du ein Unternehmen führen, wie willst du vor Energie und Begeisterung strotzen, wie willst du eine glückliche Beziehung und ein aufregendes Leben haben, wenn dein Körper keine Energie mehr hat? Die Gesundheit ist die Stütze, die alles hält. Nur gesund kannst du ein glückliches und erfolgreiches Leben führen. Du selbst kannst nur so gut sein, wie du dich fühlst.

Für die Gesundheit gibt es ein paar elementare Grundlagen, die eine deutliche Verbesserung im Leben bringen. Und bist du gesund, dann hast du automatisch ein hohes Energielevel. Tue das, was deinem Körper die maximale Energie gibt: gesunde Ernährung, Bewegung, Schlaf, Pausen. Denn dein Körper und sein Ausdruck – ein aufrechter Gang, ein klarer, freundlicher Blick, tiefe Atmung – strahlen Stärke, Sicherheit und Vertrauen aus und sind damit wichtig für Erfolg in allen Lebensbereichen.

DIE ENERGIE DES MENSCHLICHEN KÖRPERS

Der Mensch braucht Energie, um zu überleben. Diese Energie gewinnt er aus pflanzlichen und tierischen Nahrungsmitteln, deren Nährstoffe in umgewandelter Form im Körper gespeichert werden. Wenn wir die Energie nutzen möchten, dann muss diese gespeicherte Energie wieder freigesetzt und in mechanische Energie, also Muskelarbeit umgewandelt werden. Der Körper benötigt Energie zur Lebenserhaltung (u. a. Regulation der Gehirntätigkeit, von Herzschlag, Atmung, Verdauung), zur Regulation der Körpertemperatur und für körperliche Aktivität.

Der erwachsene Körper besteht aus grob 100 Billionen Zellen.[1] Damit wir Leistung erbringen können, ist der Körper mit einem komplexen Energieversorgungssystem ausgestattet. Fast jede Zelle hat ein eigenes Energiekraftwerk – die Mitochondrien. Diese erzeugen das Adenosintriphosphat (ATP), damit wir uns bewegen, essen, schlafen und denken können. Die Erzeugung von Energie, also des ATP, erfolgt primär durch die Verbrennung von Fettsäuren und Glukose, was dann durch Aktivitäten verbraucht wird.[2]

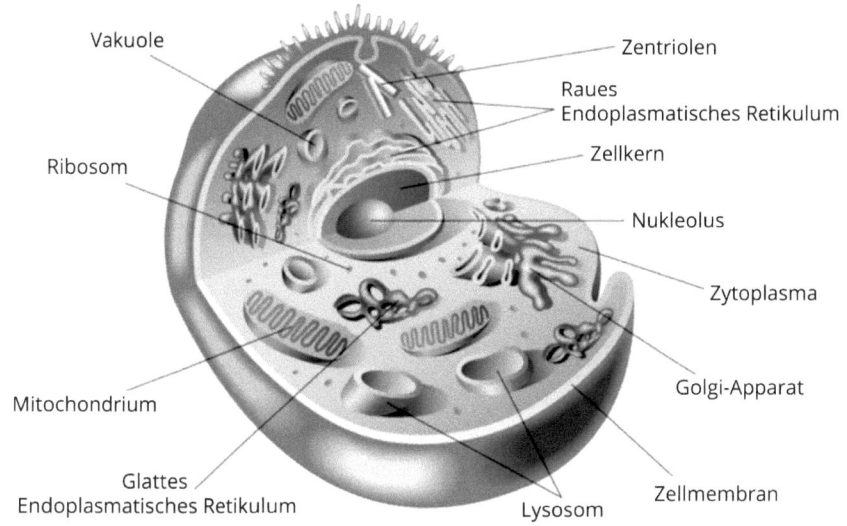

Abbildung 32: Menschliche Zelle und Energiekraftwerke

Äußere Einflüsse wie übermäßiger Stress, falsche Ernährung, Infektionen und Medikamente können diese Energiekraftwerke schädigen und uns so Lebensenergie rauben. Durch negative äußere Einflüsse geraten Vorgänge im Körper ins Ungleichgewicht, was sich dann in Form von körperlicher und geistiger Schwäche, Müdigkeit, Erschöpfung bis hin zu chronischen Krankheitsbildern zeigen kann.

Im Endeffekt hat jeder Mensch seine eigene Lebensbatterie. Je nachdem, wie dein Lebensstil ausfällt, ziehst du diese Energie schneller oder langsamer. Oder noch einen Schritt weiter heruntergebrochen: Jeden Morgen beginnst du normalerweise mit einer voll aufgeladenen Batterie. Deine Verhaltensweisen über den Tag hinweg bestimmen, ob du dir nur Energie ziehst oder dich auch mal wieder auflädst und regenerierst. Über Nacht hängst du dich an die Steckdose, wo im Optimalfall deine Batterie wieder voll aufgeladen wird, damit du morgens voller Energie aus dem Bett springen kannst.

Dein Lebensstil, gesunde Ernährung, ein guter Vitamin- und Mineralstoffhaushalt, gesunde Zellen, genügend Schlaf, Bewegung und gutes Stressmanagement sind wichtige Bausteine für deinen Batteriezustand.

ENERGIERÄUBER STRESS

Bei der Nutzung dieser Lebensenergie nimmt unser Gehirn eine Vorreiterrolle ein. Denn obwohl das Gehirn nur zwei Prozent des Körpergewichts ausmacht, nutzt es 60 Prozent unserer täglichen Gesamtenergie. Über das Gleichgewicht des Blutzuckers, der Glukose, regelt der Körper die Energieversorgung aller Organe inklusive des Gehirns. Hierbei hat das Gehirn eine Sonderstellung. Denn es gilt die «Selfish-Brain-Theorie»: Sie erklärt, dass das Gehirn immer zuerst die eigene Energieversorgung sichert. Erst wenn es selbst gesättigt ist, werden die anderen Organe versorgt. Die Versorgung regelt das Gehirn, indem es das Stresssystem aktiviert und so erst mal Energie aus den Körperreserven ins Gehirn leitet. Wenn das Stresssystem wieder zur Ruhe kommt, erfolgt die Nahrungsaufnahme, um die Körperreserven wieder aufzufüllen.[3]

Das Stresssystem im Gehirn zwingt unseren Körper dazu, sich zu fügen. Evolutionär bedingt war das Stresssystem nicht auf

Termindruck und Stau ausgelegt, sondern es ging darum, bei Gefahr mit einer Kampf- oder Fluchtreaktion zu reagieren. Denn dann läuft der Körper auf Hochtouren. Unter anderem wird das Stresshormon Adrenalin ausgeschüttet, das die Reaktionsfähigkeit steigert, den Blutdruck erhöht und den Herzschlag beschleunigt. Erst wenn die Gefahr vorbei ist, kommt das Stresssystem wieder zur Ruhe.[4] Dieses Stresssystem ist zwar mehrere Hunderttausend Jahre alt, doch arbeitet es heute noch genauso wie in der Steinzeit.

Medizinisch bezeichnet man Stress als eine psychophysische Alarmreaktion, die sich als gesteigerte Aktivität des vegetativen Nervensystems und der Organe äußert.[4]

Nehmen wir mal eine typische Alltagssituation: Du schaust einen Horrorfilm an und fieberst voll mit. Du als Zuschauer wirst in eine Alarmbereitschaft versetzt. Unser Gehirn besteht aus Gebieten, die aus verschiedenen Evolutionsepochen stammen. Die Bilder des Films werden vor allem vom präfrontalen Cortex wahrgenommen. Dieses Gebiet regelt unseren Verstand und das logische Denken und kann die Situation relativieren, da keine unmittelbare akute Bedrohung für uns besteht.

Parallel nehmen aber auch diejenigen Gebiete im Gehirn die Bilder wahr, die uns unbewusst in höchste Alarmbereitschaft versetzen. Es ist die Amygdala, die das Angst-, Flucht-, Reflexzentrum des Gehirns abbildet. Sie löst denselben Prozess aus wie bei einer echten Gefahr und läuft auf Hochtouren.

Es werden Stresshormone ausgeschüttet und der Körper wird befähigt, kurzzeitig mehr Leistung zu erbringen: Das Herz schlägt schneller und stärker. Blutgefäße verengen sich, der Blutdruck steigt, die Atmung wird schneller und flacher, die Bronchien der Lunge weiten sich, um mehr Sauerstoff zu bekommen, und die Muskeln werden stärker durchblutet und spannen sich an.

Der Steinzeitmensch verbrauchte die durch die Amygdala freigesetzte Energie und das Fett tatsächlich, weil er vor dem Säbelzahntiger weggerannt ist. Doch heute haben wir das Problem, dass die freigesetzte Energie nicht von den Muskeln abgerufen wird, da wir ja auf dem Sofa sitzen bleiben – einen echten Kampf oder eine Flucht gibt es nicht. Innerlich befinden wir uns also komplett im Stress, auch wenn wir nach außen hin ruhig wirken. Da kein Abbau stattfindet, setzt sich die überschüssige Glukose im Körper in der Muskulatur und auch in den Organen ab. Das hat negative Auswirkungen auf unsere psychische und physische Gesundheit.[5]

Die Universität in Trier hat im «Trier Social Stress Test» eine Gruppe psychosozialem Stress ausgesetzt. Junge Männer wurden in eine Prüfungssituation geschickt, in der sie sehr abwertend und geringschätzend bewertet wurden. Obwohl die Teilnehmer wussten, dass es nur eine Simulation war, waren die Stresshormone Adrenalin und Cortisol bereits nach zehn Minuten auf einem sehr hohen Niveau. Das autonome Nervensystem, der Sympathikus, war sehr aktiv. Es zeigten sich Stresssymptome wie Unruhe, Zittern, Herzrasen und Schwitzen. Auch nachdem die Prüfungssituation aufgelöst wurde, blieben die Stresswerte noch lange Zeit erhöht: Das Adrenalin sank erst nach bis zu 30 Minuten auf normale Werte, das Cortisol nach ein bis zwei Stunden, das Insulin lag selbst nach zwei bis drei Stunden noch über dem Durchschnitt. Das ist eine wichtige Erkenntnis, denn Stresssituationen wirken auch in unserem Leben nach. Oftmals passiert es bei uns heute, dass in dieser Erholungsphase schon der nächste Stressor wartet und das Stresssystem wieder antreibt.

Wie der Stresstest zeigte, befindet sich das Gehirn durch den Stress und eine erhöhte Energiebereitstellung selbst nach Stunden noch in einem Energie-Unterversorgungszustand. Das Gehirn reagiert darauf, indem es einige Hirnfunktionen zeitweise abschaltet, um Energie zu sparen. Das zeigte sich im Experiment in Form von Konzentrationsstörungen, Sprachschwierigkeiten, verlangsamtem Denken und einem Erschöpfungszustand. Daher muss man sich bewusst machen, dass intensiver Stress zu Leistungseinbußen bis hin zu schwerwiegenden Fehlern führt. In den Bergen passieren genau durch solche Erschöpfungszustände schwerwiegende Fehltritte. Im Job ist das ähnlich. Das Stresslevel der Mitarbeiter und damit die Energieversorgung ihrer Gehirne können also in wichtigen Situationen über Siege oder Niederlagen entscheiden.[6]

Befindet sich unser Stresssystem im Ruhezustand, fühlen wir uns zufrieden und ausgeglichen. Ist das Stresssystem empfindlich gestört und verliert es seine innere Balance durch einen hohen Cortisolwert, dann werden wir erst unglücklich und dann krank. Denn die andauernde Belastung mit hohem Cortisol kann sogar dazu führen, dass Teile der neuronalen Autobahnen abgebaut und damit Verhaltensstrategien gelöscht werden. Es greift zudem «Haut, Muskeln, Knochen und andere Gewebe an, erhöht das Risiko von Herzerkrankungen und Schlaganfällen».[7]

GESUNDER UND TOXISCHER STRESS

Stress ist nicht gleich Stress. Denn es gibt unterschiedliche Stufen:[8]

1. Guter Stress
Grundsätzlich ist Stress durchaus sehr positiv. Denn Stress sorgt dafür, dass kurzfristig vermehrt Energie freigesetzt wird und wir schnell und umsichtig handeln können, indem unsere Konzentration und Leistungsfähigkeit gesteigert werden. Das Stresssystem, das kurzzeitig auf Hochtouren läuft, kommt anschließend wieder zur Ruhe. Wir selbst können solch eine Situation durchaus als anstrengend empfinden, aber eben auch als nützlich.

2. Tolerierbarer Stress
Die Stresslast steigt und die Handlungsmöglichkeiten werden weniger. Die Situation an sich kann nicht aufgelöst werden, jedoch kann ein bewusster Umgang sie tolerierbar machen. Hilfreich ist hier z. B. ein starkes soziales Netz oder sogenannte Coping-Mechanismen, die zur Bewältigung der Situation beitragen.

3. Toxischer Stress
Das Stresssystem läuft dauerhaft oder immer wieder auf Hochtouren. Es tauchen entweder permanent neue Überraschungen auf oder man befindet sich selbst in einer ausweglosen Situation, in der die Perspektive oder Umsetzungsstärke fehlt, um etwas zu ändern. Oftmals verharren die Menschen in unbefriedigenden Situationen. Die Auswirkungen auf die Zufriedenheit wie auch die Gesundheit sind drastisch. Wenn man nicht über Coping-Mechanismen verfügt, die Stresslast zu hoch ist, kann das körperlich oder psychisch krank machen. Diese Menschen

nutzen ihre Lebensbatterie stark ab. Chronischer Stress kann zu Anspannung, Nervosität, Bluthochdruck bis hin zum Burnout führen. Denn unserem Gehirn wird ständig vermittelt, dass es sich im Überlebenskampf befindet.

Für chronischen Stress benennt die Stressforschung fünf Gruppen von ursächlichen Stressoren:[9]

1 Äußere Stressoren: Krieg, Unsicherheit, Krankheiten, finanzielle Notlage, Angst vor Krankheit oder Tod, Reizüberflutungen, Reizarmut, Lärm, Mangel an neuen Eindrücken

2 Bedingungen, welche die eigenen Bedürfnisse einschränken: Verluste, Trennungen, Verarmung, Verlust des sozialen Status durch Jobverlust oder Krankheit

3 Leistungsstressoren: Kombination aus hoher Leistungsanforderung mit zu geringen Kontroll- und Einflussmöglichkeiten, Angst um den Arbeitsplatz oder die Karriere, Doppelbelastung aus Familie und Beruf, Konflikte

4 Soziale Stressoren: Konflikte, Kampf um Anerkennung, familiäre Spannungszustände, Erkrankungen innerhalb der Familie

5 Konflikte und Ungewissheit: soziale Benachteiligung, unsichere Lebensplanung, Geldmangel, Nahrungsmangel

STRESS IST SELBST VERURSACHT

Stress ist unsere körperliche und mentale Reaktion auf Unsicherheit durch veränderte Umstände. Du kennst das sicher auch: Du hast eine extrem lange To-do-Liste, bist heute nicht dazu gekommen, etwas davon abzuarbeiten, weil in deinem Unternehmen überall Probleme aufgetaucht sind, bei denen du Feuerlöscher spielen musstest. Du musst dringend noch etwas fertigstellen, weißt aber auch, dass die Familie zu Hause schon auf dich wartet. Du gerätst zunehmend unter Druck und fühlst dich gestresst, weil es dir unmöglich erscheint, alles unter einen Hut zu bekommen. Stress entsteht, wenn man das Gefühl hat, seinen ganzen Verpflichtungen nicht gerecht werden zu können – privat und beruflich.

Doch Stress ist selbstverursacht: Es geht hier wieder um deine Bewertungen. Jeder Mensch nimmt ein und dieselbe Situation anders wahr und bewertet anhand dessen, wie stressig sie ist. Du kennst das ja sicher auch von deinen Mitarbeitern – der eine übernimmt Aufgaben und hat Spaß daran, der andere droht daran zu zerbrechen.

Mal angenommen, du erhältst von deinem Arbeitgeber überraschenderweise einen Bonus. Du freust dich sehr, Glückshormone werden ausgeschüttet, du bist schlagartig positiv gestimmt und voller Energie. Damit hast du gar nicht gerechnet. Nur kurze Zeit später erfährst du aber, dass dein Kollege, der auf dem gleichen Projekt gearbeitet hat, einen doppelt so hohen Bonus wie du erhalten hast. Du vergleichst deine Leistung mit ihm und fühlst dich ungerecht behandelt. Du regst dich auf, schimpfst und fühlst dich nicht wertgeschätzt. Eine negative Spirale beginnt, deine Einstellung gegenüber deinem Chef ist schlagartig umgeschlagen. Das hält noch einige Tage an, an denen du voller Groll zur Arbeit gehst. Du grübelst nachts lange, ob du deinen Chef zur Rede stellen sollst.

Als betroffene Person kannst du dich über das zusätzliche, unerwartete Geld und die Wertschätzung freuen, es als Anreiz sehen, noch besser zu werden. Oder du kannst dich über deinen Chef ärgern und schimpfen, weil er dich benachteiligt hat, und künftig aus Trotz weniger arbeiten.

Du siehst: Wie du eine Situation und dich im Vergleich zu anderen bewertest, wie du dich verhältst und dich abgrenzt, verursacht Stress oder eben nicht.

Dazu möchte ich dir noch eine wichtige persönliche Erfahrung mitgeben.

Ich hatte vor vielen Jahren eine Mitarbeiterin, die sehr fleißig, perfektionistisch und äußerst kompetent war. Sie hatte gleichzeitig aber auch das Bedürfnis, alles in ihrem Bereich mitzubekommen, ja teils sogar die Kontrolle über alles zu behalten, damit bloß kein Fehler passierte. Das galt auch für die Aufgabenbereiche anderer Mitarbeiter. Obwohl sie pro Monat maximal fünf Überstunden machte, war die Mitarbeiterin extrem gestresst, was sich auch in ihrem Verhalten gegenüber anderen Mitarbeitern zeigte – verbale Attacken mehrten sich.

Es war an der Zeit, das anzugehen. Ihre Leistung war ja sehr gut. Wir haben ihr Arbeitsfeld analysiert und dann erst mal zur Entlastung 30 Prozent ihrer Aufgaben gestrichen. Ich bin morgens mit ihr eine Themenliste durchgegangen, in der wir eine klare Priorisierung mit zeitlichen Vorgaben vorgenommen haben – einvernehmlich. Die Komplexität war hier kein Thema. Auch hat sie die klare Vorgabe bekommen, alle Anfragen von Kollegen abzulehnen und zu mir zu schicken, damit ich das klären konnte. Alles war abgestimmt und sie war völlig zufrieden mit der Vorgehensweise. Als ich zur Mittagszeit wieder vorbeischaute, hatte sie von den vier Themen des Vormittags genau an einem gearbeitet. Sie musste wieder allen helfen, hatte viele andere Sachen übernommen. Ihr Stapel türmte sich wieder. Dies wiederholten wir zigmal ohne eine Besserung. Erst ein Coaching brachte die Wende. Dieses Beispiel zeigt sehr gut: Stress ist zum Großteil selbstverursacht. Es sind die eigenen Verhaltensmuster und persönlichen Bewertungen, die Stress verursachen. Nur wenn du hier bewusst aussteigst, wird sich etwas ändern.

Auch die Wissenschaft zeigt, dass jeder Mensch seine ganz eigene Stressbiografie hat. Hierin sind Stresserfahrungen und deren Bewältigung gespeichert. Diese prägen heute unsere Stressantwort und damit auch, wie stark unser Stresssystem reagiert und sich anschließend wieder beruhigt.

STRESS ÜBERTRÄGT SICH AUF DEIN UMFELD

In diesem Buch hast du bereits gelernt, dass wir über das Spiegelneuronensystem die Stimmung und das Verhalten unseres Umfeldes imitieren. Dauerstress ist, wie du nun erfahren hast, ein großer Energie- und Leistungsräuber.

Wenn Führungskräfte unter Dauerstrom stehen, kann sich das auf das Team auswirken. Dauerstress heißt, dass Angst und Unsicherheit bestehen, ob man mit den aktuellen Themen fertig werden kann. Diese Angst und Unsicherheit kann sich über das Spiegelneuronensystem auf das ganze Team übertragen. Zeit also, hier umzudenken. Außerdem lenkt der Alarmzustand den Fokus auf Fehler und Gefahren und rückt damit die Bewertung der Mitarbeiterleistung in ein sehr einseitiges Licht.

UMGANG MIT STRESS

Der Umgang mit Stress ist elementar für die persönliche Gesundheit. Stressoren gibt es überall. Doch du kannst daran arbeiten, sie zu minimieren, indem du dir Stressbewältigungsmethoden aneignest.

Stress entsteht immer dann, wenn wir von einer Situation überrascht werden und dadurch in Unsicherheit geraten – dies nennt man auch «Prediction Error». Je starrer, rigider und unflexibler meine Ansichten zu bestimmten Situationen und den damit verbundenen Erwartungshaltungen sind, umso leichter gerate ich in Stress.

Je reifer, reflektierter und flexibler ich bin, umso mehr kann ich mein eigenes inneres Modell der Welt hinterfragen und umso weniger gestresst bin ich.

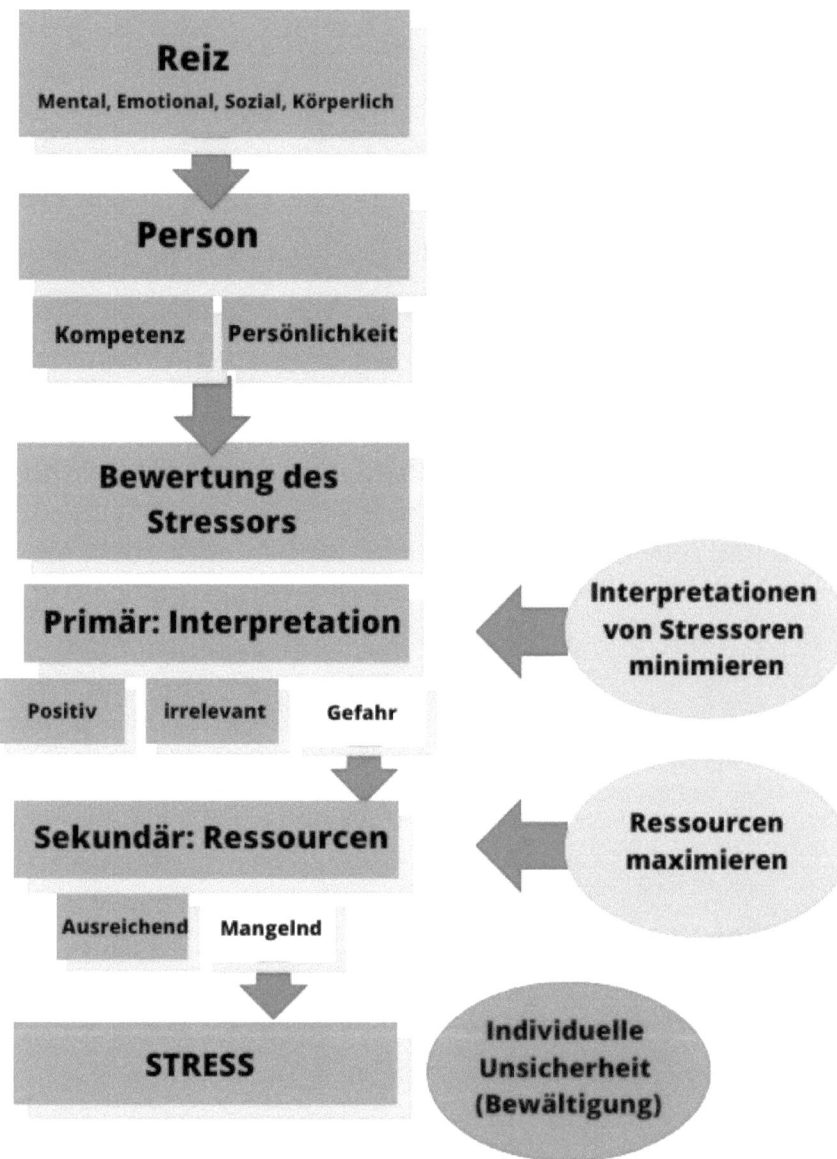

Abbildung 33: Stress und Stressmanagement

Es gilt auch, alten emotionalen Ballast loszuwerden, da dieser die Muster prägt, die uns in Unsicherheit und Stress versetzen.

Auch ein gesunder, energiegeladener Körper als Grundlage hilft. Denn ein starker Körper und ein trainiertes Herz sind belastbarer. Weitere wichtige Säulen sind ein starkes Selbstwertgefühl und ein positives Umfeld.

Da aber selbst dann Stress immer wieder entsteht, ist es wichtig, sich Coping-Maßnahmen anzueignen, um den Stress abzubauen und in einem erträglichen Maß zu halten. Pausen, Meditation, ein Spaziergang und Atemtechniken sind nur wenige Beispiele einer Vielzahl an Möglichkeiten. Selbstfürsorge ist hierbei elementar. Wenn du in Stress gerätst, dann hilft es, die eigenen Bedürfnisse zu beachten sowie auch wieder mehr die eigenen Gefühle und den Körper zu spüren, also achtsam mit dir umzugehen. Von dem kanadischen Arzt, Traumaexperten und Bestsellerautor Gabor Maté stammt die Aussage: «Wenn wir nicht gelernt haben, Nein zu sagen, kann es passieren, dass unser Körper es für uns sagt.» Das heißt, Schmerzen und Erschöpfung sind oftmals der Ausdruck des Körpers von nicht gespürten, verdrängten Emotionen. Denn die Stressachse hat direkte Auswirkung auf das Gleichgewicht in unserem Körper.

Um dich selbst wieder mehr zu spüren, helfen dir folgende Fragen:

- Wie fühle ich mich gerade?
- Wo zeigt sich dieses Gefühl im Körper?
- Was brauche ich gerade?
- Wer kann mir dabei helfen?

Diese Reflexion ist wichtig, denn durch ein seelisches Gleichgewicht können wir auch mehr Balance in unserem Körper und Energiehaushalt herstellen.

SPORT UND BEWEGUNG

Schon der römische Dichter Juvenal sagte: «Ein gesunder Geist steckt in einem gesunden Körper.» Doch worauf verzichten wir in stressigen Phasen aufgrund des Zeitmangels am ehesten? Auf Sport und Bewegung.

Dabei wirkt sich Bewegung nicht nur positiv auf den Körper, sondern in vielfältiger Weise auch auf das Gehirn aus. Sie unterstützt die Zellneubildung im Hippocampus, verbessert also die Speicherkapazität in deinem Gehirn. Gleichzeitig hilft Bewegung dabei, Stress zu regulieren. Außerdem wird als Folge von körperlicher Bewegung auch die Gefäßausprägung verbessert. Wenn wir uns bewegen, steigt der Proteinwert PGC-1alpha1, der die Energie und den Metabolismus reguliert und antidepressiv und entzündungshemmend wirkt.[10]

Bewegung ist weiterhin gut für unseren Hormonhaushalt. Denn durch Sport kann das Stresshormon Cortisol abgebaut werden, sodass man ruhiger und gelassener im Alltag wird.

Bei einem ohnehin schon dauerhaft sehr hohen Stresspegel sollte man jedoch darauf achten, nicht zu intensiv zu trainieren, das dies nur eine zusätzliche Stressquelle und damit weitere Belastung für den Körper darstellt.

Sport hilft auch dabei, die Herzfunktion zu stärken und damit eine optimale Durchblutung des Gehirns zu gewährleisten. Diese verbesserte Hirndurchblutung und der aktivierte Stoffwechsel sorgen zudem für eine Steigerung der kognitiven Leistungsfähigkeit.[11]

In einer australischen Studie wurde analysiert, inwieweit sich Krafttraining auf die Gedächtnisleistung von älteren Menschen auswirkt. Das Ergebnis zeigte, dass Krafttraining die

Gedächtnisleistung verbesserte und sich außerdem das Hirnvolumen im Vergleich zur Testgruppe, die kein Training absolvierte, vergrößerte. Muskel- und Gehirntraining sind also gut für uns Menschen.[12]

Sport hilft auch, weil der Fokus auf Bewegung und Motivation gelenkt wird und entsprechende Gehirnareale aktiviert werden. Andere Gehirnbereiche bekommen dann eine Auszeit – auch jene, die Emotionen verarbeiten. Das führt dazu, dass man nach dem Sport wieder über mehr Konzentration und Leistungsfähigkeit verfügt und somit leichter lernen und arbeiten kann.[13]

Auch Flexibilität und Beweglichkeit sind wichtig. Denn ein flexibler Körper empfindet weniger Schmerzen und hat dadurch mehr Energie. Körper und Gehirn hängen zusammen, denn durch das Nervensystem ist unser Gehirn mit Organen und Faszien verbunden. Ein flexibler Geist braucht daher einen flexiblen Körper.[14]

ERNÄHRUNG UND TRINKEN

Die Ernährung ist der Treibstoff für unseren Körper. Jeden Tag hast du die Wahl, ob du deinem Körper Energie zuführst oder ihm Energie raubst, da er Junkfood und künstliche Zusatzstoffe abbauen muss. Wählst du Junkfood, befindet sich dein Körper in einer permanenten Unterversorgung – es fehlen Nährstoffe und Energie. Achte auch auf genügend Wasser, denn Wasser ist an allen wichtigen Stoffwechselvorgängen im Körper beteiligt und hilft bei der Entgiftung. Zahlreiche wissenschaftliche Studien haben ergeben, dass eine gesunde Ernährung die körperliche Bestform und die Gedächtnisleistung steigert.[15]

Das Problem heutzutage ist, dass unsere Nahrung mit Geschmacksverstärkern, Aromastoffen, Fetten und Proteinen beladen ist, die nichts mehr mit der ursprünglichen Nahrung zu tun haben.

Unser Gehirn hat auf Basis des Geschmacks über Jahrtausende ein grundlegendes Wissen über Genießbarkeit und Ungenießbarkeit von Nahrungsmitteln gespeichert.

Wenn du ein Stück Fleisch isst, dann wird auf Basis der Informationen der Geschmacksnerven im Mund ans Gehirn gemeldet: «Fleisch kommt». Entsprechende Stoffwechselvorgänge werden gestartet, inklusive der Produktion bestimmter Enzyme etc. Dies hilft, um Nahrung schnellstmöglich optimal verwerten zu können.

Wenn du ein Stück Fleisch isst, dann kann das ein frisches Steak vom Metzger oder es können künstliche Hamburger-Patties von Fast-Food-Ketten sein, die voller Zusatzstoffe sind, um einen Fleischgeschmack zu simulieren. Dieses künstliche Essen liefert falsche Signale an dein Gehirn und verwirrt dein System.[16]

SCHLAF

Schlaf ist unser wichtigstes Regenerationsmittel. Er hat einen großen Einfluss auf die verschiedensten Hormone wie Cortisol und Serotonin, die sich wiederum auf deinen Schlaf, aber auch auf deine Energie früh morgens und über den Tag hinweg auswirken. Ohne Schlaf, oder bei schlechtem Schlaf, gerät der Hormonhaushalt außer Balance. Eine Schlafhygiene und ein tiefer Schlaf sind daher elementar wichtig.

Damit das Melatonin wirkt, das uns vor Entzündungs- und Alterungsprozessen schützt und die Gedächtnisprozesse fördert, ist es z. B. wichtig, bei völliger Dunkelheit zu schlafen. Auch chronischer Stress, schweres Essen, Jetlag und Übergewicht hemmen die Melatoninproduktion und fördern somit Schlafmangel und Krankheiten. Melatonin ist gut für die Schlafregulation, den Stoffwechsel und das Immunsystem.

Ich habe schon oft von Kunden gehört: «Damit ich meine To-do-Liste endlich abarbeiten kann, habe ich mir schon überlegt, am Schlaf zu sparen. Was hältst du von der Idee?» Meine Antwort lautet ganz klar: niemals!

Der Schlaf hat starke Auswirkungen auf unser Wohlbefinden. Ich persönlich tracke meinen Schlaf mittlerweile – einfach weil mir das viel über mein Energielevel am nächsten Tag aussagt. Wenn ich abends Alkohol trinke, selbst ein, zwei Gläser Wein, oder spätabends gegessen habe, merke ich, dass meine Tiefschlafphase deutlich kürzer ist und dementsprechend auch mein Energielevel am nächsten Tag niedriger startet. Das Gleiche gilt bei zu viel Stress.

Tiefschlafphasen, also ein ruhiger, tiefer Schlaf, sind die Basis für die Regeneration unseres Körpers und das Aufladen unserer Batterien. Schlafen bei laufendem Fernseher raubt dir sehr viel Energie, da dein Unterbewusstsein durch die Reize aktiviert bleibt. Grübeln lässt dich nicht abschalten. Außerdem wird in der Tiefschlafphase im Hippocampus das verfestigt und konsolidiert, was wir tagsüber lernen. Starke Gewohnheiten sind daher wichtig, damit du nachts abschalten und zur Ruhe kommen kannst.

EMOTIONEN UND GEDANKEN

Ein weiterer wichtiger Faktor für toxischen Stress sind nicht verarbeitete emotionale Ereignisse. Wenn du beispielsweise immer wieder über alte Geschichten grübelst, wird der Stress zum Dauerstress. Deine Gedanken erzeugen Emotionen, welche die Stressachse im Körper lostreten. Verdrängte Emotionen schwelen unter der Oberfläche, und es kostet uns permanent Kraft, diese versteckt zu halten. Daher lohnt es sich, hinzuschauen. Studien haben belegt, dass effektives Coaching die Gehirnstruktur verändern kann, indem Serotonin-Rezeptoren 5-HT1A, die vor allem im limbischen System sitzen, verändert und vermehrt werden. Wenn es genug Rezeptoren und Serotonin gibt, dann hat dies einen beruhigenden, harmonisierenden Effekt. Stress, Angst und Aggression gehen runter, während die Resilienz und Belastungsfähigkeit steigen.[17]

KAPITELZUSAMMENFASSUNG

Du bist so gut wie dein Körper. In diesem Kapitel hast du Folgendes gelernt:

- Der Körper ist dein wichtigstes Arbeitsgerät und gleichzeitig das am meisten vernachlässigte.

- Mit einem gesunden Körper hast du automatisch ein hohes Energielevel. Denn dein Körper benötigt Energie zur Lebenserhaltung.

- Jeder Mensch hat eine eigene Lebensbatterie. Der Zustand deiner Batterie wird durch folgende Dinge beeinflusst: Lebensstil, gesunde Ernährung, Vitamin- und Mineralstoffhaushalt, Schlaf, Bewegung und Stressmanagement.

- Dein Gehirn macht nur zwei Prozent deines Körpergewichts aus, nutzt aber 60 Prozent deiner täglichen Gesamtenergie. Es gilt die «Selfish-Brain-Theorie», die besagt, dass das Gehirn immer zuerst die eigene Energieversorgung sichert, und zwar vor dem Körper. Das Gehirn zwingt also deinen Körper dazu, sich zu fügen.

- Stresssystem im Gehirn: Bei Gefahr läuft dein Körper auf Hochtouren. Stress kann sich durch Konzentrationsstörungen, Sprachschwierigkeiten, verlangsamtes Denken und einen Erschöpfungszustand zeigen. Stress macht erst unglücklich und dann krank.

- Stress zeigt sich in drei Stufen: guter Stress, tolerierbarer Stress und toxischer Stress.

- Stress ist selbst gemacht. Stress entsteht, wenn die Erwartungen deine eigenen Fähigkeiten übersteigen.

- Du kannst deine Stressoren minimieren, indem du deine Bewertungen von Situationen veränderst, dir positive Gedanken antrainierst und alten emotionalen Ballast loswirst.

- Stress überträgt sich auf dein Umfeld und damit auch auf deine Mitarbeiter durch das Spiegelneuronensystem. Dauerstress ist daher ein großer Energie- und Leistungsräuber.

- Coping-Maßnahmen helfen dir, Stress tolerierbar zu machen: Du erkennst deine eigenen Bedürfnisse, lernst mehr, auf deine Gefühle und den Körper zu achten. Denn ein gesunder Geist steckt in einem gesunden Körper.

- Bewegung wirkt sich positiv auf deinen Körper und dein Gehirn aus.

- Deine Ernährung ist der Treibstoff für deinen Körper.

- Schlaf ist dein wichtigstes Regenerationsmittel.

- Verdrängte Emotionen sind da – auch wenn wir sie verdrängen. Sie schwelen unter der Oberfläche, und es kostet uns permanent Kraft, diese versteckt zu halten. Daher lohnt es sich, hinzuschauen und sie aufzuarbeiten.

WAS BEDEUTET DAS FÜR DICH ALS FÜHRUNGSKRAFT?

- Achte auf deinen Körper. Achte auf die Stresslast in deinem Team. Denn negativer Stress kann sich übertragen und schadet somit der Leistungsfähigkeit.

- Nur wer einen gesunden Lebensstil hat mit gesunder Ernährung, Bewegung und gutem Schlaf, kann dauerhaft Höchstleistungen erbringen.

- Gib deinen Mitarbeitern Schulungen zum Thema Stress und seinen Ursachen und verhelfe ihnen zu einem besseren Stressmanagement.

- Dauerstress hat keine Vorteile!

- Jeder Mensch braucht tägliche Regenerationsphasen. Integriere Mikropausen in deinen Alltag und schalte abends ab.

10. MEHR FREIRAUM UND BESSERE PERFORMANCE

«Es ist nicht zu wenig Zeit, die wir haben, sondern es ist zu viel Zeit, die wir nicht nutzen.»

Lucius Annaeus Seneca
(römischer Philosoph und Schriftsteller)

Was ist denn Performance für dich? Doch eigentlich etwas, das dich in klaren, messbaren Schritten deinem Ziel näher bringt, oder?

In unserem Arbeitsalltag wird jedoch oftmals derjenige als produktiv bezeichnet, der am meisten tut und möglichst viele Dinge parallel im Multitasking schafft. Wir sind der Meinung: Wer die meiste Zeit in etwas investiert und besonders viele Themen behandelt, ist automatisch auch am produktivsten.

Sehr oft höre ich von Unternehmern und Führungskräften Beschwerden wie: «Mein Tag hat zu wenige Stunden, ich schaff es gar nicht, alles unterzubringen. Ich müsste mich klonen können oder endlich jemanden finden, der die gleiche Leistung bringt wie ich. Immer bleibt alles an mir hängen. Zeit für Visionen, Strategien oder um Verbesserungen umzusetzen, die habe ich nicht. Zeit für Weiterbildung sowieso nicht.» Die meisten meinen, sie bräuchten 34 Stunden am Tag, um halbwegs durchzukommen – und selbst das würde vermutlich nicht reichen. Doch das kann nicht die Lösung sein. Denn selbst die erfolgreichsten Menschen haben auch nur 24 Stunden am Tag zur Verfügung, so wie du und ich.

Das Problem ist, wer zwei Dinge parallel machen will, der macht nichts richtig. Wenn dir ein Mitarbeiter gerade etwas erzählt und du nebenbei Nachrichten auf deinem Handy liest, kannst du dich dann wirklich an alles erinnern, was er dir erzählt hat? Wohl eher nicht. Wer Multitasking betreibt, macht vieles, aber nichts zielgerichtet. Der rennt auf Vollgas im Hamsterrad, kommt aber keinen Meter voran. Die Wissenschaft hat bereits belegt, dass das Gehirn sich immer nur auf eine Sache konzentrieren kann. Wenn du immer wieder das Gefühl hast, dir fehle die Zeit, dir werde alles zu viel, dann liegt das oft an dem fehlenden Fokus. Wir machen sehr viel, handeln dabei aber nicht zielgerichtet. Wir lassen uns auch immer wieder durch diverse Ablenkungen von unserer eigentlichen Tätigkeit stören. Jedes Mal, wenn wir dann mit der eigentlichen Tätigkeit weitermachen, kostet es uns Zeit und Aufwand, wieder reinzukommen. Je mehr wir in diesem Modus agieren, umso weniger fällt uns das auf.

Ein weiterer wichtiger Faktor, der uns extrem viel Zeit kostet, ist der Perfektionismus. Man möchte natürlich eine gute Qualität liefern, aber es gibt Grenzen. Präsentationen umzubauen, weil wir glauben, unsere Darstellungsweise sei besser als die der Mitarbeiter, dient beispielsweise mehr als nur dem Anspruch auf gute Qualität. So kümmert man sich um Kleinigkeiten, statt sich mit den wichtigen, strategischen Dingen zu befassen, die alle einen deutlichen Schritt nach vorn bringen.

Erst wenn du deinen Fokus auf die richtigen Ziele und Dinge im Leben lenkst, die du erreichen willst, dann machen deine Handlungen Sinn und du wirst das Gefühl bekommen, deine Zeit richtig zu nutzen.

FOKUS DURCH ZIEL- STATT ZEITMANAGEMENT

Dein Fokus bestimmt deinen Erfolg. Nur wer zielgerichtet arbeitet, erbringt Höchstleistungen. Dafür brauchst du deine Vision und Ziele. Du richtest dich und dein Handeln täglich neu darauf aus und blendest Ablenkungen aus.

Doch die meisten richten ihr tägliches Handeln ausschließlich an einer To-do-Liste aus. Eine Liste, die immer länger wird und dich schon stresst, wenn du sie nur anschaust. Wir arbeiten stur die Themen ab, die uns vorgegeben werden und die wir aufschnappen. Das ist reines Zeitmanagement. Dabei vergessen wir oft, zu hinterfragen, ob diese Aufgaben unseren Zielen und den Zielen des Unternehmens und Teams zuträglich sind. Statt mit einer To-do-Liste und Zeitmanagement zu arbeiten, sollte man daher besser Zielmanagement betreiben.

Zum Ende meiner Zeit als Abteilungsleiterin im Konzern habe ich meinen Bereich an eine neue Leitung übergeben. Hierbei kamen Diskussionen mit Projektmitarbeitern zu Reisekosten auf. Bisher hatte meine Teamleitung solche Diskussionen selbstständig geführt, weitestgehend auch erfolgreich. Während der Übergabephase hat nun aber die neue Leitung selbst die Diskussionen mit den Projektmitarbeitern geführt. Aus meiner Sicht nicht zielführend. Einerseits völlig ineffizient, wenn man den Stundenlohn berechnet, andererseits aus Zielmanagementsicht nicht relevant, da diese Klärung von operativen Einzelfällen keinen Beitrag zur Vision oder Strategie der Abteilung geleistet hat.

Um dir Freiraum zu schaffen, ist es wichtig, deine To-do-Liste und die Tätigkeiten auf die wirklich zielrelevanten Themen zu kürzen. Dabei können dir drei Schritte helfen:

1. Schreib eine Woche lang alle Tätigkeiten in 15-Minuten-Blöcken auf. Analysiere anschließend, welche Tätigkeiten deinem Ziel zuträglich sind und welche nicht. Schau auch, wie sehr du zwischen den einzelnen Themen hin- und herspringst und wie sehr du dich ablenken lässt. Frag dich: Wofür setzt du deine Zeit ein? Welche Themen sind auf deiner Liste: Adressierst du Kundenzufriedenheit und Mitarbeiterzufriedenheit? Überprüfst du die Finanzen? Wie steht es um die Aufgabenverteilung, die Beantwortung von E-Mails?

2. Als Nächstes gehst du deine To-do-Liste durch und prüfst, inwieweit sie einem deiner Ziele zuträglich sind. Frag dich, ob die Tätigkeit dich wirklich deinen Zielen näher bringt oder du dir die Zeit und Aufgabe eigentlich direkt sparen kannst.

3. Handelt es sich bei den gelisteten Punkten wirklich um Aufgaben, die in deinen Bereich fallen, oder sind es Niedriglohntätigkeiten, für die du viel zu teuer bist? Rechne dir dazu deinen Stundenlohn aus. Ab sofort kümmerst du dich nicht mehr um Aufgaben, die nicht deinem Stundensatz entsprechen. Denn das ist unwirtschaftlich. Delegiere diese Aufgaben an dein Team, streich sie generell von der Liste oder überleg dir, wie du einen Dienstleister dafür beauftragen kannst oder eine Automatisierung erreichst.

Um deine To-do-Liste zu analysieren und zu priorisieren, kannst du die Eisenhower-Matrix nutzen:

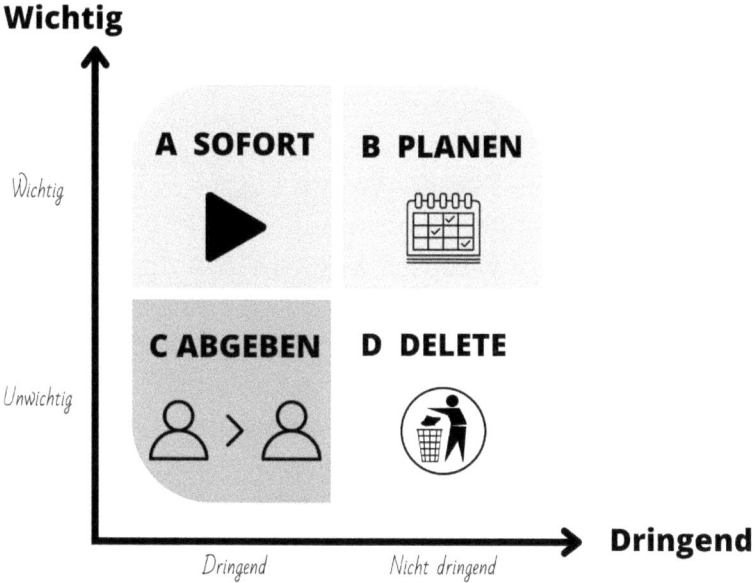

Abbildung 34: Eisenhower-Matrix

Nimm deine To-do-Liste und ordne jede Tätigkeit dem Feld A, B, C oder D zu, je nachdem, ob sie wichtig ist und du sie dringend erledigen musst oder eben nicht.

Überleg dir, was du mit den Aufgaben je nach Zuordnung anschließend machst:

1. **D-Aufgaben – Delete:** Hierbei handelt es sich um reine Zeitfresser, Ablenkungen, Perfektionismusfallen oder Schönheitsreparaturen. Lösche und vermeide solche Aufgaben komplett.

2. **C-Aufgaben – Delegieren:** Die Kategorie umfasst unwichtige Aufgaben oder Aufgaben, die auch deine Mitarbeiter machen können. Diese delegierst du ab sofort.

3. **A-Aufgaben – Priorität:** A-Aufgaben erledigst du sofort. Sie haben höchste Priorität, da es um die Behebung kurzfristiger Probleme geht.

4. **B-Aufgaben – Planen:** Werde besser in der Abarbeitung dieser Aufgaben. Denn A-Aufgaben entstehen eigentlich nur, wenn es verpasst wird, die B-Aufgaben abzuarbeiten. Indem du Dinge strategisch und proaktiv angehst, ersparst du dir jede Menge Druck und Stress durch reaktive Probleme. Plane hier auch Zeit für Vision, Strategie, Risikomanagement und Zukunftsausrichtung ein – damit sie nicht zu extrem dringenden A-Aufgaben werden. Trainiere dein Team analog, das hilft allen.

Fokus heißt auch, sich Klarheit zu verschaffen, welche Dinge man künftig weglässt. Das sind oftmals Ablenkungen im Außen, negative Gedanken und Einflüsse. Im Endeffekt alles, was deinen Zielen im Weg steht. Daher brauchst du auch eine Notto-do-Liste. Schreib alle Dinge auf, die zwar notwendig sind, dir aber Energie rauben und die du deswegen künftig nicht mehr tun willst. Dann überleg dir, wie und an wen du diese abgeben kannst.

Um im Arbeitsalltag fokussierter zu sein, gibt es zwei Methoden:

- Richte in deinem Team Fokuszeiten ein. Unterteile deinen Arbeitstag in mehrstündige Blöcke für ruhiges, konzentriertes Arbeiten sowie gesonderte Blöcke für Meetings und Gespräche.

- Starte morgens im Fokus-Modus. Das meint ein mehrstündiges Zeitfenster, in dem du strategische Themen und wichtige Entscheidungen angehst. Denn morgens sind die Energie und die Leistungsfähigkeit noch am größten.

In meinem Team konnten wir durch Fokuszeiten das Stresslevel senken – selbst in einem Bereich mit Publikumsverkehr. Indem abwechselnd ein Mitarbeiter vormittags den Telefondienst übernommen hat, konnten alle anderen in der Zeit ungestört und stressfrei arbeiten.

OPERATIVES VS. STRATEGISCHES ARBEITEN

Weißt du, was die größte Wachstumsbremse vieler Unternehmer und Führungskräfte ist?
Sie verbringen ihre Zeit mit operativen Themen, statt strategisch am Unternehmen zu arbeiten. Dabei wäre es so wichtig für das Wachstum der Teams und des Unternehmens.

Jede Rolle im Unternehmen beinhaltet andere Aufgaben und Schwerpunkte. Mit jedem Aufstieg gilt es, alte Dinge loszulassen und in neue hineinzuwachsen. Doch viele halten sich am Altbekannten fest – dem Operativen. Außerdem verbringen viele Unternehmer und Führungskräfte einen Großteil der Zeit damit, die Fehler der Mitarbeiter auszubügeln, statt strategisch zu arbeiten.

Die Führungstreppe zeigt dir, dass du mit jedem Schritt hinauf operative Themen abgibst und strategische und Führungsaufgaben übernimmst: abgeben und wachsen.

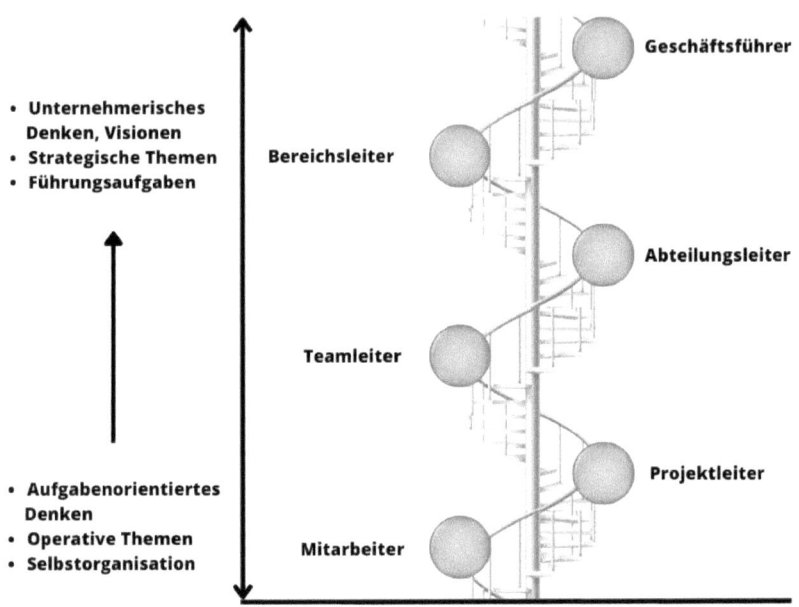

Abbildung 35: Entwicklungsstufen Führungskraft

Sachbearbeiter sind rein operativ unterwegs. Als Teamleiter kennst du dich auch noch sehr gut in den operativen Themen aus, kümmerst dich aber stärker um die Teamführung.

Mit jedem weiteren Aufstiegslevel sinkt dein Anteil an operativen Aufgaben, dagegen steigt der Anteil an unternehmerischen und strategischen Themen. Als Unternehmer bist du der Stratege mit klaren Visionen, großen Ideen und innovativen Ansätzen.

LOSLASSEN UND VERANTWORTUNG ABGEBEN

Viele Unternehmer und Führungskräfte können nicht loslassen, weil sie gar nicht loslassen wollen. Der operative Part ist karrieretechnisch ihr Zuhause – und das sollen sie nun abgeben, um sich nur noch um strategische und politische Dinge zu kümmern?

Hier braucht es dann eine klare Entscheidung – zum Beispiel ein kleines Team behalten, weiterhin sehr operativ arbeiten oder Verantwortung übernehmen und strategisch am Unternehmen arbeiten. Wenn du aufsteigen willst, musst du mehr und mehr strategisch überzeugen und dein Team so steuern, dass es dir operativ den Rücken freihält.

Um loslassen zu können, musst du dir die richtigen Absicherungen einbauen:

1. Du musst deine Mitarbeiter dazu befähigen, dass sie die Arbeit zu mindestens 90 Prozent so gut können wie du. Das braucht Training und Zeit, die du dir erst mal nehmen darfst. Wie das geht, hast du bereits erfahren.

2. Du brauchst Kennzahlen zur Steuerung und Kontrolle, die dir Sicherheit geben. Du musst jederzeit im Überblick haben, wo das Unternehmen aktuell steht.

3. Zieh dich schrittweise aus dem operativen Geschäft zurück. Je besser die vorigen Punkte erfüllt sind, umso mehr kannst du loslassen.

DER TEUFELSKREIS DES PERSÖNLICHEN LEISTUNGSZWANGS

Kommen wir nun zu einem wichtigen Muster von Unternehmern und Führungskräften, das oft die eigentliche Ursache von Überarbeitung ist: zu dem Gefühl, für alles verantwortlich zu sein und dass die Mitarbeiter zu wenig Verantwortung übernehmen.

In Gesprächen mit meinen Kunden und auch aus meiner Zeit als Führungskraft zeigte sich immer wieder dasselbe Bild: Alle haben den Wunsch nach mehr Freizeit und weniger Stress, Druck und Arbeitslast.

Da stellt sich doch die Frage, warum diese Menschen, die im Leben das erreichen, was sie möchten, es nicht schaffen, pünktlich Feierabend zu machen, Themen zu delegieren oder abzulehnen. Die eigentlich ganz genau wissen, dass dies für ihre Gesundheit und Familie das Beste wäre. Doch trotzdem schaffen sie es nicht. Das Stichwort lautet: Selbstsabotage. Die Selbstsabotage ist eine Art «klare Sicht, gefühlte Barriere».[1] Ein Teufelskreis.

Hinter dieser Selbstsabotage steckt ein tief sitzendes Muster. Schon in der Kindheit lernen wir von den Eltern, dass wir dann Anerkennung, Wertschätzung und Lob bekommen, wenn wir artig sind, Befehlen gehorchen und gute Leistung zeigen. Auch das Vorleben deiner ehrgeizigen Eltern führt zu Denkweisen wie: «Nur wer leistet, wird beachtet» oder «Nur wer leistet, wird geliebt». Wir machen unseren Wert also von den eigenen Leistungen und dem Urteil anderer Menschen abhängig, rennen deshalb im Hamsterrad und finden keinen Ausweg.

Die Ursache für den permenenten Zwang, noch mehr zu leisten und schneller zu arbeiten, sind nicht die äußeren Umstände. Die einzige Person, die von dir Höchstleistungen verlangen kann, bist du selbst. Es ist weder dein Chef noch dein Partner. Du selbst bist abhängig vom Lob und den Ergebnissen und suchst nach den Glücksgefühlen, wenn du eine Aufgabe perfekt gelöst hast. Meist hält dieses Gefühl nur immer kürzer an und du sprintest weiter. Innere Zufriedenheit: Fehlanzeige. Wir brauchen neue Beweise dafür, dass wir wertvoll sind, und suchen die nächste Aufgabe oder kaufen ein neues Statussymbol.

Folgendes passiert: Wenn Aufgaben nicht erledigt sind, schlägt dein limbisches System im Gehirn Alarm, es wird stark aktiviert und meldet: «Ich muss leisten, um geliebt zu werden». Diese Meldung ist eine Schutzreaktion, die dein Überleben sichern sollte, indem du geliebt wirst – auch wenn es aus heutiger Sicht rein rational keine Gefahr gibt.[2] Durch die starke Aktivierung im limbischen Alarmzentrum fährt gleichzeitig der Verstand, der präfrontale Cortex («ich muss Feierabend machen»), komplett herunter.

Dieser Satz: «Ich muss leisten, um geliebt zu werden» treibt nicht nur dich ins Hamsterrad, sondern wirkt sich auch auf dein Umfeld aus. Dazu schauen wir uns mal einen typischen Kreislauf im Verhalten von überarbeiteten Führungskräften an. Dieser führt in den Führungskräfteseminaren immer zu großen Aha-Effekten:

Weitere Erklärungen zu diesem Teufelskreis findest du im Bonusbereich. Scanne dazu den QR-Code:

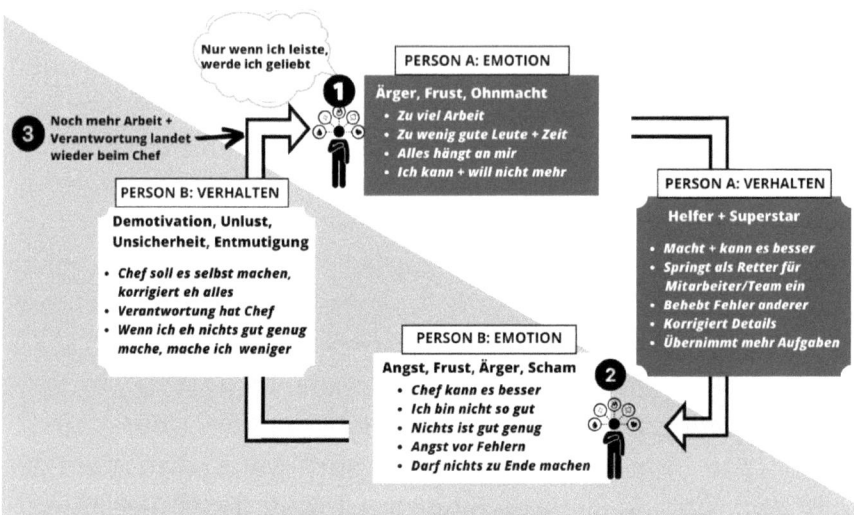

Abbildung 36: Teufelskreis Überarbeitung und Leistungszwang

In der Darstellung des Bildes starten wir mit der Denkweise der ehrgeizigen Führungskräfte: Die eigene Prägung: «Nur wer leistet, wird geliebt» führt dazu, dass diese Person unbewusst immer wieder nach Anerkennung durch Leistung sucht.

Was passiert bei Person A – der Führungskraft?
Die Führungskraft spürt Ärger, Frust und Ohnmacht, weil zu viel Arbeit und Druck auf ihr lastet und sie zu wenig Zeit hat. Gleichzeitig ist ihr Verhalten darauf ausgerichtet, der Helfer und der Superstar der Abteilung zu sein. Sie versucht, alles perfekt zu machen, Fehler zu vermeiden, springt doch wieder selbst ein und rettet das Ergebnis. Sie will die Mitarbeiter vor Fehlern beschützen und nicht vor anderen auflaufen lassen. Übernimmt zu viele Themen selbst, weil sie glaubt, sie müsse ihrer Verantwortung in Bezug auf Hierarchie und Status gerecht werden. Ist oftmals der beste Mann oder die beste Frau im Team. Das alles

führt dazu, dass die Führungskraft – immer wenn es brenzlig wird – einspringt und die letzten Kleinigkeiten ausbessert oder es zum Schluss doch selbst macht.

Was passiert bei Person B – dem Mitarbeiter?
Ein Mitarbeiter wird durch die Vorfreude motiviert, dass er seine Aufgaben selbst erfolgreich abwickelt. Im eingangs beschriebenen Fall lernt der Mitarbeiter nur, dass das, was er tut, nicht gut genug ist. Dass die Führungskraft es ohnehin besser kann, letzten Endes wieder alles an sich reißt und die Präsentation optimiert. Genau das senkt mit jedem Mal, mit dem der Kreislauf neu beginnt, die Motivation des Mitarbeiters – und nimmt ihn aus der Verantwortung. Selbst wenn der Mitarbeiter gelobt wird, sieht er doch, dass seine Leistung und das Ergebnis nicht ausreichen. Gleichzeitig wird dem Mitarbeiter die Chance genommen, aus eigenen Fehlern zu lernen. Der Mitarbeiter leistet nur Zuarbeit und lernt somit auch nicht, die volle Verantwortung zu übernehmen. Er wird darauf trainiert, dass – immer wenn es brenzlig wird – die Führungskraft übernimmt. Das frustriert ihn extrem.

Dieser Teufelskreis zeigt sich oft in Teams. Es wird Zeit, dieses Muster zu erkennen und zu stoppen. Denn so bekommst du endlich den dringend benötigten Freiraum, und dein Team steigert seine Motivation und Leistungsfähigkeit. Ein Gewinn für alle. Steig aus diesem Teufelskreislauf aus und verändere deine Identität zu einer starken Persönlichkeit, die ihren Wert kennt, unabhängig von der Bestätigung der eigenen Leistung im Außen. Denn je mehr du dein Team stärkst und dein Wissen teilst, umso besser werden dein Team und deine Ergebnisse.

LEISTUNGSFÄHIGES TEAM-SET-UP

Falls du jetzt noch immer der Meinung bist, deine Mitarbeiter seien nicht gut genug, dann verschaff dir Klarheit über dein Team. Hör auf, Zustände zu dulden, die dir und dem kompletten Team schaden. Es ist deine Verantwortung, ein leistungsstarkes Team auf die Beine zu stellen. Denn du bist nur so leistungsfähig, wie es dein Team ist.

Hierbei ist es egal, ob du ein neues Team aufbaust, schon lange ein Team hast oder in ein großes Team neu hinzukommst. Mach dir ein Bild von der Teamstruktur – ist das Setting noch passend, reicht die Anzahl der Mitarbeiter aus? Wenn nicht, dann überleg im ersten Schritt, was du optimieren und verbessern kannst, um Personal zu sparen. Ansonsten suche nach Personal, denn Stress und Dauerdruck senken die Leistungsfähigkeit. Sorge durch genug Personal dafür, dass dein Team optimal leistungsfähig ist.

Weitere Fragen sind: Bist du auf die Zukunft ausgerichtet? Welche Vision hast du für dein Team? Welche Aufgabenfelder und Qualitätsaspekte sind an welcher Stelle in deinem Team berücksichtigt? Verschaff dir ein ganzheitliches Bild, bau dir ein Idealbild und schließ die Lücke zum Ist. Wie ist die technische Ausstattung deiner Mitarbeiter? Passt das zu den Anforderungen an sie? Akzeptiere niemals einfach so bestehende Strukturen. Hinterfrage und erneuere sie. Denn der Spruch: «Es war schon immer so» ist der größte Fortschrittskiller, den es gibt.

MITARBEITER-KATEGORISIERUNG FÜR KLARHEIT STATT DULDUNG

Im nächsten Schritt analysierst du deine Mitarbeiter. Schau genau hin, wen du zur Umsetzung deiner Vision benötigst und wen nicht.

Kategorisiere deine Mitarbeiter in 1) Top Performer, 2) Performer und 3) Low Performer.

Nur durch Klarheit kannst du die richtigen Schritte angehen.

Bei Performern überleg dir, wie du sie auf das nächste Level heben kannst – bestenfalls wollen sie das selbst. Falls dem nicht so ist und sie eine gute Leistung bringen, dann stell sicher, dass ihre Leistung nicht abnimmt.

Bei den Low Performern stellt sich die Frage nach der Ursache. Sprich es klar an: Woran liegt es? Passt das Aufgabenfeld nicht, gibt es kurzzeitige, überbrückbare Probleme, die das rechtfertigen, oder liegt es einfach nur an dauerhaft fehlender Motivation und Einsatzbereitschaft? Bei Letzterem triff klare, respektvolle, vor allem aber auch schnelle Entscheidungen. Wenn ein Mitarbeiter die Leistung verweigert, dann hast du die Pflicht, als Unternehmer und Führungskraft zu handeln und die nötigen Entscheidungen zu treffen – du schadest ansonsten dem Unternehmen, dem Team und auch dir selbst.

Die Entscheidung, ob du einen Mitarbeiter förderst und weiterbringen willst, hängt von drei Punkten ab:

1 Einsatzbereitschaft: Will der Mitarbeiter vorankommen und zeigt er entsprechenden Einsatz? Dies liegt zu 100 Prozent in der Verantwortung des Mitarbeiters.

2 Kompetenz: Lernt er schnell, baut er sich die nötige Kompetenz auf, ist er im richtigen Arbeitsfeld eingesetzt? Die Verantwortung teilen sich Arbeitgeber und Arbeitnehmer.

3 Prozesse und Systeme: Sind die benötigten Voraussetzungen gegeben (Ausstattung, IT, Kollegen)? Dies liegt zu 100 Prozent in der Verantwortung des Arbeitgebers.

Genauso wie du als Arbeitgeber die richtigen Voraussetzungen zu liefern hast – dass das Arbeitsumfeld, die Systeme und Prozesse, die Kultur und Stimmung passen –, haben die Mitarbeiter ihre vertraglichen Verpflichtungen zu erfüllen. Und beide Seiten im Optimalfall freiwillig, gern oder sogar voller Begeisterung.

Ich hatte einmal eine Mitarbeiterin, die nach der Elternzeit zurückkam und die ersten Monate nicht 100 Prozent Leistung erbrachte. Hierzu muss ich ergänzen, dass die Mitarbeiterin vorher schon eine Leistung erbracht hatte, die okay war, aber auch niemals mehr. Zu Beginn habe ich es noch toleriert und war verständnisvoll – Kita-Eingewöhnung, krankes Kind usw. Es war eine neue und sicherlich herausfordernde Lebensphase. Daher gab ich ihr Zeit, Freiraum in der Gestaltung ihrer Arbeitszeiten und Unterstützung. Nachdem die Leistung sich nicht besserte und sehr viele Krankheitszeiten anfielen, habe ich ihr angeboten, die Zeiten zu reduzieren oder aus dem deadlinegetriebenen Projektgeschäft ins Routinegeschäft zu wechseln. Beides wollte sie nicht, sie versprach Besserung. Die Monate zogen ins Land, ohne dass sich die Situation verbesserte. Auch machte sie nun sehr grobe Fehler, die sich trotz Feedback wiederholten. Das ging so weit, dass ich von der Person in Folgegesprächen darauf hingewiesen wurde, dass sie einen Anspruch auf 12 freie Tage wegen des kranken Kindes und auf Überstundenabbau habe (die sie noch nicht mal aufgebaut hatte) und ich ihre Situation verstehen müsse.

Was ich dir damit zeigen will: Mach Angebote und biete Unterstützung an. Jeder hat herausfordernde Lebenslagen, in denen man sich flexibel zeigen sollte. Aber lass dich nicht ausnutzen. Es gibt Grenzen und vertragliche Verpflichtungen, die einzuhalten sind.

Wenn sich solche dauerhaften schlechten Leistungen zeigen, beginne, sie zusammen mit den neuen, klaren Anforderungen schriftlich zu dokumentieren. Lass den Mitarbeiter seine Sicht und sein Verständnis ebenfalls dokumentieren. Zum einen zeigt dir das, ob der Mitarbeiter verstanden hat, worum es geht. Zum anderen hast du so auch schon Dokumentationen vorliegen für weitere arbeitsrechtliche Schritte.

Und ja, auch hier wurde die Karte gespielt: «Aber ihr müsst doch arbeitende Mütter unterstützen» – und ja, das sehe ich auch so. Aber in einem angemessenen Umfang. Man kann eine Zeitlang bewusst die Anforderungen zurückschrauben. Doch wenn sich keine Besserung zeigt, dann nutze die relevanten personalrechtlichen Schritte.

Du hast eine unternehmerische Verpflichtung dem Unternehmen gegenüber, aber auch deinem Team gegenüber, auf dessen Rücken das alles ausgetragen wird. Ich selbst hatte andere Mitarbeiterinnen, die mit Kindern weiterhin eine super Leistung erbracht haben.

Finde Klarheit für dich – wie viel lässt du zu und wo ziehst du ganz klare Grenzen? Denn im Endeffekt ist es wie immer im Leben: Wer immer nur Bittsteller ist, der verliert sein Standing.

Ein weiteres Beispiel betrifft einen langjährigen, sehr fleißigen und kompetenten Mitarbeiter. Er war die zuverlässigste Person mit dem mit Abstand besten Fachwissen. Über die Jahre hatte er sich ein kleines Wissensmonopol für bestimmte Aufgaben aufgebaut, das wir nun auf andere Mitarbeiter umverteilen wollten – zur Sicherheit der Abteilung, aber auch, um den Mitarbeiter aus seiner Stressspirale herauszuholen. Im Laufe des Prozesses kam es mehr und mehr zu Auseinandersetzungen zwischen dem Mitarbeiter mit dem Wissensmonopol und den Mitarbeitern, die eingearbeitet werden sollten. Kollegen wurden beleidigt und als unfähig beschimpft – Konflikte vermehrten sich. Daher mussten wir hier schnell Grenzen aufzeigen.

Zusätzlich zu direktem Feedback wurde ein offizielles Gespräch aufgesetzt und darin kommuniziert, dass so ein Verhalten nicht den Werten des Teams entspricht und nicht wieder passieren darf. Die Einsicht war da. Doch am Verhalten hat sich nichts geändert.

Letztendlich gab es dann nach kurzer Zeit ein weiteres Gespräch zwischen den Vorgesetzten und dem Mitarbeiter. Es wurde eine Metapher benutzt, um unmissverständlich aufzuzeigen, dass das Verhalten jetzt sofort gestoppt wird – wir haben ausgesprochen, dass wir an einer Wegkreuzung stehen: Der erste Weg endet hier und heute, und wir suchen eine Lösung, um die Zusammenarbeit zu beenden. Der zweite Weg geht weiter, zusammen und mit einem klaren Versprechen, dass das Verhalten ab heute aufhört und wir uns effektive Maßnahmen überlegen, das Problem zu lösen.

Nutze Metaphern für dich. Teile gelbe und rote Karten aus. Denn Bilder haben eine deutlich bessere Aussagekraft, gerade in Stresssituationen. Lass nicht zu, egal wie gut und wichtig eine Person ist, dass dein komplettes Team heruntergezogen wird und sich ein Umgang einpendelt, der nicht tragbar ist. Das, was du duldest, wird sonst schnell zur neuen Kultur. Lass Unsitten nicht aufkommen.

OPTIMALE LEISTUNGSKURVE

Im Spitzensport wissen wir schon längst, dass ein Muskel Regeneration und eine Pause braucht, wenn er stark beansprucht wurde. Wenn man dann zur richtigen Zeit wieder den nächsten Trainingsimpuls setzt, führt das zu einer dauerhaften Leistungsverbesserung. Das Prinzip nennt man «Superkompensation».

Im Gegenzug dazu passiert es, wenn man eben diese Regenerationspausen nicht setzt, dass die Leistung und die eigene körperliche Substanz sich mehr und mehr abbauen, wir uns verschlechtern und immer weniger leistungsfähig werden. Die Auswirkungen von Dauerstress auf dich und dein Team kennst du nun auch zur Genüge.

Nach meinem Empfinden zeichnet sich in unserer bisher stark leistungsgetriebenen Gesellschaft ein neues, konträres Bild ab, bei dem Arbeit, Leistung und Einsatz fast schon verteufelt werden. Doch die Wissenschaft belegt etwas anderes. Denn wir können durchaus Höchstleistungen erbringen und daraus Energie ziehen, wenn wir es richtig machen. Mihály Csíkszentmihályi, ein ungarisch-amerikanischer Psychologe und Stressforscher, hat in einer Langzeitstudie sogar herausgefunden, dass die meisten Glücksmomente nicht in der Freizeit, sondern bei der Arbeit erlebt werden.[3]

Statt Leistung und Einsatz zu verteufeln, sollte man sich doch lieber überlegen, was es braucht, um ohne Dauerstress und mit voller Energie und Motivation dauerhaft leistungsfähig sein zu können.

Dafür möchte ich dir das Modell der Superkompensation vorstellen.[4] Es handelt sich dabei um ein Prinzip, das du in deinen

Alltag übernehmen solltest. Hierbei wechseln sich die Phasen von intensiver Anstrengung immer wieder mit Regenerationsphasen ab, wie beim Sport. Wenn du dann zum richtigen Zeitpunkt wieder eine Anstrengung einbaust, schraubst du deine gesamte Leistungsfähigkeit permanent nach oben. Das hilft dir, Dauerstress zu vermeiden, der mittelfristig nur dazu führt, dass deine Leistungsfähigkeit immer niedriger wird. Die Wissenschaft hat belegt: Auszeiten – z. B. beim Sport – helfen dabei, dass bestimmte Gehirnareale kurzzeitig frei von Reizen sind, damit du danach wieder neuer und kreativer denken kannst. Im Alltag bewirken schon kleine sogenannte Mikropausen von nur zwei bis fünf Minuten Wunder, denn du bist direkt im Anschluss wieder leistungsfähiger. Eine kurze Pause, die du nur für dich nutzt, in der du dich vielleicht an schöne Momente erinnerst, sorgt durch das Ausschütten von Glückshormonen für mehr Energie und eine höhere Leistungsfähigkeit.

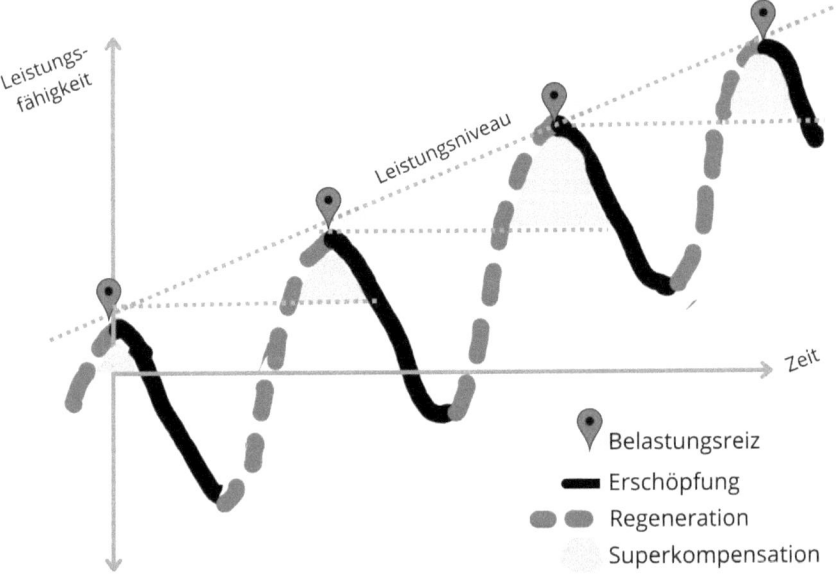

Abbildung 37: Superkompensation

Hinzu kommt, dass deine Motivation davon abhängt, *wie* du etwas tust, und nicht, *wie viel* du tust. Es ist nicht die Menge an Leistung, die uns erschöpft, sondern das *Wie*.

Ein Mensch bringt nämlich die beste Leistung, wenn die Aufgaben am Rande der aktuellen Fähigkeiten liegen. Wir brauchen also herausfordernde Tätigkeiten.

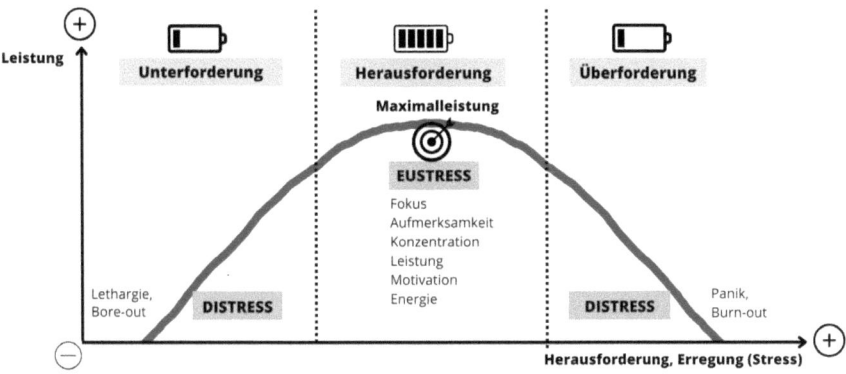

Abbildung 38: Maximalleistung – Yerkes-Dodson-Gesetz

Um überhaupt Leistung erbringen zu können, brauchen wir Menschen sogar eine gewisse Anspannung. Über die höchste Leistungsfähigkeit verfügen wir bei einer mittleren Anspannung.

Außerhalb dieses Bereichs, wenn die Anspannung zu gering ist, sinkt die Leistungsfähigkeit – wir werden müde, erschöpft, lustlos bis hin zu lethargisch.

Ist die Anspannung zu hoch, nimmt der Stress überhand, Panik bricht aus, die Leistungsfähigkeit sinkt. Man ist weniger reaktionsbereit, nimmt Wissen schlechter auf und legt den Fokus auf Risiken und Gefahren. Dies zeigt sich bei Vorträgen oder auch beim Spitzensport, wenn es zu Totalausfällen kommt.[5]

Wir alle kennen das: Wenn Gewohnheiten zu Routinen werden, werden sie langweilig. Wachstum ist daher ein permanentes Arbeiten an den eigenen Grenzen – man verbessert sich so, dass man die nächste Leistungsstufe erreicht. Wichtig ist hier auch wieder das Dranbleiben – auch wenn die Tätigkeit mal nicht so spannend ist, ist das Dranbleiben ein Erfolgsgarant.

KAPITELZUSAMMENFASSUNG

Mehr Freiraum und bessere Performance – in diesem Kapitel hast du Folgendes dazu gelernt:

- Performance heißt, in klaren, messbaren Schritten dem gesetzten Ziel näher zu kommen.

- Produktiv ist nicht, wer am meisten Zeit investiert und Multitasking betreibt. Denn Fokus macht erfolgreich – also Präsenz, zielrelevante Aufgaben und der Fokus-Modus.

- Priorisiere deine To-do-Liste mit der Eisenhower-Matrix, je nachdem, ob die Aufgaben wichtig und dringend sind oder eben nicht. Erstell dir auch eine Not-to-do-Liste und eliminiere die Aufgaben, die du nie wieder tun wirst.

- Lerne, loszulassen und Verantwortung abzugeben, denn so schaffst du dir mehr Freiraum.

- Das größte Wachstum für dich als Unternehmer und Führungskraft liegt darin, dass du dich aus operativen Themen herausziehst und mehr zu strategischen Themen kommst. Dies zeigt dir auch die Führungstreppe zu den Entwicklungsstufen einer Führungskraft.

- Teufelskreis des eigenen Leistungszwangs: Die eigentliche Ursache deines Hamsterrads wird durch deine Denk- und Verhaltensweisen erzeugt, mit denen du dich selbst sabotierst. Diese wiederum erzeugen Demotivation und Verantwortungslosigkeit bei deinen Mitarbeitern.

- Ein leistungsfähiges Team braucht das richtige Set-up, also eine Ausrichtung auf die Zukunft, die richtige Ausstattung, die richtige Organisationsstruktur.

- Verschaff dir Klarheit über deine Mitarbeiter, indem du sie kategorisierst: Top Performer, Performer, Low Performer.

- Nutze das Modell der Superkompensation aus dem Leistungssport als Grundlage für deine optimale Leistungsfähigkeit. Denn Höchstleistungen brauchen Anspannung und Entspannung im Wechsel.

- Ein gewisses Maß an Anspannung ist nötig, um überhaupt Leistung erbringen zu können. Die höchste Leistungsfähigkeit haben wir bei einer mittleren Anspannung. Das größte Wachstum entsteht an den Grenzen der eigenen Leistungsfähigkeit.

- Es ist nicht das *Wie viel* an Leistung, das uns erschöpft, sondern das *Wie*.

WAS BEDEUTET DAS FÜR DICH ALS FÜHRUNGSKRAFT?

- Implementiere den Fokus-Modus in deinem Team für ungestörtes Arbeiten, etabliere Fokus-Blöcke, minimiere das Multitasking.

- Nutze selbst den Fokus-Modus für ungestörtes Arbeiten.

- Verzichte auf To-do-Listen und arbeite mit Zielmanagement.

- Gib Verantwortung ab, lass los, steige aus dem Hamsterrad aus und motiviere deine Mitarbeiter dazu, über sich hinauszuwachsen.

- Zeig deinem Team die Entwicklungsstufen einer Führungskraft und gib operative Aufgaben ab.

- Stopp den Teufelskreis des Leistungszwangs – bei dir und deinem Team.

- Verschaff dir Klarheit über deine Mitarbeiter. Gib ihnen ein klares Feedback, fördere und entwickle sie entsprechend. Erstellt gemeinsam abgestimmte Zielpläne und formuliert entsprechende Erwartungshaltungen.

- Nutze das Modell der optimalen Leistungsfähigkeit, um aus deinem Team Höchstleistungen herauszuholen. Fördere deine Mitarbeiter, indem du ihnen herausfordernde und gleichzeitig auch zu bewältigende Aufgaben gibst.

- Erarbeite dir ein starkes Team-Set-up.

5
LERNE VON ERFOLGREICHEN DEUTSCHEN TOPUNTERNEHMERN

«Der Unterschied zwischen
einer erfolgreichen Person und anderen
ist nicht ein Mangel an Kraft, nicht ein
Mangel an Wissen, sondern eher ein
Mangel an Willen.»

Vince Lombardi
(erfolgreicher Trainer im American Football)

In diesem Kapitel erfährst du von fünf erfolgreichen deutschen Topunternehmern, wie sie starke Führung leben und was ihre Erfolgsgeheimnisse sind. Gemäß dem Ziel «Lerne von den Besten» erhältst du so noch weitere wertvolle neue Impulse. Im Rahmen eines Interviews haben sie ihre persönlichen Erfahrungen und Erkenntnisse zur eigenen Karriere und zu starker Führung geteilt.

Die fünf interviewten Unternehmer sind:

- Albrecht Reimold – Porsche AG (Vorstand)
- Dr. Ariane Reinhart – Continental AG (Vorstand)
- Dr. Sidonie Golombowski-Daffner – Novartis AAA (Vorstand und Präsidentin)
- Andreas Rapp – Jabra (GN Audio) (Vice President EMEA)
- Matthias Pohl – Kölle Zoo/Fressnapf-Franchise (Inhaber)

Ich danke hier nochmals allen meinen Interviewpartnern für ihre Zeit, die spannenden Geschichten und wertvollen Impulse. Dieser Teil im Buch soll dem Leser wertvolle Impulse erfolgreicher deutscher Unternehmer liefern und so einen Teil ihrer Erfahrungen für alle Interessierten zugänglich machen.

ALBRECHT REIMOLD

VORSTANDSMITGLIED DER PORSCHE AG

www.porsche.com

Albrecht Reimold ist Mitglied des Vorstandes Produktion und Logistik der Dr. Ing. h.c. F. Porsche AG.

Porsche ist einer der erfolgreichsten Luxus-Sportwagenhersteller der Welt und gehört zu den 40 wichtigsten Unternehmen Deutschlands. Erst im September 2022 hat Porsche den größten in Europa jemals durchgeführten Börsengang auf Basis der Marktkapitalisierung erfolgreich abgewickelt.[1] Im Jahr 2022 wurden 37,6 Mrd. Euro Umsatzerlöse erzielt, 39.162 Mitarbeiter beschäftigt und 313.721 Fahrzeuge ausgeliefert.[2]

Nicole: Herr Reimold, Sie sind vom Werkzeugmacher (damals auch zum Bundessieger gekürt) über ein Ingenieurstudium (mit Auszeichnung als Jahrgangsbester) in ein Traineeprogramm bei Audi eingestiegen. Dort stiegen Sie vom Assistenten des Werkleiters zum Audi-Werkleiter auf. Von 2012 bis 2016 waren Sie Vorsitzender und Mitglied des Vorstands für Technik im Volkswagen-Werk Slovakia, Bratislava und sind nun seit 2016 im

Vorstand der Porsche AG.³ Eine sehr beeindruckende Karriere, die mit vielen Auszeichnungen gesät ist.

Was sind die Dinge, die Sie in Ihrer Karriere am meisten vorangebracht haben?

Albrecht Reimold: Ganz wichtig ist: Spaß zu haben an dem, was man macht. Außerdem muss man glaubwürdig sein. Worte und Taten müssen übereinstimmen. Als Führungskraft muss ich zudem überzeugen, motivieren und andere mitnehmen können. Ich muss also die Rolle als Leader annehmen und ausfüllen.

Darüber hinaus braucht es natürlich fachliche und überfachliche Kompetenz, verbunden mit einer hohen Lernbereitschaft und -fähigkeit. Der Volkswagen-Konzern, das kann ich aus meiner eigenen Erfahrung sagen, ist hier vorbildlich unterwegs. Er fördert die Qualifizierung in einem hohen Maß – auch und gerade von Führungskräften. Die Förderung beginnt aber schon früher. Ich bin beispielsweise über ein Traineeprogramm bei Audi eingestiegen. So ein Programm hilft, die Wirkzusammenhänge im Unternehmen sehr gut zu verstehen.

Last, but not least benötigt es auch ein wenig Glück, indem man zum richtigen Zeitpunkt am richtigen Fleck ist und Förderer hat, die einen wahrnehmen. Wenn sich niemand für dich interessiert, kommst du nicht voran – auch wenn du noch so gute Arbeit leistest.

Nicole: Was sind denn Ihre Tipps, um zum richtigen Zeitpunkt am richtigen Ort zu sein?

Albrecht Reimold: Man sollte die Chancen nutzen, die sich einem bieten. Neue Herausforderungen haben mich extrem gereizt und ich hatte immer den Mut und Drang, mich in einer neuen Aufgabe weiterzuentwickeln. Das hat dazu geführt, dass ich an vielen Innovationen beteiligt war. Beispielsweise habe ich das erste Alu-Auto, also die erste Aluminium-Karosserie, mitentwickelt *(für den Audi A8, wofür Albrecht Reimold 1997 den Ferdinand-Porsche-Preis erhalten hat).* Diese Offenheit für Neues ist anderen aufgefallen und deshalb bin ich schon früh zum Assistenten der Werkleitung bei Audi in Neckarsulm berufen worden.

Klar ist auch: Du musst viel Zeit in deine Karriere investieren. Das geht nicht mit halbem Einsatz. Darüber hinaus musst du mit anderen kommunizieren können und wollen, du brauchst Ausstrahlung und Empathie. Dein Team muss das Gefühl haben, dass du mit ihnen durchs Feuer gehst, wenn es sein muss.

Mir persönlich hat das bereits erwähnte Traineeprogramm sehr viel gebracht. Dabei lernt man alle sechs bis acht Wochen andere Bereiche kennen und übernimmt neue Aufgaben. Wichtig ist die Einstellung: Ich kann das Programm als Sightseeing-Tour durch diverse Bereiche sehen oder mich mit all meinem Wissen und meiner Neugier einbringen, um eine konkrete Aufgabe zu übernehmen. Ich wollte immer die Herausforderung, denn: Wenn ich anderen zeige, dass ich lern- und leistungsfähig bin, erinnern sich die Personen auch wieder an einen. So konnte ich im Anschluss an das Traineeprogramm auch aus unterschiedlichen Angeboten wählen.

Nicole: **Sie sagen, das geht nicht mit halbem Einsatz. Was meinen Sie damit?**

Albrecht Reimold: Als wir seinerzeit an der Aluminium-Karosserie gearbeitet haben, habe ich nahezu rund um die Uhr mit meiner Arbeit verbracht. Das war faszinierend und herausfordernd.

So ein Pensum geht aber nur, wenn die Familie einen entsprechenden Rückhalt bietet. Meine Frau hat das über all die vielen Jahre unterstützt und die Hauptlast bei der Erziehung unserer vier Kinder getragen. Dieses gegenseitige Verständnis ist die Voraussetzung, dass man sich bei der Arbeit gut fühlt und in der engen Freizeit zu Hause nicht permanent ein schlechtes Gewissen haben muss.

Mir ist bewusst: Ich tauge hier nicht als Vorbild für eine gute Work-Life-Balance – zumindest nicht nach heutigen Maßstäben, wenn man sich entsprechende Umfragen anschaut. Aber das muss jeder für sich entscheiden und vor allem mit seinem direkten privaten Umfeld. Klar, das geht nicht immer reibungslos und die Familie hat natürlich auch Erwartungen. Ich hatte aber das große Glück, dass meine Frau und meine Kinder auch die Vorteile gesehen und geschätzt haben, die mein Job mit sich gebracht hat. Die gemeinsame Zeit haben wir dafür umso intensiver genossen und haben dennoch viel miteinander unternommen.

Nicole: Setzen Sie dann bewusst Prioritäten – Familienzeit ist Familienzeit? Oder was hilft Ihnen, diese Trennung und den Fokus hinzubekommen?

Albrecht Reimold: In der ersten Phase meines Berufslebens war das tatsächlich einfacher, denn es gab noch keine Handys. Mein erstes Handy hatte ich 1993, sechs Jahre nach meinem Berufseinstieg. Prinzipiell gilt für mich aber auch heute: Wenn ich zu Hause bin, steht die Familie im Mittelpunkt. Dennoch gehe ich natürlich ans Telefon, wenn es dringende Themen zu klären gilt. Mein Team weiß das ganz gut einzuschätzen, und ich kann mich darauf verlassen. Ansonsten halte ich es aber so: Wenn ich arbeiten möchte, gehe ich in die Firma. Ich möchte nicht beim

Essen mit der Familie sitzen und nebenher telefonieren. Das hat auch was mit Wertschätzung zu tun.

Das gilt für mich im Übrigen auch bei Meetings. Ich halte es für eine Unsitte, dass viele hochkarätige Führungskräfte ständig aus Meetings herausrennen und telefonieren. Ich gehe in Meetings nie an mein Handy. Es gibt doch die schlaue Taste «Ich rufe zurück», und dann halte ich mir eben Slots frei, um meine Rückrufe zu machen. Und wenn es tatsächlich einmal brennt, dann kann das mein Büro sehr gut einordnen und holt mich kurz aus dem Meeting heraus. Dann entschuldigt man sich, geht mit einer Begründung raus und drückt den anderen Teilnehmern damit seine Wertschätzung aus.

Nicole: Herr Reimold, Sie achten ja auch darauf, Ihre Schritteziele einzuhalten. Wie wichtig ist Ihnen die körperliche Fitness und Ihre Freizeit?

Albrecht Reimold: Die physische Fitness ist für mich die Grundvoraussetzung, um geistig fit zu sein. Deswegen kümmere ich mich auch darum und es macht mir auch Spaß, mich zu bewegen – beispielsweise beim Skifahren.

Ebenso lege ich großen Wert auf meinen Freundeskreis und meine Hobbys. Da kann es dann auch schon einmal spät werden ... Aber das ist es mir wert und dann leidet halt der Schlaf darunter. Das weiß ich aber vorher. Mein Vater kannte da auch kein Pardon. Wenn ich am Freitag Musikprobe mit der Blaskapelle hatte und am Samstagmorgen erst um 5 Uhr nach Hause gekommen bin, hat mich mein Vater dennoch um 7 Uhr geweckt, um mit ihm die unterschiedlichsten Dinge zu erledigen. Das war eine harte Schule. Es hat mich aber auch schon früh gelehrt, wie wichtig es ist, diszipliniert und konsequent zu sein. Das habe ich auch versucht, meinen Kindern mitzugeben. Es gibt selten etwas geschenkt, man muss sich das meiste erarbeiten. Insofern war es meiner Frau und mir auch immer wichtig, dass unsere Kinder Ferienjobs machen und ihr eigenes Geld verdienen – beispielsweise um ein Moped zu kaufen oder das erste Auto. Das mag konservativ klingen, und natürlich haben wir unsere Kinder auch in vielen Bereichen unterstützt. Aber für den inneren Kompass ist es immer gut, zu wissen, dass Wohlstand kein Selbstläufer ist. Unsere Kinder sind heute beruflich gut unterwegs – offensichtlich sind sie gut damit gefahren.

Nicole: **Was braucht es Ihrer Meinung nach, um erfolgreich zu sein und an die Spitze eines Unternehmens zu kommen?**

Albrecht Reimold: Integrität und Verlässlichkeit – als Persönlichkeit und in der Rolle einer Führungskraft. Nur wenn man eine hohe Akzeptanz in der Mannschaft hat, geht sie gern den gemeinsamen Weg und auch die berühmte Extrameile. Das war auch bei mir eine Entwicklung über die vergangenen drei Jahrzehnte. Dabei habe ich vor allem meine Kommunikation verändert – auch weil die Erfahrung über die vielen Projekte zugenommen hat und ich immer routinierter wurde. Ich mag keine unnötigen Worte. Aber wenn ich etwas sage, muss es für mein Team klar nachvollziehbar sein und Orientierung geben.

Darüber hinaus müssen Führungskräfte Leidenschaft mitbringen und vorleben. Ich denke und spreche sehr schnell und muss natürlich aufpassen, dass ich meine Leute mitnehme. Aber ich habe Spaß an meinem Job, ich möchte meine Mannschaft für neue Themen motivieren, möchte selbst diese Offenheit und Lernbereitschaft ausstrahlen und nehme auch selbst gern immer wieder neue Ideen auf. Nur über diesen intensiven und direkten

Austausch schafft man Nähe und Vertrauen. Und es freut mich, dass ich von meinem beruflichen Umfeld immer wieder ein positives Feedback erhalte und meine authentische Art ankommt.

Spannend ist auch: Als ich im Traineeprogramm war, hatten alle das Ziel, Abteilungsleiter zu werden – außer ich. Für mich war der Weg das Ziel. Ich habe schlicht versucht, so viel wie möglich zu lernen und mitzunehmen, mich einzubringen, mich über meine Arbeit und mein Interesse an der Materie zu zeigen. So haben sich zwangsläufig Chancen eröffnet, und ich habe die Möglichkeiten genutzt. Man kann nicht alles im Vorfeld planen, man muss andere für sich gewinnen. Nette Pointe: Ich habe es schließlich am schnellsten aus dem Kreis zum Abteilungsleiter geschafft.

Nicole: **Sie haben von der Uni Köln und der Kluge Stiftung einen Award erhalten für besonders menschliches, aber konsequentes Führen. Was sind zentrale Erfolgsfaktoren für eine starke Führung?**

Albrecht Reimold: Glaubwürdigkeit, Authentizität, Integrität – ich habe diese Punkte ja schon angesprochen. Wenn Sie nicht vorleben, was Sie von anderen erwarten, endet es selten gut. Wenn ich von anderen Pünktlichkeit erwarte, darf ich selbst nicht immer zu spät zu Meetings kommen. Das kommt nicht gut an. Denn gerade als Chef wirst du immer beobachtet und bist ein Vorbild. Wenn du ein Auto mit einem Verbrennermotor hast, dann parkst du eben nicht an einer Elektroladestation.

Wichtig ist auch, die Sprache der Mitarbeiter zu sprechen, bodenständig zu bleiben und auf dem Karriereweg nie die Beurteilungskompetenz zu verlieren. Das ist die Grundlage dafür, dass sie über alle Ebenen hinweg gehört und akzeptiert werden.

Sie müssen Verantwortung übernehmen – deshalb bekommt man ja auch mehr Geld. Die Mitarbeiter haben ein feines Gespür, wenn sich jemand wegduckt und aus der Verantwortung stiehlt. Ich habe kein Problem damit, Entscheidungen zu treffen – am besten zügig und konsequent. Grundlage dafür ist auch hier die Beurteilungskompetenz. In hochkomplexen Situationen muss ich in der Lage sein, die Wirkzusammenhänge zu erkennen und schnell zu analysieren. Wenn ich die Zusammenhänge verstehe, kann ich entscheiden – auch ohne mich immer zu hundert Prozent abzusichern.

Sie brauchen ein gutes Gespür für Menschen in einem Hochleistungsteam. Wenn sich jemand nicht wohlfühlt oder überlastet ist, muss man als Führungskraft darauf eingehen. Der eine muss sich dann vielleicht erst einmal etwas zurücknehmen, der andere muss vielleicht etwas cooler werden und wieder andere benötigen meine direkte Unterstützung.

Und schließlich, das habe ich ja auch schon erwähnt, muss man Leidenschaft zeigen und vorleben.

Nicole: Waren Porsche oder die Automobilbranche schon immer Ihr Ziel?

Albrecht Reimold: Nein, das nicht. Aber ich bin über meinen Vater in das Thema reingewachsen. Er war Meister in einem Betrieb für Landmaschinentechnik. Da habe ich viel mitbekommen – auch wie man Traktoren oder Mähdrescher repariert. Lehrreich waren seine Einsätze, wenn es mal wieder Probleme mit den Maschinen während der Ernte gab. Natürlich war da sein Fachwissen gefragt. Aber er musste auch mit den Menschen und ihren Emotionen in einer absoluten Stresssituation umgehen.

Das waren für mich wertvolle Erfahrungen. Neben handwerklichem Wissen habe ich dabei viel über die Schnittstellen von Kunden, Mitarbeitern und Kollegen gelernt.

Nicole: **Wenn Sie Führungspersonen einstellen, was sind die Fähigkeiten und Qualifikationen, auf die Sie achten?**

Albrecht Reimold: Ich schaue mir den Werdegang genau an. Ich möchte wissen, ob die Bewerber schon mal ein dickes Brett gebohrt oder auch gegen Widerstände gekämpft haben. Sie müssen mir grundsätzlich sympathisch sein. Denn ich kann Menschen zwar mit Fachwissen anreichern, aber wenn sie nicht ins Team passen und die überfachlichen Fähigkeiten zu sehr zu wünschen übrig lassen, macht es schlicht keinen Sinn.

Das habe ich auch immer wieder von Trainern aus dem Mannschaftssport bestätigt bekommen. Ich unterhalte mich viel mit ihnen. Auch für sie hat es höchste Priorität, dass jemand ins Team passt. Und ja, es ist schwierig, einem Menschen das so klar zu sagen. Vor allem, wenn es sich vielleicht erst im Laufe der Zeit zeigt und man schon eine gewisse Beziehung aufgebaut hat. Das sind dann besonders herausfordernde Gespräche und schwierige Entscheidungen. Aber dann muss man gemeinsam eine Lösung finden und dafür sorgen, dass es für den Mitarbeiter an einer anderen Stelle weitergeht.

Auch hier gilt: Du musst deine Erwartung und Entscheidung klar kommunizieren. Das gehört zu einer guten Führungskraft. Dein Gegenüber muss die Beweggründe verstehen, auch wenn es sie nicht immer akzeptieren wird. Aber auch das gehört zu Leadership dazu.

Nicole: Gab es in Ihrer Karriere auch Mentoren, die Sie da unterstützt und weitergebracht haben?

Albrecht Reimold: Mentoren gibt es immer. Das fängt in der Familie an. Die Mutter, die sehr konsequent war in Bezug auf Hausaufgaben, Noten in der Schule. Der Vater, der sagte: «Ich brauch dich am Samstag.» Natürlich auch die Lehrer in der Schule. Dort ist es ja nicht anders als im Berufsleben: Ist ein Lehrer ein Vorbild, macht man automatisch mehr.

Der Meister während meiner Lehre zum Werkzeugmacher war ebenfalls ein Vorbild. Er war sehr herausfordernd. Aber er hat mich vor allem deshalb mehr gefordert als die anderen Lehrlinge, weil er meinen Willen und mein Potenzial erkannt hatte. Auch später hatte ich das Glück, dass Leute auf mich geachtet haben im Sinne von: «Den kann man strapazieren, der möchte Themen voranbringen». Ich habe sehr viele Manager in den Jahren kennengelernt und immer darauf geachtet, wie diese Führungskräfte ihren Job ausfüllen. Das war immer wieder bereichernd, und ich konnte viele positive Dinge für mich übernehmen.

Nicole: So eine Karriere ist auch immer mit größeren Herausforderungen gespickt. Was waren Ihre größten Herausforderungen und welche Erkenntnisse hatten Sie dadurch?

Albrecht Reimold: Die erste Herausforderung war, in einem großen Unternehmen im industriellen Umfeld Fuß zu fassen. Gerade wenn man von Haus aus eher zurückhaltend ist und das Gefühl hat, dass die Führungskräfte im Unternehmen alle Superhelden sind. Man merkt sehr schnell, dass viele nur mit Wasser kochen.

Ein bitteres Erlebnis und eine extrem große Herausforderung war es, als ich als Werkleiter plötzlich 1500 Mitarbeitern sagen musste, dass wir nicht ausgelastet sind. Dahinter stecken so viele Familienschicksale, und du stellst dir die Frage: Wie gehe ich das jetzt an? Wir haben alles dafür getan, um Perspektiven zu geben. Wir haben nach alternativen Stellen gesucht, sind ungewöhnliche Wege gegangen und sogar an unsere Wettbewerber herangetreten. Es war meinem Führungsteam und mir ein großes Anliegen, die Kolleginnen und Kollegen nicht im Regen stehen zu lassen. Das wäre nicht fair gewesen und hätte nicht zu uns gepasst.

Die dritte große Herausforderung war der Schritt ins Ausland, nach Italien zu Lamborghini oder später auch in die Slowakei. Andere Kulturen, andere Sprachen – das ist nicht so einfach, weil du nicht so leicht verstehst, wie du bei den Menschen mit deiner Art ankommst. Letztlich dreht es sich aber auch hier immer um die gleichen Themen: Glaubwürdigkeit und Fairness im Umgang mit den Menschen.

Fachlich habe ich eigentlich nie Schwierigkeiten gehabt, weil ich mir immer das Wissen von erfahreneren Führungskräften geholt habe oder von anderen Persönlichkeiten, die ich im Laufe meines langen Berufslebens kennenlernen durfte. Aber die überfachlichen Themen, die fordern mich bis heute.

DR. ARIANE REINHART

VORSTANDSMITGLIED DER CONTINENTAL AG

www.linkedin.com/in/ariane-reinhart/
www.continental.com

Dr. Ariane Reinhart ist Vorständin für Personal und Nachhaltigkeit sowie Arbeitsdirektorin von Continental.

Continental entwickelt wegweisende Technologien und Dienste für die nachhaltige und vernetzte Mobilität der Menschen und ihrer Güter.[4] Der Continental-Konzern umfasst 472 Gesellschaften (einschließlich nicht beherrschter Unternehmen) und beschäftigt rund 200.000 Mitarbeiter. Der Konzern ist an insgesamt 527 Standorten in 58 Ländern und Märkten vertreten. Hinzu kommen Vertriebsstandorte mit 944 eigenen Reifenfachgeschäften und insgesamt rund 5.200 Franchisebetrieben sowie Betrieben mit Continental-Markenauftritt. Im Jahr 2021 erzielte der Konzern einen Umsatz in Höhe von 33,8 Milliarden Euro.[5]

Dr. Ariane Reinhart, geboren 1969 in Hamburg, studierte von 1990 bis 1998 Jura und wurde im Jahr 2000 zum Dr. jur. promoviert. Von 1998 bis 1999 arbeitete sie für die International Labour Organization in Genf im Bereich Labour Law and Labour Relations. Von 1999 bis 2014 war Dr. Ariane Reinhart in verschiedenen Positionen für den Volkswagen-Konzern tätig, unter anderem als Leiterin der Konzernmanagemententwicklung Vertrieb und Marketing sowie als Mitglied des Vorstands (Personal) von Bentley Motors Ltd., Crewe, England. Seit Oktober 2014 ist Dr. Ariane Reinhart Personalvorständin und Arbeitsdirektorin von Continental in Hannover und verantwortet darüber hinaus den Bereich Nachhaltigkeit.[6]

Nicole: **Frau Dr. Reinhart, wenn Sie auf Ihre Karriere zurückschauen, was sind die Dinge, die Sie am meisten vorangebracht haben?**

Dr. Ariane Reinhart: Was mich immer vorangebracht hat: Neues zu wagen. Das liegt mit Sicherheit auch an meiner sozialen Prägung. Gerade in meiner Generation, ich bin jetzt Anfang 50, die zum Großteil aus Nicht-Akademikerhaushalten kommt, ging es darum, sich aus dem Bekannten herauszuwagen. Das gab Aussicht auf Aufstieg. In meiner Familie gab es vorher keine Akademikerinnen oder Akademiker, und meine Mutter war alleinerziehend. Ich wusste schon früh, dass ich mich anstrengen und die Dinge selbst in die Hand nehmen muss und sich das Aufstiegsversprechen durch Bildung nicht von allein erfüllt. Meine Mutter war sicherlich für ihre Generation auch eine Art Feministin. Ihr waren die Unabhängigkeit der Frau, deren Gleichstellung und die Begegnung auf Augenhöhe sehr wichtig. Das hat mich schon früh geprägt und begleitet mich bis heute. Ich bin davon überzeugt, dass ich aus dieser Unabhängigkeit viel

Selbstbewusstsein ziehe. Selbst wenn es schwierig wird, sage ich mir: «Ich schaff das». Mir macht es regelrecht Spaß, herausfordernde Situationen anzunehmen und daraus etwas Neues zu gestalten. Ich sehe in allem Opportunitäten. Ich denke, das ist ein wesentlicher Teil von mir. Zusammenfassend: Zielstrebigkeit, ein starker Wille und Selbstbewusstsein, das sind die Dinge, die mich am meisten vorangebracht haben. Mir war es immer wichtig, meine Ziele nicht aus den Augen zu verlieren und den Kurs zu halten, auch oder gerade dann, wenn einem auf diesem Weg Hindernisse begegnen. Denn es gibt viele, die, wenn sie mal hinfallen, nicht mehr weitermachen oder einen anderen Weg einschlagen. Das war für mich nie eine Option. Selbst wenn man hinfällt, und das tut jeder von uns, oder der Weg sehr steinig wird und wehtut, muss man an seinen Zielen festhalten.

Nicole: **Und was waren Ihre größten Herausforderungen in der Karriere und Ihre Erkenntnisse daraus?**

Dr. Ariane Reinhart: Meine größte Herausforderung war es, mich als Frau in der Automobilbranche zu behaupten. Ich war damals eine der jüngsten außertariflichen Mitarbeiterinnen. Ich musste mich erst einmal zurechtfinden, die Art der Arbeit und Zusammenarbeit verstehen. Doch indem man solche Situationen annimmt, kann man daraus viel Stärke ziehen. Ich kam, wie gesagt, nicht aus einem akademischen Haushalt, hatte kaum Berührungspunkte mit der Industrie, noch kannte ich mich damit aus, wie so große Unternehmen im Detail funktionieren. Wenn jemand im engeren Familien- oder Bekanntenkreis eine Führungskraft hat, dann hilft das, um sich besser in diesem Umfeld zurechtzufinden. Ich wurde oft unterschätzt. Daher brauchte ich die richtige Einstellung, um meine Ziele zu erreichen.

Am Ende geht es aber immer darum, das richtige Rüstzeug zu haben, um jede Herausforderung anzunehmen und schlussendlich zu meistern.

Nicole: Hatten Sie ein klares Ziel vor Augen, oder war es Ihre Zielstrebigkeit, die Sie vorangebracht hat?

Dr. Ariane Reinhart: Ich wollte immer Karriere machen, später habe ich verstanden, dass ich vor allem gestalten wollte. Also Freude an der Macht nicht zum Selbstzweck, sondern um Einfluss zu haben und Dinge in meinem Sinne prägen zu können. Diese Möglichkeiten sind sicherlich das, was mich angetrieben hat. Natürlich war mir aber auch finanzielle Unabhängigkeit immer wichtig. Zu Hause ging es uns finanziell nicht immer gut. Ich glaube, das ist auch etwas, das uns von den jüngeren Generationen unterscheidet. Denn unsere Kinder und Enkel haben natürlich ganz andere Startbedingungen, als wir sie hatten. Ich wollte immer auf Augenhöhe mit den Männern sein. Das war mir früh klar. Ich habe mir immer gesagt, ich kann das genauso gut wie ein Mann, manches sogar besser.

Nicole: Was sind Ihre Tipps, wie sich eine Frau auch gegen Männer durchsetzen kann?

Dr. Ariane Reinhart: Wir dürfen Männer nicht kopieren wollen und müssen authentisch bleiben. Lächeln ist auch eine Art, Zähne zu zeigen. Als junge blonde Frau wurde ich oft unterschätzt, als Sekretärin abgetan, offensichtlich diskriminiert. Es kamen wirklich dumme Sprüche. Da musste ich ein dickes Fell haben. Aber nicht nur im Sinne von: «Ich lass das über mich ergehen», sondern um sich klar zu positionieren, also den Männern und Kollegen frühzeitig zu verstehen zu geben, dass man eine Position hat und eine Meinung, die es wert ist, gehört zu werden. Dabei geht es nicht nur um die berufliche Position, sondern auch um die eigene Kompetenz und darum, den eigenen Anspruch anzumelden: Das ist mein Kompetenzfeld, das ist mein Verantwortungsbereich und das ist meine Meinung. Oder eben auch zu sagen: «Dem stimme ich nicht zu» und «Das sehe ich anders.» Es ist wichtig, sich klar zu positionieren und zu sagen, ich lass mich hier nicht umwehen, weil mich mal einer anbellt. Das beeindruckt mich überhaupt nicht. Bei einem früheren Arbeitgeber haben sich auch mal Kollegen angeschrien. Das finde ich lächerlich. Über Lautstärke lässt sich weder eine Position halten, noch hilft sie dabei, Hindernisse zu bewältigen. Solche Führungskräfte erschrecken bzw. verschrecken die gesamte Organisation. Ich bin Humanistin und davon überzeugt, dass Selbstbestimmung die Menschen dazu treibt, die eigene Freiheit zu gestalten und eigenständig zu arbeiten und zu leben. Das ist der Rahmen, den es braucht, um Menschen in einer Organisation zu entwickeln.

Nicole: Wie schaffen Sie es, Ihre Mitarbeiter zu motivieren, damit sie brennen, aber nicht ausbrennen?

Dr. Ariane Reinhart: Ich bin bekennende Anhängerin von Personaldiagnostik und Personalauswahl. Daher wissen wir, dass es persönliche Grundkompetenzen gibt, die man nicht entwickeln kann. Es gibt Studien, die zeigen, dass man schon bei Kleinkindern um die drei Jahre erkennt, wie hoch die intrinsische Motivation ist. Ob sie eher extrovertiert oder introvertiert sind und in welche Richtung demnach der berufliche Weg gehen könnte. Das heißt also, wir schauen von vornherein nach potenziellen Profilen, die eine hohe intrinsische Motivation haben. Dafür nutzen wir Personaldiagnostik, und zwar für unsere gesamte

Organisation. Mir ist der Dreiklang aus Wollen, Können, Dürfen viel wichtiger als ein Formalabschluss, also beispielsweise eine gute Note im Studium. Dabei ist das Wollen aus meiner Sicht die wichtigste Komponente von allen. Wenn jemand wirklich will, dann muss er oder sie dürfen können. Dafür bin ich als Führungskraft zuständig: durch Empowerment den Rahmen zu geben. Ich selbst führe mein Team über positive Bestätigung. Ich umarme lieber zweimal und klopfe dreimal auf die Schultern. Ich bin davon überzeugt, dass eine emotionale Bindung zwischen Führungskräften und Mitarbeiterinnen und Mitarbeitern auch vor starker Fluktuation schützt. Ich sehe das in meinem Team. Seit acht Jahren habe ich ein stabiles Kernteam und so gut wie keine Fluktuation. Dazu muss man sagen, wir haben in den letzten acht Jahren bei Continental die größte Transformation unserer 150-jährigen Geschichte umgesetzt. Dafür braucht man ein Team, das zusammenhält. Dabei helfen emotionale Bindung und positive Bestätigung. Leadership ist eben eher Orientierung und Energie geben – also gemeinsam den Weg bestimmen und dann gezielt Impulse setzen, um die Menschen im positiven Sinne zu entfachen und das Feuer am Lodern zu halten. Das geht durch entsprechende Einbindung, Kommunikation und Teilhabe. Und es geht eben auch darüber, dass wir auch mal gemeinsam richtig Party machen.

Nicole: **Sie nutzen Personaldiagnostik. Auf welche Qualitäten und Fähigkeiten achten Sie, wenn Sie Führungskräfte einstellen?**

Dr. Ariane Reinhart: Ich suche und schätze diverse Teams. Ich brauche keine Abziehbilder von mir, sondern vielmehr Kolleginnen und Kollegen, die mich gelegentlich wieder auf den Boden der Tatsachen holen. Ich habe viele Ideen, bin sehr kreativ und sehe immer gleich die Zukunft. Dann brauche ich mein Team, das mir sagt: «Das ist eine gute Idee, wir lassen uns drauf ein und gehen mit dir den Weg», das mir gleichzeitig aber auch sagt, worauf wir achten müssen, und Optionen aufzeigt. Und manchmal muss ich eben auch mal von meiner Wolke heruntergeholt werden. Dann muss mein Team sich auch trauen zu sagen: «Das ist keine gute Idee.» Das macht mein Team auch, es erdet mich. Ich brauche Kolleginnen und Kollegen, die mich herausfordern, die mit mir in die Iteration gehen und die ebenfalls Spaß daran haben, zu gestalten. Wenn ich eine Idee oder manchmal auch nur einen Gedanken habe, dann diskutieren wir das gemeinsam. Wir entwickeln gemeinsame Zielbilder und machen uns auf den Weg. Nur so geht es. Gleichzeitig lassen wir uns aber auch den Freiraum, neue Ideen auf dem Weg aufzunehmen. Ich führe mit sehr viel Vertrauen, gebe also einen Vorschuss und habe ein super Team, auf das ich mich verlassen kann. Doch Vertrauen heißt nicht, dass ich als Vorständin keine Kontrollverpflichtung habe. Ich muss natürlich tief in die Themen einsteigen und meinen Verantwortungsbereich koordinieren. Aber ich gebe meinen Mitarbeiterinnen und Mitarbeitern dabei viel Freiraum. Dadurch sind sie sehr unternehmerisch tätig. Ich halte das für wichtig. Auch hierbei geht es um die Themen Selbstbestimmung und Anerkennung. Mir ist wichtig, dass wir alle aus dem, was wir tun, Kraft schöpfen. Zusätzlich ist gerade auch in unserem Bereich eine hohe Kommunikationsfähigkeit wichtig. Denn man muss Menschen nicht nur mitnehmen, sondern begeistern können.

Ich bin davon überzeugt, gerade solche Topleute gehen immer weiter an die eigenen Grenzen, die stretchen sich, ein bisschen wie beim Yoga, wo man sich immer ein kleines bisschen weiter dehnt und immer beweglicher wird. So geht mein Team auch immer weiter und weiter.

Oft merken die nicht einmal, wie toll sie sind und wie sehr sie sich weiterentwickelt haben. Ich sehe das und merke, die sind richtig gut. Ich habe Leute, die haben mehr Potenzial als ich. Wegen dieser besonderen Perspektive ist es auch die Verantwortung der Führungskraft, zu merken: Jetzt erreicht mein Mitarbeiter den «Tipping-Point», jetzt muss ich aufpassen, denn mehr Belastung geht nicht. Da ich ganz eng dran bin an meinem Team, kann ich das jedem an der Nasenspitze ansehen.

Nicole: **Was sind Ihre zentralen Erfolgsfaktoren für eine starke Führung?**

Dr. Ariane Reinhart: Ganz klar Authentizität. Man darf nie versuchen, jemand anders zu sein. Man muss authentisch sein. Zusätzlich braucht man den Blick für das «Big Picture». Denn nur mit dem Blick fürs Ganze kann man auch wirklich strategisch denken – und die Impulse, die Begeisterungsfähigkeit und die Energie ins Team geben.

Dann braucht man natürlich noch eine hohe Resilienz. Das ist aus meiner Sicht sogar der wichtigste Faktor in der heutigen Zeit, um mit Ambivalenz, Ambiguität und Volatilität umgehen zu können. Resilienz erzeugt man auf unterschiedlichste Weise. Aber ein gesundes privates Umfeld ist ein entscheidender Baustein. Mein Mann sagt immer einen schönen Spruch: «Geliebt wirst du zu Hause».

Nicole: **Wie schaffen Sie es, die Zeit auf der Arbeit und die Zeit mit der Familie unter einen Hut zu bekommen?**

Dr. Ariane Reinhart: Da kommt wieder das private Umfeld zum Tragen. Ich habe den besten Mann der Welt. Als Organisation und als Personalvorständin kann man den Rahmen geben. Bei Continental können Frauen im Mutterschutz befördert werden, wir bieten alle Teilzeitmodelle, die man sich vorstellen kann. Das geht alles. Aber am Ende braucht es einen Partner oder eine Partnerin und ein Umfeld, die unterstützen. Damit meine ich natürlich auch eine verlässliche Infrastruktur, zum Beispiel in Form von Kindertagesstätten und Ganztagsschulen. Denn es gibt Bereiche, in denen wir als Unternehmen nur begrenzt helfen können. Es gibt leider in Deutschland noch zu viele Frauen, die in den alten Geschlechterrollen sind. Hierzulande wird das Erwerbspotenzial von Frauen nicht ausgeschöpft. Das ist bedauerlich. Insbesondere, weil wir uns das volkswirtschaftlich und gesellschaftlich gar nicht leisten können. Also, ich habe einen großartigen Mann, der managt unser Leben. Anders geht das gar nicht. Er macht wirklich alles, hält mir den Rücken frei und stärkt mich. Er ist auch mein bester Coach. Wenn ich mal Rat brauche, dann findet er immer eine Lösung. Diese Kompetenzvielfalt und seinen Erfahrungsreichtum schätze ich sehr. Wir nehmen uns aber auch bewusst die Zeit für «Quality Time».

Nicole: **Wie schaffen Sie es, trotz ständiger Verfügbarkeit durch Handys, den Fokus zwischen Arbeit und Privatleben hinzubekommen?**

Dr. Ariane Reinhart: Da muss man wirklich aufpassen! Handys verleiten zu einer «Always on»-Mentalität. Deshalb gibt es bei uns zu Hause eine Regel: am Esstisch keine elektronischen

Geräte. Das gilt auch für die Kinder und Enkelkinder. Ein absolutes No-Go bei uns. Das ist Teil unserer Quality Time. Wir sind auch unheimlich viel draußen an der frischen Luft: Wir machen Sport, gehen mit unserem Hund spazieren und reiten. Also viele Aktivitäten, bei denen man gar kein Handy gebrauchen kann. Aber durch das Homeoffice besteht immer die Gefahr, dass die Grenze verschwimmt. Daher braucht man immer eine klare Einteilung im Kalender, die es erlaubt, auch mal eine Pause zu machen. Ein Meeting nach dem anderen ohne Pause ist natürlich nicht gesund.

Nicole: Jetzt haben Sie als Mentor schon Ihren Mann erwähnt. Gab es weitere Mentoren in Ihrer Karriere, die Sie vorangebracht haben?

Dr. Ariane Reinhart: Man braucht auf seinem Weg immer Unterstützung, das ist klar. Man braucht in der Organisation jemanden, der einen zur richtigen Zeit unterstützt und so ins Spiel bringt. Karriere ist also auch immer ein bisschen Glück, um zur rechten Zeit am richtigen Ort zu sein und die richtigen Unterstützer und Unterstützerinnen zu haben. Mentoren gab es einige. Als ich beispielsweise von meiner vorletzten Tätigkeit bei VW als Personalvorständin zu Bentley Motors wechselte, hat sicherlich mein damaliger Chef einen Anteil daran gehabt. Er hat mich unterstützt und gesagt: «Die kann das, die ist gut.» Und ich hatte Vorgesetzte, die sagten: «Okay, die ist nicht einfach, aber die liefert immer», und das braucht man natürlich.

Heute ist vieles transparenter, durch Diagnostikprozesse, Talentmanagement-Runden, Cross-Talks und Cross-Moves. Hinzu kommt der aktuelle Arbeitnehmermarkt, der es insbesondere auch für Frauen leichter macht. Denn jetzt ist es gewollt, dass Frauen Karriere machen. Vor 25 Jahren war das oft nicht der Fall.

Nicole: Was glauben Sie, entscheidet über Erfolg und Misserfolg von Unternehmen in der Zukunft?

Dr. Ariane Reinhart: Reaktionsgeschwindigkeit. Zukünftig müssen wir Unternehmen schneller und flexibler auf unser volatiles Umfeld reagieren, auf die großen Megatrends und auf damit verbundene tektonische Verschiebungen. All das muss in die Unternehmensstrategie eingepreist werden. Diese Mischung aus strategischem und unternehmerischem Mut ist elementar. Also zum einen schneller zu sein als die anderen und zum anderen durch exzellente operative Leistung die Wettbewerbsfähigkeit zu wahren. Aber letztendlich ist das Thema: Wenn man nicht die richtigen Menschen zur richtigen Zeit am richtigen Ort hat, dann wird man weder Innovationen entwickeln noch eine effiziente Produktion haben. Ich spreche jetzt ganz bewusst nicht über die klügsten Köpfe oder die Elite. Das halte ich alles für Nonsens. Es herrscht Arbeiterlosigkeit, wir brauchen Menschen, die passgenau für unsere offenen Positionen sind. Heute verdient ein Recruiter auf dem Markt genauso viel wie ein guter Softwareentwickler. Ein attraktiver Arbeitgeber zu sein, wird deshalb immer wichtiger. Folglich entscheidet auch unsere Arbeit im Bereich HR über Erfolg und Misserfolg unseres Unternehmens.

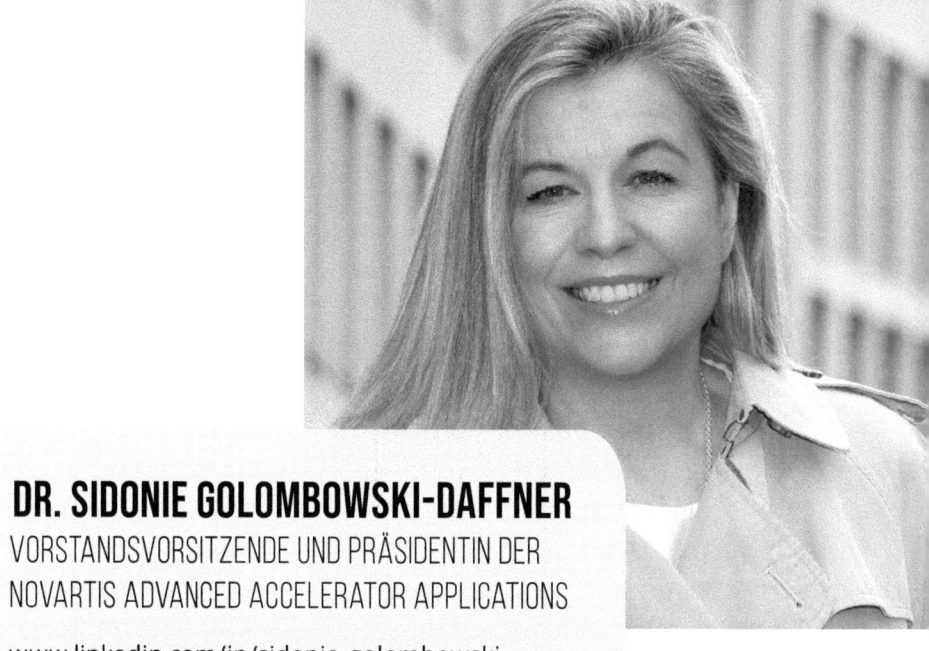

DR. SIDONIE GOLOMBOWSKI-DAFFNER
VORSTANDSVORSITZENDE UND PRÄSIDENTIN DER NOVARTIS ADVANCED ACCELERATOR APPLICATIONS

www.linkedin.com/in/sidonie-golombowski-daffner-6b76295b/

Dr. Sidonie Golombowski-Daffner ist Vorstandsvorsitzende und Präsidentin von Novartis Advanced Accelerator Applications (AAA), einem Unternehmen des Novartis-Konzerns.

Novartis ist ein weltweit tätiges Biotechnologie- und Pharmaunternehmen (www.novartis.com). Novartis Advanced Accelerator Applications (AAA) (www.adacap.com) entwickelt und vermarktet die Radioligandentherapie. Das Portfolio beinhaltet nuklearmedizinische Produkte in der Therapie, aber auch in der Diagnostik.[7]

Bevor Dr. Sidonie Golombowski-Daffner die Leitung der AAA übernahm, leitete sie Novartis Deutschland als General Manager der Novartis Pharma GmbH, Nürnberg, und als Country President Germany. Ihre Karriere begann sie als Unternehmensberaterin bei Roland Berger. Sie besitzt einen Doktorabschluss von der Ludwig-Maximilians-Universität München – ihr Forschungsschwerpunkt lag im Bereich der Alzheimer-Demenz.[8]

Nicole: Was hat Sie in Ihrer Karriere am meisten vorangebracht?

Dr. Sidonie Golombowski-Daffner: Die Dinge, die mich am meisten vorangebracht haben, waren die «Stretch Assignments», also neue Jobangebote, bei denen man über seine Komfortzone hinauswächst. Denn auf neuem Terrain musste ich meine Agilität beweisen und mich auf Neues einstellen, auch auf neue Teams. Ich konnte mich weniger auf das verlassen, was ich kannte. Doch schließlich siegte bei mir immer die Neugierde. Denn wenn man eine neue Aufgabe übernimmt, hört man besser zu, nutzt das Umfeld, das Team, das den Geschäftsbereich schon besser kennt. Ich glaube, durch dieses bessere Zuhören und sich Einlassen auf das Neue hat man auch die Chance, mit dem Team gemeinsam Lösungen zu erarbeiten. Denn wenn man nur im Altbekannten sitzt, dann tendiert man dazu, immer zu sagen: «Ich kann alles, ich weiß alles.» Daher glaube ich, man kommt besser und schneller voran, wenn man aus der Komfortzone herausgerissen wird und sich auf Neues einstellt.

Gerade in der heutigen Zeit ist das ohnehin der Fall. Dafür braucht man die richtige Einstellung: also ein Ziel haben, gemeinsam etwas bewegen wollen, zuhören und dann als Team voranschreiten. Das heißt auch, sich verletzlich zu zeigen und manchmal zu sagen: «Das ist so eine komplexe Fragestellung, ich habe jetzt keine Antwort.» Je nach Komplexität der Probleme wird dann als Team gemeinsam eine Antwort oder vielleicht auch nur eine Richtung erarbeitet, um schlussendlich als Team zu einem Ergebnis zu kommen.

Frauen tendieren hier oft dazu, nicht aus ihrer Komfortzone zu gehen, zu denken, wenn sie nur 70 Prozent des Jobs erfüllen, dass der Job zu groß ist. Männern würde das nie einfallen. Sobald sie 50 Prozent beherrschen, sagen sie sich, dass sie die anderen 50 Prozent auch noch dazulernen werden. Das habe ich häufig beobachtet. Daher ist es wichtig, den Kolleginnen und Teammitgliedern den Rücken zu stärken, damit sie wissen, 70 Prozent reichen aus. Die restlichen 30 Prozent kann man sich durch Leadership Skills erarbeiten.

Gerade diese Herausforderungen, diese Stretched-Assignments sind es, die einen wirklich weiterbringen, auch wenn man ins kalte Wasser geworfen wird.

Nicole: **Was sind Ihre Stärken, die Sie in solchen Situationen vorangebracht haben?**

Dr. Sidonie Golombowski-Daffner: In der Karriere ist es der Mut, aber auch, die richtigen Leute zu haben, ein High-Performing-Team zusammenzustellen und Ziele gemeinsam zu erarbeiten. Denn wenn das Team funktioniert, dann kann man das meiste gemeinsam bewältigen. Jemand, der toxisch ist für das Team oder die Zusammenarbeit blockiert – das ist die größte Herausforderung. Daher ist das Gespür für Menschen das Allerwichtigste. Zu wissen: Wer sind die richtigen Leute am richtigen Ort? Und das ändert sich je nach Situation. Man braucht z. B. für den Aufbau eines Unternehmens andere Mitarbeiterprofile als in einer reifen, großen Organisation – das habe ich gemerkt, als ich die AAA übernommen habe.

Nicole: Was sind die Hauptunterschiede zwischen Großkonzern und einem Unternehmen wie der AAA? Welche Unterschiede gibt es bei den Mitarbeitern, die man braucht?

Dr. Sidonie Golombowski-Daffner: In einer jungen Organisation gibt es kaum Prozesse, es muss alles etabliert und gemeinsam entwickelt werden. Auch das Unternehmertum. In einer großen Organisation laufen die Prozesse. Oftmals existieren in einem neuen, kleinen Unternehmen noch nicht einmal Entscheidungsgremien, die muss man erst mal schaffen. Daher ist die Arbeit eine andere, auch eine sehr zufriedenstellende, weil man direkt sieht, welchen Impact man auf die Organisation hat. Man sieht die Strukturen, die man schafft, und man spürt schneller die Auswirkungen der eigenen Entscheidungen.

Nicole: Was waren für Sie persönlich die größten Herausforderungen im Laufe der Karriere und welche Erkenntnisse haben Sie dadurch erhalten?

Dr. Sidonie Golombowski-Daffner: Herausforderungen hat man immer, egal in welcher Position. Unser Umfeld ändert sich so schnell, da sind immer Transformation, Integration oder der Kauf von neuen Sachen angesagt. Gemütliche Jahre gab es nie, das gehört einfach zum Geschäft dazu. Eine der wichtigsten Erkenntnisse ist, dass man als Führungskraft immer im Spotlight steht und die Leute sich sehr stark an einem orientieren. Sie schauen: Was macht der Chef, was sagt er, wie sind Körpersprache und Ausstrahlung, wenn man über den Gang geht, wie geht man mit den Themen um, ist man ruhig, überlegt und empathisch mit den Mitarbeitern? Genau darin liegt eine große Verantwortung. Denn das ist die eigentliche Kommunikation, die man führt, jenseits der Newsletter und

Teammeetings. Genau das bestätigen mir die Leute auch. In Krisensituationen kommt es umso mehr darauf an, wie man mit den Leuten spricht, ob man sich den Fragen stellt oder in seinem Büro versteckt. Es ist wichtig, Fragen zu beantworten und nicht zu denken: «Oh Gott, hoffentlich fragt mich das keiner, ich habe darauf keine Antwort», sondern zu sagen: «Ich habe auch keine Antwort darauf, aber wir werden das gemeinsam lösen – und sobald wir einen Lösungsansatz haben, werden wir das auch kommunizieren.» Was man vorlebt und wie man mit den Menschen spricht, das sind die ganz wichtigen Dinge, egal ob in der Kantine beim Essen oder beim Kaffee bei Außendiensttagungen. Am Anfang der Karriere denkt man darüber gar nicht nach. Doch gerade die kleinen Dinge machen es aus. Man kann von Mitarbeitern keine Dinge verlangen, die man selbst nicht vorlebt.

Denn Menschen arbeiten nicht für eine Firma, sondern für andere Menschen. Ich glaube, das muss man sich immer wieder bewusst machen. Die Energie, die Leidenschaft, die man reinbringt, ist das, was gesehen wird. Insbesondere in unserem Bereich, in der Medizin und dem Umgang mit den Patienten, müssen wir eine Leidenschaft für das haben, was wir tun. Das wirkt dann auch auf unsere Kunden und Mitarbeiter ansteckend. Gerade als Führungskraft kann man sehr viel geben, um diese Leidenschaft zu entfachen. Wenn es einen Team Purpose gibt, ein gemeinsames Teamziel, nach dem die Teams leben, dann sind die auch mit einer anderen Liebe bei ihrem Job. Ich glaube, das schützt auch vor Burn-out, indem wir Dinge gern tun und einen Sinn darin sehen. Denn das Schlimmste ist eine sinnlose Aufgabe.

Nicole: Was war denn die Leidenschaft, der Treiber in Ihrer Karriere: die Wissenschaft oder die Menschen?

Dr. Sidonie Golombowski-Daffner: Es ist beides. Am Anfang war es sicher mehr die Wissenschaft. Zu Beginn hat man nicht die Möglichkeit, sich direkt als Führungskraft zu beweisen. Je weiter man kommt, desto mehr sind es die Menschen und die Teams. Man schaut, was man geben kann, welcher Coach man sein kann. Je älter man wird, schaut man auch mehr, was man der Organisation zurückgeben kann. Mir war es auch immer wichtig, die weiblichen Führungskräfte zu coachen und sie dazu zu bringen, über Dinge anders nachzudenken und weiterzugehen. Daher verschiebt sich der eigene Fokus von einer inhaltlichen, technischen mehr hin zu einer Beziehungsebene.

Nicole: Sie haben schon die Themen Burn-out und Leidenschaft angesprochen. Wie motivieren Sie Mitarbeiter, sodass sie gern und auch viel leisten, aber eben nicht ausbrennen?

Dr. Sidonie Golombowski-Daffner: Das Thema Self-Awareness ist ganz essenziell. Es ist wichtig, in sich hineinzuhören und zu fragen: Wo stehe ich gerade? Wie ist mein Energielevel? Brauche ich eine Auszeit oder Pause? Das zu spüren und auch anzusprechen. Ich glaube, viele Leute trauen sich nicht zu sagen, mein Energielevel ist gerade ganz niedrig. Dabei kann man selbst in Meetings oder in den Tagesablauf Dinge einbauen, die einem Energie zurückgeben.

Ich z. B. hatte durch das USA-Geschäft und die Zeitverschiebung lange Tage. Bei uns fängt es erst mittags an. Daher kann ich nicht schon morgens um acht Uhr starten, das geht einfach nicht. Meine Assistentin blockt an den Tagen mit langen Abenden morgens Zeit für Sport oder anderes, damit ich meine Runde laufen kann. Das muss man aber lernen, auf sich zu hören und herauszufinden, was man braucht, um gut zu funktionieren. Als Führungskraft ist man Vorbild. Man muss seinen Mitarbeitern sagen, dass sie für sich entscheiden müssen, was sie brauchen, um ihre beste Version jeden Tag zur Arbeit bringen zu können. Häufig scheitert es aber genau an dem Thema Self-Awareness, also dass man sich selbst wahrnimmt und einschätzt.

Nicole: Was hilft Ihnen, das Privatleben und die Arbeit unter einen Hut zu bringen?

Dr. Sidonie Golombowski-Daffner: Das ändert sich im Laufe des beruflichen und privaten Lebenszyklus. Wenn man eine junge Mutter ist, wie ich es auch vor 15 Jahren war, mit zwei kleinen Kindern, dann braucht man einfach mehr Stabilität. Dann ist es sowieso schon schwierig, alles unter einen Hut zu bringen. In der Zeit sollte man nicht alle eineinhalb oder zwei Jahre den Job wechseln. Für mich war es damals wichtig, zu sagen: «So, jetzt sitze ich ein bisschen länger auf einer Stelle. Vielleicht kostet mich das einen Karriereschritt. Aber für mich hat es Priorität, dass alles ganz stabil ist und ich mich so klar konzentrieren kann.» Dann gibt es andere Zeiten, da hat man mehr Freiheiten. So wie jetzt, wo meine Tochter nach Wien zum Studieren geht und mein Sohn ohnehin schon studiert. In solchen Zeiten kann man dann andere Schritte in der Karriere gehen. Wichtig ist, dass man sich selbst nicht unter Druck setzt, sondern sich fragt: Was brauche ich jetzt? Man muss es auch mal gut sein lassen, man kann nicht alles haben. Manchmal merke ich, dass gerade junge Kollegen alles auf einmal wollen: Familie, Kinder, Karriere – das geht halt nicht. Man sollte sich fragen: Was ist in diesem Zeitpunkt meines Lebens gerade wichtig? Je nachdem, ob es die Familie ist oder ob man in der Karriere durchstarten will, muss man einen anderen Fokus setzen. Man muss sich immer eine klare Rechnung aufmachen und ehrlich zu sich selbst sein – also Self-Awareness. Alles kommt mit Kosten und Abstrichen. Es stellt sich daher immer die Frage: «Was bringt mir das?» und «Was kostet mich das?» Am Ende des Tages kostet es mich Lebenszeit, Qualität in der Partnerschaft, Freundschaften, Umzüge, Beziehung zu meinen Kindern. Ich glaube, dieser sehr ehrliche Blick hilft, die Dinge annehmen zu können. Wichtig ist es, zu sagen, dass dies meine Entscheidung zu diesem Zeitpunkt war. Dann trauert man den Dingen auch nicht nach.

Dieses Bewusstsein hilft, Privates und Berufliches leichter unter einen Hut zu bringen. So weiß ich ganz genau, wo ich hingehen kann, wo ich hingehen will – oder eben auch nicht.

Stressfaktoren sind nicht die Sachen, die man geplant und strukturiert hat. Stress passiert, wenn neue Themen kommen und man anfängt zu springen.

Nicole: **Was sind die Erfolgsfaktoren für eine starke Führung?**

Dr. Sidonie Golombowski-Daffner: Als Führungskraft ist es wichtig, gemeinsam mit dem Team, der Organisation einen Sinn zu definieren, also ein Teamziel zu haben. Zu wissen, für was stehen wir als Team – und das mit Energie zu verfolgen. Ich glaube sehr, dass Führungskräfte Energie in die Organisation geben müssen. Daher ist es genauso wichtig, dass die Führungskräfte etwas finden, wo sie diese Energie zurückbekommen. Ich persönlich bekomme enorm viel zurück, wenn das Team gut funktioniert. Doch dafür muss man als Führungskraft auch erst mal in Vorleistung gehen und klarstellen, wofür man gemeinsam steht. Dann ist das Brennen wichtig – man muss für irgendwas brennen im Leben und es schaffen, diese Bilder in die Köpfe der Mitarbeiter zu bekommen und ein Verständnis dafür zu schaffen. Dann ist man eine inspirierende Führungskraft und erreicht viel. Es geht also weniger um Technisches und Inhaltgetriebenes, sondern darum, wie viel Begeisterung und Inspiration ich schaffen kann.

Auch Klarheit ist wichtig, also aufzuzeigen: Was brauchen wir? Wo gehen wir hin? Was ist das Ziel und was sind die Meilensteine? Die beste Inspiration bringt nur etwas, wenn letztlich auch eine gemeinsame Performance geliefert wird. Daher muss man sich klar und ehrlich fragen: Haben wir das Ziel geschafft? Haben wir das von uns erwartet als Team? Waren das unsere Ziele und Meilensteine?

Eine starke Führung braucht außerdem den Mut, Verletzlichkeit zuzulassen. Wir haben ein geopolitisches Umfeld, das sehr fragil und komplex ist. Daher ist es wichtig, als Führungskraft und als Team, offen zuzugeben: «Wir haben nicht alle Antworten, aber wir haben eine Richtung, in die wir losgehen, und werden den Kurs korrigieren, wenn nötig.» Das ist für mich eine wichtige Grundvoraussetzung. Gerade diese Verletzlichkeit und auch der Umgang mit Niederlagen sind keine einfache Sache, das muss man lernen. Auch ich persönlich musste das lernen.

Doch gerade die Komplexität unserer Zeit erfordert es einfach, dass man an Dingen arbeitet, die schiefgehen. Wir als innovatives Unternehmen haben einen Anspruch, innovativ zu sein. Innovationen sind ja per Definition mit Fehlern verbunden, das ist nun mal in der Arzneimittelforschung so. Auch in der Digitalisierung heute ist meist das erste Modell nicht das finale, sondern man muss den Prototyp schon x-mal optimieren, um zum richtigen Modell zu kommen. Für mich kommt es daher mehr darauf an, wie schnell man ein Projekt absagt. Ich nenne diese Projekte die «Walking-Dead-Zombies», also Projekte, die noch weiterlaufen, aber eigentlich schon lange tot sind. Man traut sich aber nicht, die wirklich sterben zu lassen. Klarheit hilft, um ein Projekt zu stoppen und klar abzusagen. Diese Klarheit muss man als Führungskraft an den Tag legen und sagen: «Dieses Projekt verfolgen wir nicht mehr oder verfolgen wir in einer anderen Art und Weise.»

Nicole: **Auf welche Qualitäten und Fähigkeiten achten Sie, wenn Sie Führungskräfte einstellen?**

Dr. Sidonie Golombowski-Daffner: Ich schaue darauf, mit wem ich gern zusammenarbeiten würde. Wir bekommen ein Screening der Personalabteilung, welche die technischen Kompetenzen schon vorab klärt. Für mich ist dann wichtig, wie viel Energie der Mitarbeiter mitbringt, wie leidenschaftlich er ist und ob er für die Aufgabe brennt. Ich teste auch immer auf Resilienz – also was ist schon schiefgegangen und wie ist man damit umgegangen? Hier erstaunt es mich in Gesprächen immer wieder, wie wahnsinnig leicht sich Kandidaten damit tun, zu sagen, was sie gut können und was sie auszeichnet. Und gleichzeitig, wie schwer sich die Kandidaten tun, darüber zu sprechen, wo Dinge schiefgelaufen sind, welche Themen sie nicht so gut können und was sie daraus gelernt haben. Ich teste das immer, um zu erkennen, wie gut die Self-Awareness ist. Denn jemand, der aus schwierigen Situationen lernt, kann auch in komplexen Zeiten mit Niederlagen umgehen. Dann achte ich auf die Agilität – das ist heute sehr wichtig. Denn heutzutage brauchen wir Leute, die ganz unterschiedliche Felder bearbeiten können.

Und zuletzt frage ich mich, für mich und mein Team, ob man mit der Person auch mal ein Bier trinken würde. Das wird oft unterschätzt. Dabei arbeitet man so viel zusammen, auch unter Stress. Wenn man dann gern Zeit miteinander verbringt, hilft das natürlich enorm.

Nicole: **Gab es Mentoren auf Ihrem Weg, die Sie unterstützt haben?**

Dr. Sidonie Golombowski-Daffner: Als ich zu Novartis kam, war ich hin und weg von der Vielfalt der Möglichkeiten an Trainings und Ausbildungen. Auch das Thema Mentorenschaft ist wichtig im Unternehmen. So habe ich vieles gelernt in den Jahren. Lebenslanges Lernen ist ein wichtiges und tolles Thema bei uns im Unternehmen.

Die Mentoren, die mich am meisten weitergebracht und beeindruckt haben, waren die wirklich authentischen. Die, die vorgelebt haben, dass man auch mal schwach sein kann, Dinge nicht können muss – also Verletzlichkeit zeigten. Denn am Anfang seiner Karriere will man alles richtig machen. Man denkt, man müsse funktionieren und das Team und die Organisation beeindrucken. Aber nein. Daher war dies das Thema, bei dem ich am meisten lernen musste und ich auch von meinen Mentorinnen am meisten gelernt habe. Denn meine Generation wurde ja wirklich auf beste Studienergebnisse oder noch besser «summa cum laude» in der Doktorarbeit sozialisiert. Alles muss blitzen und blinken. Ich bin mir gar nicht sicher, ob es das ist, was einen am meisten weiterbringt, und auch nicht, ob es das Unternehmen wirklich am meisten weiterbringt. Daher war ich meinen Mentorinnen dafür sehr dankbar.

Nicole: Was glauben Sie, entscheidet in Zukunft über Erfolg und Misserfolg von Unternehmen?

Dr. Sidonie Golombowski-Daffner: Es sind immer die Menschen, die in einem Unternehmen den Unterschied machen, davon bin ich fest überzeugt. Daher wird es extrem wichtig sein, die richtigen Leute im Unternehmen zu haben und zu wissen, auf wen man sich verlassen kann. Dann braucht es Agilität, Offenheit und Neugier, um Dinge anders zu machen und neu zu denken. Ein «das haben wir immer schon so gemacht und das hat immer geklappt» funktioniert einfach nicht mehr. Denn die Rezepte von gestern, die erfolgreich waren, sind nicht die Dinge, die in der Zukunft erfolgreich machen. Da ist die Politik aktuell ein gutes Beispiel, gerade im Zeitalter der Klimakrise. Denn man muss die Dinge anders machen. Es braucht Mut und Neugier, um zu schauen, wie eine neue Zukunft aussehen kann. Es braucht ein gemeinsames, positives Bild und Energie, um andere dafür zu begeistern und gemeinsam zum Ziel gehen zu wollen. Das große Problem hierbei ist immer das Thema, sich von erfolgreichen Vergangenheitsstrategien zu verabschieden. Da tun wir Menschen uns extrem schwer. So funktioniert unser Gehirn leider auch nicht, da es für Neugier und Offenheit deutlich mehr Energie benötigt, um dahin zu kommen – deshalb tut es das auch nicht gern.

ANDREAS RAPP
VICE PRESIDENT EMEA & CALA SALES CONSUMER VON JABRA

www.linkedin.com/in/andreasrapp/

Jabra ist die weltweit führende Marke für Audio-, Video- und Collaboration-Lösungen und Teil der GN-Gruppe (Great Northern), die an der Börse in Kopenhagen gelistet, in 100 Ländern tätig ist und mehr als 7.000 Mitarbeiter beschäftigt. 2021 erzielte die Gruppe einen Jahresumsatz von 15,8 Milliarden DKK.[9]

Andreas Rapp war Vice President EMEA & CALA Sales Consumer von Jabra/GN Audio (Great Northern). Vor seiner Position als Vice President bei Jabra verantwortete Andreas Rapp seit Juni 2018 das Retail- und Onlinegeschäft in der DACH-Region, Osteuropa und Russland. Er hat über 20 Jahre Marketing- und Vertriebserfahrung mit Audio-Produkten. Vor seinem Wechsel war er über vier Jahre bei Libratone, zuletzt als Vice President EMEA, und von 2007 bis 2012 als Regional Director Central Europe für Sonos tätig. Von 2004 bis 2007 war er als Country Manager Central Europe bei Navman Europe Ltd. und Global Sales bei Beyerdynamic. Seine berufliche Laufbahn startete er 1996 als Marketing Manager CE für Harman Deutschland.[10]

Nicole: **Was sind die Dinge, die dich in deiner Karriere am meisten vorangebracht haben?**

Andreas Rapp: Das wichtigste Learning war, dass ich in vielen Situationen im Betrieb schwimmen lernen musste. Das heißt, ich wurde reingeschmissen in Dinge, die nicht unbedingt eine große Vorbereitung hatten. So musste ich ziemlich schnell meinen eigenen Weg finden. Das hat relativ gut funktioniert, war aber natürlich auch anfänglich mit enormem Zeiteinsatz verbunden. Also Themen wie die 40-Stunden-Woche und Work-Life-Balance waren zu der Zeit nicht gegeben, das war ganz klar. Wichtig waren auch noch sehr viel positives Denken, eine gute Grundeinstellung und natürlich Freude an der Marke. Ich lebe die Marken, für die ich arbeite, auch heute noch. Das ist für mich ein ganz wichtiges Element. Für eine No-Name-Brand könnte ich nicht arbeiten. Ich könnte auch nicht für etwas arbeiten, was mich persönlich nicht interessiert. Audio oder Consumer Electronics waren schon immer die Dinge, die mich interessiert haben. Somit erlebe ich das Arbeiten nicht zwingend als Arbeit, es gehört für mich eher zum Leben dazu. Die Stresssituation ist dann eher der positive Stress. Was mir wiederum auch die Energie gibt, um gewisse Dinge anders zu regeln, auch nicht unbedingt auf Arbeitszeiten zu schauen oder das als Stress zu empfinden. Für mich ist das positive Energie und motiviert mich weiterzumachen.

Nicole: **Gab es einen bestimmten Grund, dass du gerade den Bereich Audio und Consumer Electronics gewählt hast?**

Andreas Rapp: Ja, angefangen hat es im Studium damals, als ich bei einem Ferienjob bei Harman International im Lager beim Versand angefangen habe. Ich habe da immer irgendwelche Lautsprecher oder Endstufen-Verstärker fürs Auto und für zu Hause verpackt. Durch den Ferienjob bin ich an die Produkte herangeführt worden, stand auch mal im Vorführraum der Firma und habe so gesehen, was es da alles für nette Produkte gibt. Dann war ich zu der Zeit sogar eine Woche lang der Chauffeur von Sidney Harman. Das ist der Gründer aus den USA, der auf Einkaufstour hier in Europa war. Auf der Tour habe ich mich mit ihm unterhalten und er hat mir seine Sicht der Dinge erklärt. So kam ich zu dem Thema Audio, Lautsprecher und Verstärker und habe das natürlich dann entsprechend auch im privaten Bereich gelebt. Ich wurde im Freundeskreis bekannt dafür, dass, wenn jemand Lautsprecher braucht, er dann zu mir kommt. Bis heute hat sich daran nichts geändert. Das ganze Audio-Thema, ob das jetzt Kopfhörer, Lautsprecher, Endstufen und so weiter sind, ist weiterhin Teil meines Lebens. Man muss also schon auch hinter seiner Marke stehen, seine Marke verteidigen, um erfolgreich zu sein. Denn wenn die Dinge, die man so macht, komplett austauschbar sind, dann glaube ich nicht, dass das langfristig funktioniert.

Nicole: Was glaubst du, waren Fähigkeiten und Eigenschaften, die du mehr hattest als andere, um erfolgreicher zu sein als sie?

Andreas Rapp: Ein motivierender Führungsstil, die Kommunikation und ein gewisses Faible für Strategie und Vision – das ist aus meiner Sicht die Kombination, die man braucht, um erfolgreich zu sein. Nur eines davon reicht nicht. Kommunizieren können viele. Doch es ist wichtig, authentisch und transparent zu sein, damit die Leute einem das wirklich glauben und abnehmen, was man sagt. Entscheidend ist für mich immer der motivierende Führungsstil, also auch die Werte der anderen anzuerkennen und die Mannschaft mitzunehmen. Gerade die Anerkennung und die Motivation der Kollegen sind ein Riesenthema. Auch Empathie, damit man weiß, wo es klemmt, und um auch mal zwischen den Zeilen lesen zu können. Wenn ich mit meinen Mitarbeitern spreche, da rede ich eigentlich weniger über irgendwelche Businessgeschichten, sondern lese eher zwischen den Zeilen. Wir sprechen auch zu privaten Themen, auch um die Dinge herauszuhören, warum etwas nicht so richtig geklappt hat oder die Stimmung nicht gut war. Das gehört für mich alles mit dazu, um am Ende des Tages erfolgreich zu sein. Denn zum Erfolg gehört das Team dazu. Und ich sage oft zu meinen Jungs und Mädchen im Team, dass ich im Prinzip der Serviceprovider bin. Ihr müsst mir sagen, welche Tools ihr braucht, um erfolgreich zu sein. Denn es ist wichtig, dass das Team auf der Bühne steht – und nicht ich. So sehe ich auch meine Funktion. Wenn mein Team am Ende des Tages glänzt, dann war ich eh dabei. Und das reicht mir. Das sind die Dinge, die ich gemacht habe und weiter machen werde, die mir zu einem gewissen Erfolg verholfen haben.

Nicole: **Und gab es auf deinem Karriereweg auch Situationen, die dich sehr herausgefordert haben?**

Andreas Rapp: Die gab es auf jeden Fall, die gibt es immer wieder. Dieses Jahr war auch kein leichtes Jahr, da es ungeplante Ereignisse gab. Unser Jahresplan 2022 war ganz anders. Auch die Covid-Jahre verliefen ganz anders als geplant, für uns eben mit einem extrem positiven Impact. Während der Pandemie hat jeder auf Homeoffice umgestellt und alle brauchten genau die Dinge, die wir verkaufen. Da wurde der Fünf-Sechs-Jahresplan in drei oder sechs Monaten gemacht. 2022 war dann genau das Gegenteil, da viele Investitionen heruntergefahren wurden und auch die Risikobereitschaft sank. Speziell unsere und die Consumer-Branche sind die ersten, die es trifft, wenn der Consumer-Index nach unten zeigt. Aber mit dem Krieg rechnet auch niemand. In solchen Situationen muss man schnell und sehr straight reagieren. Man muss dann eben auch unschöne Entscheidungen treffen und braucht Flexibilität, um die Strategie zu verändern. Und zwar so, dass die Mannschaft mitläuft und sich nicht verloren fühlt. Kommunikation und Transparenz sind dann wichtig, damit alle genau wissen, um was es geht, warum man das jetzt macht, warum es Änderungen gibt. So konnten wir das Jahr 2022 trotz allem ganz gut managen.

Früher, beim Start-up, gab es Situationen, wo man nicht wusste, ob es überhaupt weitergeht, weil wir ein Produkt hatten, das kein Mensch gekannt hat. Wireless, Wi-Fi, Router – eine Technologie, die damals in den Jahren 2006/2007 noch niemand gekannt hat. Allein die Wörter waren unbekannt. Dementsprechend hoch war auch die Ablehnung im Handel in den ersten ein bis zwei Jahren. Damals war wichtig, dass wir trotzdem an unser Produkt und die Zukunft geglaubt haben. Dinge brauchen eben Zeit und als Start-up hatten wir das Geld nicht, um es anders zu promoten. Apple braucht zwei Wochen, dann weiß jeder Bescheid, dass es ein neues iPhone gibt. Wir konnten das damals nicht. Daher gab es schon immer wieder mal Situationen, wo wir uns gefragt haben: «Geht es überhaupt weiter? Ergibt es überhaupt Sinn, was wir da machen? Braucht es wirklich niemand?» Jetzt im Nachhinein wissen wir, dass damals ein neues Segment kreiert wurde. Das ist für mich ein gutes Beispiel, um zu merken, selbst wenn man an Grenzen kommt, die Grenzen noch ganz weit weg sind, damit man weiter den Weg geht. Das ist die Kunst in der Thematik. Die Karriere ist eher ein Marathon. Manche sprinten von null auf 100, es funktioniert alles und dann ist es massiv und alles ist gut. Das gibt es im Arbeitsleben, behaupte ich mal, ganz selten, dass Leute wie mit so einem Start-up mal kurz Klick machen und sehr erfolgreich sind. Im Arbeitsleben ist es mindestens ein Halbmarathon oder Marathon, um gewisse Dinge würdig zu etablieren. Dazu muss man bereit sein und seine ganze Ausrichtung darauf auslegen. Es stecken viel Einsatz und viel Vision dahinter. Man muss einfach Dinge erkennen, die andere nicht erkennen, und dann auch den Mut haben, es umzusetzen und zu verkaufen.

Nicole: **Was sind deine zentralen Erfolgsfaktoren für eine starke Führung?**

Andreas Rapp: Transparenz, Kommunikation, Leute mitziehen. Es ist wichtig, eine Strategie und eine gewisse Vision zu haben und die Mitarbeiter abzuholen. Bei uns in der Branche braucht es außerdem noch eine Mitarbeiterbeteiligung, also man muss Bonussysteme schaffen. Wichtig ist auch, den Mitarbeitern immer das große Ganze zu zeigen. Wir machen das mit einer «VST», also einer «Vision-Strategy-Tactics»-Pyramide. Das ist ein Modell von Boston Consulting. Die Pyramide bricht die Vision auf alle Bereiche des Arbeitslebens oder Unternehmensbereiche herunter, egal ob Finance, Marketing oder Sales. Die Vision ist immer die gleiche. Die Strategie wird auf das Team oder die Gruppe angepasst, die Taktik sowieso. Wichtig ist dann aber auch, allen das einheitliche Ziel zu zeigen. Oft wird gerade das in Großbetrieben nicht gemacht, und die Mitarbeiter wissen gar nicht, wie alles zusammenhängt. Das ist demotivierend, denn dann wissen die Mitarbeiter nicht, warum und für wen sie das machen. Ich gehe einen anderen Weg. Ich zeige erst mal auf, wo wir hinwollen und wie wir das erreichen wollen. Dann wird es für jeden Mitarbeiter heruntergebrochen. Das sehe ich als wichtiges Element, ansonsten bleiben die Leute nicht motiviert und machen Dienst nach Vorschrift und Schema F. Das sind auch die Faktoren, die Unternehmen in der Zukunft Probleme bereiten und bei denen es dann auch wirklich gefährlich werden kann. Denn wenn Unternehmen träge oder im Halbschlaf sind und sich dann etwas in der Welt verändert, können sie nicht entsprechend reagieren.

Nicole: **Wenn du neue starke Führungskräfte bei dir im Team einstellst, auf welche Fähigkeiten und Qualifikationen achtest du?**

Andreas Rapp: Ich schaue auf ähnliche Qualitäten, wie ich sie lebe. Damit es auch zusammenpasst, damit man sich gut versteht, also beruflich gut versteht. Es braucht blindes Vertrauen, das ist immens wichtig. Ich bin kein Kontrolleur. Ich vertraue meinen Teams. Und deshalb schaue ich schon, dass sie ähnliche Werte haben wie ich, einen ähnlichen Führungsstil und eine ähnliche Motivation. So suche ich meine Leute aus – weniger basierend auf Hochschulabschlüssen, Noten oder Qualifikationszertifikaten. Mir ist wichtig, dass sie empathisch agieren.

Das Grundwissen, das setze ich voraus. In unserem Sales-Bereich ist auch wichtig, dass man ein Netzwerk mitbringt, aber das ist Voraussetzung.

Nicole: **Was glaubst du, ist der Schlüssel, dass Führungskräfte ihre Leute mitziehen und motivieren? Dass sie ihr Team brennen und nicht ausbrennen lassen?**

Andreas Rapp: Die größte Motivation entsteht durch das Vorleben von Motivation. Brennen ist oft eine Gratwanderung zwischen Motivieren, Mitnehmen und Ausbrennen. Daher muss man schon wissen, wo die Grenzen sind. Das ist sehr individuell. Wichtig ist, klare Grenzen zu setzen. Jede Führungskraft hat die Aufgabe, herauszufinden, wie sie mit ihrem Team umgeht. Ich habe Kollegen, da weiß ich genau, denen kann ich am Wochenende eine E-Mail oder eine WhatsApp schicken, das sind keine Stresssituationen für diejenigen – da funktioniert das, es kann auch mal was Privates sein. Das mache ich aber nicht mit jedem, weil ich die Grenzen respektiere und das auch nicht voraussetze. So muss jeder seinen eigenen Weg finden. Doch die generelle Ausrichtung, was Kommunikation, Transparenz und Motivation angeht, sollte gleich sein. Genauso wichtig ist, positive Dinge zu fördern und auch Dinge anzusprechen, die nicht so positiv sind, also Transparenz und klare Kommunikation.

Nicole: **Hast du einen Tipp für Führungskräfte, die sich damit schwertun, auch mal knackige Themen anzusprechen?**

Andreas Rapp: Hier hilft Mentoring, einfach mal jemanden zu fragen, der vielleicht schon Erfahrungswerte hat. Oder direkt mit seinem Vorgesetzten zu reden, ohne Angst zu haben, dass man Schwäche zeigt. Denn es ist genau andersherum: Es ist eher eine Schwäche, Dinge zu tun, zu verheimlichen oder zu verstecken, und dann funktioniert es nicht. Das wird sowieso aufgedeckt. Deshalb ist für mich Stärke eher, das offenzulegen. Denn auch ich habe meine Experten. Ich weiß viele Dinge überhaupt nicht, aber ich weiß, wen ich fragen muss, und das ist die eigentliche Stärke. Es gibt auch Führungskräfte, deren Strategie es ist, nur Schwächere einzustellen, damit kein Risiko entsteht. Bei mir ist es genau andersherum. Ich versuche immer, Leute reinzuholen, die viele Dinge oder viele Bereiche viel besser im Griff haben als ich. Und genau die bringen uns nach vorn und sind extrem wichtig.

Nicole: **Als Experte im Bereich Vertrieb und Marketing: Würdest du Führungskräften raten, sich selbst auch darzustellen und zu verkaufen?**

Andreas Rapp: Es gibt viele versteckte Talente, finde ich. Die trauen sich nicht, sich zu zeigen, wären aber mega gut. Die spreche ich an. Denen bieten wir aktive Hilfe an, um das zu verbessern. Es ist menschlich, dass manche Probleme haben, vor 20 oder 30 Leuten zu reden, weil sie es nie gemacht haben. Dann gibt es andere, die reden immer, was auch nicht unbedingt immer gut ist. Doch sich zu verstecken, ist schwierig, vor allem wenn man nach vorn kommen will. Gerade als Führungskraft muss man zeigen, was man kann und das eigene Branding stärken. Damit jeder weiß, was er an einem hat oder eben auch nicht hat. Wie die Marke Rapp in meinem Fall. Das muss sich jeder selbst erarbeiten und wissen, was seine Stärken sind, und diese Stärken dann nach vorn bringen. Auch für die Glaubwürdigkeit und das Vertrauen ist das wichtig. Kann er es? Ist er wirklich die Marke, die er da verkörpert? Man merkt relativ schnell, wie sich jemand verkauft oder versucht zu verkaufen, wenn es eigentlich gar nicht passt. Auch die typischen Vertriebler und Einkäufer sind alle sehr gut geschult. Aber man erkennt schnell, welche Schulung im Hintergrund gelaufen ist. Für den Anfang ist das kein Fehler. Doch mittel- bis langfristig wird sich dieser Stil nicht durchsetzen, es wird immer wieder auf das Persönliche zurückgehen, wie man als Mensch agiert und reagiert. Die aufgesetzten Dinge werden unglaubwürdig und wirken gekünstelt, da die Authentizität fehlt.

Nicole: **Wie schaffst du es heute, deine Zeit für Arbeit und Privatleben unter einen Hut zu bekommen?**

Andreas Rapp: Ich bin inzwischen sehr organisiert und strukturiert. Das heißt, dass ich ganz klare Prioritäten setze, wann Arbeit und wann Familie ist. Ich habe drei Kinder. Wir haben alle Hobbys, die Kinder sowieso, und da braucht es viel Logistik und Planung für die Wochenendaktivitäten. Dafür muss man strukturiert und organisiert sein – im Privatbereich und im Geschäftsleben sowieso. Durch die Struktur ist es für mich kein Problem, das unter einen Hut zu bringen. Am Wochenende versuche ich, mich von der Arbeit fernzuhalten, zumindest was Telefonie oder E-Mail angeht. Gedanklich ist es oft schwieriger. Es gibt schon auch mal Wochenenden, wo eine E-Mail oder ein Telefonat nötig sind, doch die sind meist relativ schnell wieder erledigt. Da geht es auch nur darum, jemandem kurz eine Info zu geben, damit der weitermachen kann – die bekommt er auch schnell von mir. Für den persönlichen Ausgleich gilt, dass jeder für sich herausfinden muss, was für ihn das beste Mittel ist, also sein Wohlfühlfaktor und Rhythmus, um herunterzukommen. Ich achte darauf, was ich esse. Ansonsten gibt mir die Familie viel positive Balance, der Freundeskreis, das Social Life.

Nicole: **Was entscheidet in der Zukunft über den Erfolg und Misserfolg von Unternehmen aus deiner Sicht?**

Andreas Rapp: Eine klare Strategie, eine klare Vision. Das ist das, was ein Unternehmen heute braucht. Gleichzeitig alle Mitarbeiter mitzunehmen. Auch eine hohe Flexibilität, um schnell auf Umstände reagieren zu können. Parallel ist es wichtig, im Erfolg noch kritischer zu sein, als wenn es nicht gut läuft. Gerade in unserer Branche gibt es leider sehr viele Beispiele, wo große Firmen Marktführer waren und sich im Erfolg ausgeruht haben, die es heute nicht mehr gibt. Nokia als Beispiel – die haben es leider wunderbar praktiziert. Als sie ihren Peak hatten, haben sich alle zurückgelehnt und gedacht: An uns kommt keiner mehr vorbei. Sie haben zwei, drei Quartale verschlafen, was die Entwicklung des Smartphones angeht, und dann kam Apple ums Eck – und Nokia war weg. Daher ist es wichtig, sich regelmäßig zu hinterfragen, selbst wenn es gut läuft. Wichtig ist es auch, einen Plan B zu haben – genau den haben viele Firmen nicht. Flexibilität ist daher wichtig, und diese Flexibilität muss man auch seinen Mitarbeitern vermitteln. Denn der Zeitfaktor, um Dinge zu korrigieren, wird immer kleiner. Selbst in unserer Branche hat sich innerhalb von fünf Jahren alles gedreht. Wir sind von kabelgebunden auf kabellos gewechselt. Daher sollte sich jeder ständig fragen: «Sind wir auf dem richtigen Weg? Was ist die Technologie von morgen? Sind wir ausgerichtet auf das Morgen oder eben nicht?» Diese Faktoren gelten auch für jede einzelne Führungskraft, für ihren jeweiligen Bereich: zu schauen, ob ihre Struktur noch die richtige ist, ob sie im Bereich Digitalisierung noch richtig unterwegs ist. Ein Risikomanagement ist wichtig, um genau diese Dinge zu hinterfragen.

MATTHIAS POHL
INHABER UND GESCHÄFTSFÜHRENDER
GESELLSCHAFTER DER KÖLLE ZOO-GRUPPE

www.koelle-zoo.de

Matthias Pohl ist Inhaber und geschäftsführender Gesellschafter der MP Group als Dachgesellschaft der Kölle Zoo-Gruppe, die mit 17 Erlebnismärkten in Deutschland und 5 in Österreich zu den führenden Tierbedarfs-Fachgeschäften der Welt gehört. Außerdem ist er größter Franchisenehmer von Fressnapf mit mehr als 30 Fressnapf-Filialen und Inhaber der Marken Zoologo und farmhouse. Er ist für 1.400 Mitarbeiter verantwortlich.[11]

Nicole: Herr Pohl, Sie haben zu Ihrem Unternehmen durch eine große Leidenschaft für Tiere gefunden. Wie war das damals?

Matthias Pohl: Da muss ich ziemlich weit ausholen und auf meine Jugend zurückblicken. Denn schon damals war ich ein begeisterter Tierfan und habe viele Tiere zu Hause gehabt. Ich habe z. B. Aquarienfische gezüchtet und mehrfach an den deutschen Zoofachhandel verkauft. Eigentlich war es schon von klein auf meine Vision, dass ich mal etwas machen möchte, wodurch es den Tieren besser geht. Das war die Grundvision. Ich bin auch als kleiner Junge in jeden Zoofachmarkt gegangen und habe die Hasen freigekauft, weil sie so kleine Käfige hatten, oder habe einen Hamster, der einen Fuß verloren hatte, wieder aufgepäppelt. Dann habe ich sie in der Schule weiterverkauft. Irgendwann konnte ich als Ferienjobber im Unternehmen Kölle-Zoo anfangen zu arbeiten. Später habe ich die Chance bekommen, die Lehre dort zu absolvieren, und schon mit jungen Jahren ziemlich viel Verantwortung übertragen bekommen. Ich wurde mit 21 Jahren Filialleiter, mit circa 25 Jahren wurde ich Geschäftsführer. Damals habe ich dann, man kann es so sagen, alles auf eine Karte gesetzt, denn ich hatte gar kein Geld und habe die Möglichkeit ergriffen, mich in das Unternehmen Kölle-Zoo einzukaufen. Ich habe dafür damals mein Auto und meine Stereoanlage verkauft und so einen kleinen Anteil an dem Unternehmen Kölle-Zoo gekauft. Das waren meine Anfänge. Relativ schnell habe ich dann erkannt, dass man dieses Konzept auch multiplizieren und skalieren kann. Als Folge ist die Managementgesellschaft MPS-Servicegesellschaft entstanden, in der wir alle Verwaltungsaufgaben bündeln, um den Filialen heute das Leben etwas einfacher zu gestalten und weiter wachsen zu können. In dem Bereich geht es um Expansion und Verwaltungsthemen, mit jeder Filiale wurde dieser Bereich vergrößert.

Nicole: **Und was waren aus heutiger Sicht die Haupteigenschaften, die Sie in Ihrer Karriere vorangebracht haben?**

Matthias Pohl: Es sind meine Visionen, also dass ich immer vorausschauend denke und immer gute, kreative Ideen habe. Viele funktionieren, manche auch nicht, aber das ist schon mal die Grundvoraussetzung. Und dann der Mut. Denn wenn mich heute einer fragt: «Wie hast du das geschafft?», dann ist es ja nichts Besonderes für einen selbst, wenn man in seinem Unternehmen steht, weil das alles so nach und nach gekommen ist. Aber eigentlich war es der Mut, alles auf eine Karte zu setzen, auch schon in jungen Jahren. Sein heiß geliebtes Auto zu verkaufen, die Stereoanlage zu verkaufen und dieses Geld auf eine Karte zu setzen und sich dann einen kleinen Anteil von einem Unternehmen zu kaufen. Das dann wieder mit Visionen auszustatten, um mehr daraus zu machen. Also ein Mix aus Leidenschaft für die Tiere und die Visionen, dann Mut und Ehrgeiz gepaart damit, die Visionen auch umzusetzen.

Nicole: **Gab es in Ihrer Karriere auch herausfordernde Situationen?**

Matthias Pohl: Da gab es einiges in der Vergangenheit, Situationen, die ich heute nicht mehr so machen würde. Aber aus Fehlern lernt man. Ich glaube, jeder, der etwas bewegt, der macht auch mal etwas, das nicht ganz so gut funktioniert. Wichtig ist nur, dass man daraus lernt und nicht zweimal den gleichen Fehler macht. Herausforderungen gab es viele – auch heute noch. Jeder neue Standort ist ein neues Risiko, jede neue Veränderung im Unternehmen ist auch ein neues Risiko. Man weiß nie ganz genau, ob das funktioniert, was man sich da ausgedacht hat. Es ist wichtig, dass man sich selbst auch immer wieder infrage stellt mit seinen Entscheidungen. Auch heute im Team, in dieser schnelllebigen Zeit, wird man jeden Tag mit Entscheidungen konfrontiert, mit Situationen, in denen man reagieren und entscheiden muss. Oft funktioniert es, manchmal eben auch nicht.

Nicole: Was hilft Ihnen bei schwierigen Entscheidungen? Haben Sie da eine bestimmte Taktik?

Matthias Pohl: Zum einen wäge ich erst mal die Vor- und Nachteile ab, dann habe ich in der Geschäftsleitung ein tolles Team an meiner Seite. Wir sind sechs Leute in der Geschäftsleitung, die ich als Berater hinzufüge, manchmal hole ich mir zusätzlich noch einen Spezialisten mit an Bord. Nach dem Austausch mit ihnen bilde ich mir meine eigene Meinung und treffe dann die Entscheidung.

Nicole: Gibt es in Ihrer Karriere rückblickend etwas, das Sie anders gemacht hätten?

Matthias Pohl: Ja klar, es gibt viele Dinge. Sonntags kennt jeder die Lottozahlen. Doch das bringt nichts. Man muss immer nach vorn blicken, denn wo gehobelt wird, fallen Späne. Also besser daraus lernen und dann weiter nach vorn gehen.

Nicole: Wer hat Sie bei Ihrer Karriere unterstützt? Gab es Mentoren?

Matthias Pohl: Als ich als Jugendlicher angefangen habe zu arbeiten, hatte ich einen Chef, den Gründer von Kölle-Zoo, Kurt Landes. Der hat sehr stark an mich geglaubt und mir schon in jungen Jahren unwahrscheinlich viel Verantwortung übertragen. Den wollte ich nicht enttäuschen, habe wieder alles auf eine Karte gesetzt und mir damals gesagt: Ich muss das Ganze durchziehen und zum Erfolg führen. Das ist einer meiner Mentoren, die mich bis heute auf dem Weg begleiten. Ich habe mir schon immer Vorbilder gesucht – auch im Sport. Schon früher, als ich noch Handball gespielt habe, und auch heute noch suche ich mir Unternehmerpersönlichkeiten, an denen ich mich orientiere. Man muss das Rad nicht neu erfinden, sondern schaut sich bei erfolgreichen Menschen ab, wie die zu ihrem Erfolg gekommen sind, und macht dann viele Dinge nach oder auf ähnliche Weise. Also mit offenen Augen durch die Gegend laufen, mit Leuten kommunizieren und mit Menschen reden, die in einer ähnlichen Situation sind. Meistens lässt es sich replizieren, denn die Dinge sind immer ähnlich.

Nicole: Was glauben Sie, hat dazu geführt, dass Sie gefördert wurden?

Matthias Pohl: Engagement, Leidenschaft, Motivation, Ehrgeiz. Ich mach das heute mit vielen jungen Leuten genauso, wie mir das damals widerfahren ist. In meinem Team sind mittlerweile 1.400 Mitarbeiter. Wenn ich Leute erkenne, ich mich mit ihnen unterhalte und merke, dass sie genau diese Attribute in sich tragen, dann führe ich mit denen auch persönliche Gespräche. Teilweise gründen wir gemeinsam Gesellschaften, und ich beteilige die Mitarbeiter genauso am Unternehmen, wie mir das damals angeboten wurde. Das sind meine besten Märkte – in denen ich mitverantwortliche Gesellschafter habe, die dort tätig sind. Die gehen ganz anders mit dem Kapital um, da sie selbst investiert haben und das möglichst nicht verlieren möchten. Bei mir war das damals ähnlich. Ich habe jeden Samstag und Sonntag gearbeitet und geschaut, ob auch nicht unnötig Geld ausgegeben wird. Und heute habe ich ein paar Jungs an Bord, die das genauso machen wie ich damals. Deswegen gibt es bei uns auch Open Book – die kennen alle Einkaufspreise, Konditionen, Umsätze, sehen die Roherträge, sehen, was die Gesellschaft verdient. Ich finde immer, ein informierter Mitarbeiter ist besser als ein nicht informierter

Mitarbeiter. Der Mitarbeiter muss abends das Gefühl haben, heute hatte ich einen tollen Tag, denn Umsatz und Ergebnis waren gut und die Kundenzufriedenheit war optimal. Das sind wichtige Attribute. Transparenz und ehrliches, authentisches Handeln als Führungskraft sind sehr, sehr wichtig.

Nicole: Was sind denn weitere Erfolgsfaktoren für eine starke Führung?

Matthias Pohl: Ganz wichtig finde ich, dass die Führungskraft eine Persönlichkeit ist, sodass die Menschen oder die Mitarbeiter zu ihr aufschauen und sie als Vorbild nehmen. Auch Respekt und Wertschätzung gegenüber den Leuten zeigen. Außerdem ist sehr wichtig, dass man für seine Ideen begeistert. Wenn ich heute eine kreative Idee entwickle, dann hole ich erst mal meine Führungsriege und versuche, diese für die Idee zu begeistern, wie wenn es ihre eigene wäre. Nur so kann daraus etwas entstehen, bei dem jeder motiviert ist und diese Motivation nach außen trägt. Da ich selbst viele Jahre im Vertrieb und dem Verkauf gearbeitet habe, kann ich Menschen gut begeistern. Das funktioniert bis zum heutigen Tag immer gut. Ich bin da einer, der Begeisterung weitertragen kann. Dann brauchst du Visionen, Ehrgeiz und Kreativität als Führungskraft. Du musst kommunikativ sein, damit du dein Team mit ins Boot nimmst. Du musst konsequent sein, denn auch wenn einem das nicht gefällt, muss man konsequent handeln. Du hast die Verantwortung gegenüber der gesamten Mannschaft, wenn irgendetwas falsch läuft. Wenn einer nicht zur Kultur passt, dann ist ein ganzes Team gefährdet. Deshalb auch konsequentes Handeln, also Unsitten relativ zügig unterbinden, um wieder Respekt und Wertschätzung in die Kultur des Unternehmens reinzubringen. Wenn einer bei uns nicht zur Kultur und ins Team passt, dann kann der noch so gut sein – das ist wie in einer Fußballmannschaft, langfristig funktioniert das nicht.

Nicole: Auf was achten Sie bei der Auswahl von neuen Führungskräften?

Matthias Pohl: Zum einen machen wir den EPA-Einstellungstest – also einen wissenschaftlichen Test, den wir von unserer Personalagentur auswerten lassen. So erkennen wir die Schwerpunkte und können schauen, ob das der richtige Typ Mensch für uns und die Führung ist. Zum zweiten gibt es für diejenigen in der näheren Auswahl ein Diagnostikgespräch mit unserer Personalberatung. Auch hier wird nochmals geprüft, ob dieser Typ Mensch ins Team passt und ob er die Fähigkeiten hat, a) zu führen und b) die Abteilung weiter nach vorn zu bringen. Das ist ganz wichtig als Eintrittskarte in unser Unternehmen. Im ersten halben Jahr schauen wir dann eben, ob er dementsprechend seine Mannschaft führen kann. Persönlichkeit ist wichtig, Kompetenz setzen wir natürlich voraus. Wenn wir jemand im Handel einstellen, muss er natürlich Kompetenz im Handel haben. Auch Tieraffinität ist bei uns sehr wichtig, damit man unsere Kunden und Mitarbeiter auch versteht.

Nicole: Bei all den Herausforderungen: Wie schaffen Sie es, dass die Mitarbeiter für ihre Arbeit brennen und Einsatz bringen, aber gleichzeitig nicht ausbrennen?

Matthias Pohl: Also ganz wichtig ist es als Erstes, eine Atmosphäre zu schaffen, dazu gehören tolle Betriebsräume, klimatisierte Räume, eine schöne Kaffeebar, so die Basics. Das sind die Hygienefaktoren. Als Zweites müssen wir den Mitarbeitern auch mehr und mehr Verantwortung übertragen. Man merkt deutlich, dass der Mitarbeiter, der Verantwortung bekommt, sich viel wohler fühlt im Unternehmen, weil er dann etwas bewegen kann. Natürlich mit Leitplanken. Innerhalb seines Aufgabenbereichs bekommt er seine Aufgaben und muss sie entsprechend abliefern. Als Drittes legen wir sehr viel Wert auf eine gesunde Balance zwischen Arbeit und auch Freizeit. Wir schauen, dass die Mitarbeiter nicht mehr als 40 Stunden arbeiten und nicht überfordert werden. Also nicht so wie früher, wie das auch bei mir der Fall war, als ich noch 60 Stunden gearbeitet habe. Das tut einem nicht gut, denn man braucht seine Auszeit mit Freunden, der Familie, mit Bekannten und Hobbys, um einfach wieder neu aufzutanken. Dann bleibt man auch kreativ, bleibt an der Arbeit dran, sodass es auch so richtig Spaß macht.

Nicole: Und wie schaffen Sie es als ehrgeizige Person mit vielen Visionen, Arbeit und Privates unter einen Hut zu bringen?

Matthias Pohl: Es gelingt mir heute besser als früher. Das war einer meiner Fehler. Ich bin fast nie in den Urlaub gefahren und habe auch nichts anderes gekannt als das Geschäft. Seitdem vor 14 Jahren meine Tochter auf die Welt gekommen ist, habe ich mir mehr Zeit und Muße für die Familie genommen. Auszeiten habe ich nach wie vor. Der Führungsriege, die für das operative Tagesgeschäft zuständig ist, habe ich die Verantwortung übertragen. Das hat mir auch ein Stück Freiheit wiedergegeben. Ich muss mich hier im Unternehmen nicht um jede Sache kümmern, dafür habe ich Geschäftsführer oder Führungskräfte. Als Unternehmer darf man nicht denken, man müsse alles selbst entscheiden. Irgendwann merkt man, dass die anderen das viel besser entschieden haben als du selbst.

Mehr Freiheit habe ich durch die Strukturen und das Loslassen gewonnen. Aber nicht nur deshalb, sondern auch durch die

Erkenntnis, dass ein Mensch immer nur gewisse Stärken hat. Es gibt nicht die Person, die top im Controlling, super in der EDV, im Vertrieb und auch noch im Einkauf ist. Schon in den letzten Jahren habe ich erkannt, dass es Menschen in meinem Dunstkreis gibt, die das viel besser können als ich, und habe denen die Verantwortung übertragen. Man kann sich da auch ein Stück weit zurückziehen. Das Unternehmen läuft trotzdem gut. Man darf das nicht als Kopfmonopol aufbauen. Darauf achte ich auch heute noch stark, dass der Laden nicht zusammenbricht, auch wenn mal eine Führungskraft ausfällt. Mir ist auch wichtig, in den Teams keine Kopfmonopole zu haben. Schon in meiner Jugend durch den Handball habe ich erkannt, dass du allein nur ein Teilfaktor des Erfolgs bist. Man braucht den Rechtsaußen, den Linksaußen, man braucht den in der Mitte, den Torhüter – und gemeinsam kommt man viel besser zum Ziel. So mache ich es heute auch mit dem Unternehmen. Der Lerneffekt vom Handball hat mir unwahrscheinlich viel geholfen für die Zukunft, für den Aufbau des Unternehmens. Daher ist es wichtig, Verantwortung zu übertragen.

Nicole: Wie stehen Sie zum aktuellen Fachkräftemangel?

Matthias Pohl: Ich glaube, dass wir die richtigen Rahmenbedingungen schaffen. Fachkräftemangel – ja, das gibt es, das gibt es auch bei uns im Einzelhandel. Diese Branche ist jetzt nicht absolut sexy – bezüglich Arbeitszeiten und Bezahlung vielleicht auch nicht ganz so gut. Aber wir haben keine großen Probleme in dem Bereich. Wir haben sehr schöne Verkaufsstätten mit Klimatisierung, angenehme Büros, angenehme Aufenthaltsräume, geregelte Arbeitszeiten. Man kann den Hund ins Büro oder ins Geschäft mitbringen. Wir haben einen respektvollen und wertschätzenden Umgang miteinander als Team und sind auf

Augenhöhe mit den Mitarbeitern. Bei uns gibt es keine Hierarchien. Alle werden mit Vornamen angesprochen, das ist einfach auch wichtig. Diese Faktoren sind oft mehr wert als vielleicht ein paar Euro. Denn obwohl wir im Einzelhandel hier gegen die Industrie kämpfen, haben wir keine großen Probleme, gute Leute zu bekommen.

Nicole: **Was entscheidet denn aus Ihrer Sicht in Zukunft über den Erfolg und Misserfolg von Unternehmen?**

Matthias Pohl: Das ist natürlich vom Konzept abhängig. Ich sage immer: Das Leben ist schöner mit Heimtieren als ohne Tiere. Das ist schon mal ein toller Wettbewerbsvorteil gegenüber anderen Branchen. Daher ist es wichtig, das richtige Konzept zu haben, die richtigen Rahmenbedingungen zu schaffen. Dann glaube ich auch, dass es eine Art Cocooning-Effekt gibt bei vielen Menschen, die gar nicht mehr so weit reisen möchten in den nächsten Jahren und stattdessen auch ihr Heim schöner machen möchten. Das merkt man auch im Anstieg der Campingreisen. Demzufolge mache ich mir für die Zukunft gar keine großen Gedanken. Ich bin eher der Typ, der sieht es als Chance. Bei uns ist das Glas halb voll. Wir stellen uns auf die Rahmenbedingungen ein und gehen ansonsten andere Wege. Wir sind da sehr zuversichtlich und haben mit Sicherheit gute Ideen im Korb, sodass unser Unternehmen weiterwachsen kann. Wichtig ist auch, die bestehende Infrastruktur immer wieder zu hinterfragen und neue Ideen zu generieren.

Wichtig sind vor allem aber auch die Basics. Viele versuchen, ihr Unternehmen mit immer neuen Ideen weiter nach vorn zu bringen, und haben die einfachsten Dinge nicht richtig im Griff. Gerade die Basics sind ziemlich schwierig in einem Unternehmen aufrechtzuerhalten. Das sind einfache Dinge wie Sauberkeit,

Ordnung, respektvoller Umgang miteinander, sodass die Mitarbeiter auch Spaß daran haben, die richtigen Produkte an Bord zu holen, die richtigen Lieferpartner. Hier muss man schauen, dass man wirklich die richtigen Leute hat und ihnen dann auch Perspektiven aufzeigt. Das ist eine meiner Tugenden, die mich immer weitermachen lässt. Mir gefällt es, wenn ich junge Leute engagiere und sie für unser Unternehmen begeistern kann, wenn sie dann mit mir gemeinsam etwas Neues daraus machen, eine Gesellschaft gründen oder neue Projekte starten. Erst jetzt habe ich wieder einen Menschen kennengelernt, mit dem zusammen ich Hunde-Wohnmobile anbiete, also Wohnmobile für Menschen, die mit Hund in den Urlaub fahren möchten. Dieser Mensch war affin, hat Interesse gezeigt und mir die Idee vorgestellt. Er darf jetzt einen neuen Geschäftszweig aufmachen, ich integriere ihn in unser Firmennetz. Das läuft hervorragend. Denn wenn Menschen mit Ehrgeiz, Engagement und Visionen arbeiten, dann wird das ein Erfolg.

6
FAZIT

«Champions werden nicht in Trainingshallen gemacht. Champions werden durch etwas gemacht, das sie in sich tragen: ein Verlangen, einen Traum, eine Vision. Sie brauchen außergewöhnliche Ausdauer, sie müssen ein wenig schneller sein, sie brauchen die Fähigkeiten und den Willen. Aber der Siegeswille muss stärker sein als die Fähigkeiten.»

Muhammad Ali
(Boxlegende)

Diese Erfolgsformel kannst du auf all deine Lebensbereiche anwenden. Hier noch mal zusammengefasst ihre zehn Prinzipien:

1 Du hast die Macht, deine Welt zu verändern.
Du selbst erzeugst deine Realität auf Basis deiner Erfahrungen. Deine Ergebnisse im Leben sind das Spiegelbild deiner persönlichen Prägung.

2 Du bist, was du tust und wie du dich fühlst.
Deine täglichen Gewohnheiten und Emotionen bestimmen, wer du als Mensch bist. Ändere deine Gewohnheiten und du änderst deine Identität und dein Leben.

3 Sei ein Vorbild und hol das Beste aus Menschen heraus.
Ein starker Mensch stärkt andere Menschen. Geh als Vorbild voran und fördere andere Menschen, damit sie in ihre Stärke kommen.

4 Mit Begeisterung erfolgreich ans Ziel
Eine anziehende Vision und klare Ziele erzeugen Motivation und Erfolg. Entwickle ein Zielbild, das du erreichen möchtest.

5 Probleme sind die größten Wachstumshebel.
Unsere größten Herausforderungen machen uns besonders stark. Nutze Probleme für dich, anstatt dich von ihnen ausbremsen zu lassen.

6 Beharrlichkeit macht erfolgreich.
Erfolgreich ist, wer einmal mehr aufsteht, als er hinfällt. Denn wer langfristig an seinem Ziel dranbleibt, wird erfolgreich werden.

7 Dein Netzwerk auf Erfolg ausrichten
Achte darauf, mit wem du dich umgibst. Ein starkes Umfeld bringt dich schneller zum Erfolg.

8 Sichtbarkeit und gewinnbringendes Überzeugen
Zeig dich – denn nur wer sichtbar ist, findet statt. Überzeuge Menschen, indem du auf ihre Bedürfnisse eingehst und ihnen ihre Vorteile aufzeigst.

9 Du bist so gut wie dein Körper.
Dauerhafte Höchstleistungen können nur mit einem starken, energiegeladenen Körper erbracht werden.

10 Mehr Freiraum und bessere Performance
Verschaff dir Klarheit über das, was dir wirklich wichtig ist, und priorisiere entsprechend. Eine klare Ausrichtung und ein fester Fokus machen dich leistungsstark.

Jedes Problem, jede Herausforderung in deinem Leben ist ein Geschenk für dich, um zu wachsen und besser zu werden. Erst wenn du bereit bist, dein Geschenk anzuschauen, auszupacken, und deine Bewertung verstehst, kannst du es für immer loswerden. Hol dir gegebenenfalls Unterstützung durch einen Coach oder Mentor dazu, um schneller ans Ziel zu kommen.

Denn wenn du mit einem deiner Lebensbereiche aktuell unzufrieden bist, dann übernimm selbst die Verantwortung und schau hin. Die Schuld bei anderen zu suchen, versetzt dich nur in Starre. Mach dir bewusst: Die Energie, die du deinen Mitmenschen, deinen Projekten, deinen Lebensbereichen gibst, bestimmt das, was du zurückbekommst.

Gewinne Klarheit, was dir im Leben wirklich wichtig ist und was du erreichen willst. Schaffe dir eine Vision, ein klares Zielbild – wie bist du als Mensch, wenn deine Probleme und Herausforderungen weg sind? Was ist dann anders? Wie gehst du mit anderen Menschen um? Welche Emotionen, Gedanken, Verhaltensweisen bestimmen dich? Welche Schritte darfst du gehen, welche Kompetenzen darfst du neu lernen, um dein Zielbild zu verwirklichen? Richte deinen Fokus voll auf dein Ziel aus und bleib dran.

Der Weg in eine positive Zukunft ist ein kontinuierlicher Prozess. Du wirst auf dem Weg immer wieder neuen Herausforderungen begegnen. Doch jedes Mal wirst du an diesen Herausforderungen wachsen und daraus lernen. Das Wichtigste ist, deine Vision umzusetzen und dranzubleiben. Denn Erfolg kommt nicht über Nacht. Erfolg ist ein Prozess. Nutze die Erfolgsformel für dich!

Viel Erfolg dabei.

Deine Nicole

Deine Erfolgsformel.
Hol dir weitere wertvolle Impulse:

NEWSLETTER
Weitere wertvolle Impulse.
Melde dich zum Newsletter an (0€).

ONLINEKURS
Starke Beziehungen
- im Beruf & privat?
Berufliche Erfüllung finden?
Hol dir den passenden Onlinekurs.

ERFOLGSFORMEL STARKER FÜHRUNGSKRÄFTE
Das passende Mentoring-Programm zum Buch.
Sichere dir ein Strategiegespräch (0€).

MENTORING
Starke Beziehungen:
zu dir, deinem Team & Partner.
Sichere dir ein Strategiegespräch (0€).

Scanne jetzt den QR-Code für mehr Infos:
https://buch.nicoleschaser.com

SCAN MICH

www.nicoleschaser.com
Nicole Schaser

DANKSAGUNG

Zuallererst bin ich dankbar für dich. Dafür, dass du Interesse an meinem Buch gezeigt und es bis hierhin gelesen hast. Dafür, dass du mir einen Teil deiner Zeit geschenkt und meine Geschichten gelesen hast. Ich freue mich schon sehr darauf, dich in meinem Newsletter oder anderweitig wiederzusehen.

Dann geht mein Dank natürlich auch an alle Menschen, die mich bei der Erstellung dieses Buchs unterstützt haben. Es war sozusagen ein Sprint mit Marathon zugleich. Ohne die Unterstützung der nachfolgend aufgeführten Personen wäre das Buch in der Form und der Zeit nicht möglich gewesen. Daher möchte ich die Menschen erwähnen, die mir während des Schreibens eine große Hilfe gewesen sind.

Ein großer Dank geht natürlich an die erfolgreichen Unternehmer, die sich für das Interview Zeit genommen und ihre wertvollen Erkenntnisse geteilt haben:
  Albrecht Reimold, Dr. Ariane Reinhart, Andreas Rapp, Matthias Pohl, Dr. Sidonie Golombowski-Daffner

Natürlich auch an das Team der erfolgreichen Unternehmer: Herrn Rauter, Frau Hammer (Porsche AG), Herrn Leineweber (Continental AG), Frau Gurt (Kölle-Zoo).

Für mich hat sich hier ganz klar bestätigt, welch außergewöhnliche Unternehmer ich interviewen durfte – aufgrund der wertvollen Erkenntnisse in den Gesprächen, aber vor allem auch durch ihre Offenheit und Unterstützung. Denn obwohl alle sicherlich einen sehr vollen Terminkalender und wichtige Projekte haben, haben sie sich die Zeit genommen, um ihre Erkenntnisse mit den Lesern und mir zu teilen. Was ich äußerst schätze. An diesem Beispiel können wir uns alle etwas abschauen. Denn wenn es selbst die erfolgreichsten Unternehmer schaffen, sich Zeit für ein Interview zu nehmen, sollten wir auch Zeit freiräumen können, andere zu unterstützen.

Dann geht ein ganz großer Dank auch an meine Familie und Freunde, die mich an vielen Stellen unterstützt haben und deshalb hier besondere Erwähnung finden sollen. Ich hoffe, an alle gedacht zu haben. Vielen Dank für eure tollen Ideen, die Vernetzungen und Impulse!

Besten Dank an: Marcel Roll, Marisa Wohlgemuth, Marcel Lumpp, Vanessa Gencgel, Micha Enz, Stefanie Schaser, Mathias Schaser, Gudrun Gerstmeier, Dany Stock, Ralf Dietle, meine Eltern, Freunde – und natürlich alle anderen, die mich durch Tipps, Support und Feedback unterstützt haben!

Natürlich auch an meine Mentoren: allen voran meine Teams, Mitarbeiter, Chefs, Trainer. Sowie die Ausbilder meiner zig Coaching-Ausbildungen wie auch Damir Del Monte, der die Ausbildung zum Neuroscience-Practitioner leitet. Ohne euch hätte ich viele Erfahrungen und Weiterentwicklungen nicht gemacht und ganz sicher nicht so viel dazugelernt.

Nicht zuletzt auch ein Dank an meinen Verlag. Vielen Dank für die professionelle Begleitung und dafür, dass ihr mein Buch ins Programm genommen habt. Melanie Krauß für deine tolle Begleitung im Projekt sowie meine Lektorin Lena Bauer, meine Designerin Zarka Bandeira und die Korrektoren Markus Czeslik und Fabian Galla. Mega, was ihr daraus gemacht habt.

Vielen Dank an alle – ich weiß eure Unterstützung sehr zu schätzen.

ÜBER DIE AUTORIN

Nicole Schaser ist als Autorin, Coach und Expertin auf die Themen Mindset, Führung, Beziehungs-Intelligenz und Unternehmertum spezialisiert. Sie zeigt ihren Kunden, wie sie beruflichen Erfolg mit privatem Glück vereinen, und gibt ihr Wissen in Form von Coaching-Programmen, Keynotes und Retreats weiter. Ihre Expertise stützt sich auf langjährige Führungserfahrung, systemisches Coaching, Unternehmensberatung und mentales Training. Nicole ist als Expertin in angewandten Neurowissenschaften zertifiziert und beim Deutschen Verband für Coaching und Training gelistet.

Bereits seit ihrer Jugend beschäftigt sich Nicole Schaser mit dem Thema «mentale Stärke». Aufgrund einer Erkrankung musste sie lernen, mit von außen gesetzten Grenzen umzugehen und ihre Ziele trotzdem zu verfolgen. Eine schwere Belastung in ihrer Jugend, ein großes Geschenk aus heutiger Sicht. Denn ohne dieses Ereignis wäre sie wohl niemals ihren Weg auf diese Weise gegangen.

Nicole Schaser absolvierte Ausbildungen als systemischer Business Coach, Life Coach, Energy Coach, Reiki, EMDR (Eye Movement Desensitization and Reprocessing) und Mentaltrainerin und stieg so immer tiefer in das Thema der Psychologie ein. Sie lernte, Auswirkungen von gemachten Erfahrungen auf das eigene Selbst, den Selbstwert wie auch auf die Qualität menschlicher Beziehungen zu verstehen. Diese Expertise erweiterte Nicole Schaser mit einer Ausbildung in angewandter Neurowissenschaft. Denn aus ihrer Sicht braucht es ein Verständnis auf neurowissenschaftlicher Ebene inklusive der Wechselwirkungen

auf der Gehirn-Körper-Emotions-Ebene, um menschliches Verhalten zu begreifen.

Nicole Schaser verfügt über langjährige Erfahrung als Führungskraft, u. a. im obersten Management. Sie hat so selbst erfahren und gelernt, dass hoher Stress, Druck und eine niemals endende Arbeitslast selbst gemacht sind. Auf dieser Basis hilft sie heute anderen Menschen dabei, aus dem Hamsterrad auszusteigen und ein motivierendes Arbeitsumfeld zu gestalten. Dabei stellt sie in den Fokus, dass nicht die äußeren Umstände, sondern der Umgang damit das Entscheidende ist.

Ihre zentralen Werte sind: Wachstum, Freiheit, Verbundenheit, Abenteuer und Hilfsbereitschaft.

Darauf gründet sich ihr starkes Bestreben, zu lernen, zu wachsen sowie das erlangte Wissen an andere Menschen weiterzugeben. Mit ihrer Arbeit fördert Nicole Menschen in ihrer persönlichen Stärke und unterstützt sie dabei, ein Erfolgsmindset zu entwickeln. Denn starke, energiegeladene Menschen holen das Maximale aus ihren Möglichkeiten heraus, bauen starke Beziehungen auf und motivieren ihr Umfeld. So sind sie zum einen selbst glücklicher und machen zum anderen auch Unternehmen erfolgreicher.

Folge Nicole auf Social Media:
https://nicoleschaser.com
LinkedIn: https://www.linkedin.com/in/nicole-schaser
Tik Tok: https://www.tiktok.com/@nicole.schaser
Instagram: https://www.instagram.com/nicole.schaser
Youtube: https://www.youtube.com/@nicole.schaser

Vielen Dank, dass du dir die Zeit genommen und dieses Buch gelesen hast. Es hat mir sehr viel Spaß gemacht, dir neue Impulse zu geben.

**Melde dich hier zum Newsletter oder
einem kostenlosen Strategiegespräch an:**
Wenn dich meine Texte interessiert haben, dann kannst du dich für den Newsletter (0 €) anmelden. Erhalte wertvolle Impulse für dein persönliches und berufliches Wachstum.

Oder melde dich direkt zu einem individuellen Strategiegespräch (0 €) an: In 20 Minuten analysieren wir deine aktuelle Situation, und ich verspreche dir, du wirst sicher wertvolle Impulse für dich mitnehmen – unabhängig davon, ob du dich für eine weitere Zusammenarbeit entscheidest.

Die Erfolgsformel starker Führungskräfte

Wie du als Unternehmer & Führungskraft dein Team so führst, dass du dein Unternehmen noch erfolgreicher machst.

Maximalen Erfolg durch motivierte und leistungsstarke Mitarbeiter. Du bekommst das nötige Wissen der Psychologie effizienter Führung an die Hand.

Mehr Motivation und noch bessere Stimmung durch klare Zielvorgaben und transparente Kommunikation. Du erhältst leicht umsetzbare Tools aus der Praxis für die Praxis.

Mehr Freiraum für dich, indem du eine starke Führungspersönlichkeit entwickelst, die Mitarbeiter begeistert und in die Selbstverantwortung bringt.

Mehr Sicherheit und Leistung durch effiziente Strukturen und das richtige Team-Set-up.

Sichere dir jetzt ein Strategiegespräch (0€), Scanne den QR-Code:

https://nicoleschaser.com/Gespräch/

SCAN MICH

www.nicoleschaser.com
Nicole Schaser

QUELLEN

KAPITEL 2

1 Techniker Krankenkasse (2021): TK-Stressstudie 2021 – Entspann dich, Deutschland, https://www.tk.de/resource/blob/2116464/9ff316aaf08870e-d54aa8a664502ac67/2021-stressstudie-data.pdf, letzter Abruf: 23.11.2022.

2 Der Informationsdienst des Instituts der deutschen Wirtschaft (2022): Der Krankenstand in Deutschland, https://www.iwd.de/artikel/krankenstand-in-deutschland-498654/, letzter Abruf: 23.11.2022.

3 Kompetenzzentrum Fachkräftesicherung (2022): Der Jahresrückblick – Der Arbeitsmarkt 2021, https://www.iwkoeln.de/studien/lydia-malin-helen-hickmann-jahresrueckblick-der-arbeitsmarkt-2021.html, letzter Abruf: 23.11.2022.

4 Specht, Frank (2019): Demografischer Wandel – Deutschland fehlen bald 2,9 Millionen Arbeitskräfte, https://www.handelsblatt.com/politik/deutschland/prognos-studie-demografischer-wandel-deutschland-fehlen-bald-2-9-millionen-arbeitskraefte/24051454.html#:~:text=Prognos%2DStudie%20Demografischer%20Wandel%3A%20Deutschland,daran%20ist%20der%20demografische%20Wandel, letzter Abruf: 23.11.2022.

5 IDG Research Services (2020): Studie Smart Workplace 2020 – Arbeiten im 21. Jahrhundert, https://www.delltechnologies.com/asset/de-de/solutions/industry-solutions/industry-market/smart-workplace-idg-study.pdf, letzter Abruf: 23.11.2022.

6 Gallup, Inc. (2022): Gallup Engagement Index 2021 – Deutschland, https://www.gallup.com/de/321938/engagement-Index-deutschland-2020.aspx?thank-you-report-form=1, PDF, letzter Abruf: 23.11.2022.

7 Tödtmann, Claudia (2017): Gallup-Studie – Führungskräfte sind der wahre Produktivitätskiller, https://www.wiwo.de/erfolg/beruf/gallup-studie-fuehrungskraefte-sind-der-wahre-produktivitaetskiller/19552634.html, letzter Abruf: 23.11.2022.

8 Roland Berger GmbH (2022): Restrukturierungsstudie 2022 – Die nächste Krise kommt bestimmt, München.

9 Boston Consulting Group, BCG study (2021): Human-centered leaders are the future of leadership, S. 12.

KAPITEL 3

1 Deschaumes-Molinaro, Corinne/Dittmar, André/Vernet-Maury, Evelyne (1992): Autonomic Nervous System Response Patterns Correlate with Mental Imagery, Physiology and Behavior, Vol. 51, p. 1021–1027.

2 Rondeck, Alexander (2021): Die Energie-Formel – Neue Wege der Medizin bei Erschöpfung und Stress, Herbig Verlag, Stuttgart, S. 26 ff.

3 Roth, Gerhard/Heinz, Andreas/Walter, Henrik (2020): Psychoneurowissenschaften, 1. Auflage, Springer Verlag, Berlin.

4 Froböse, Ingo (2016): Power durch Pause – Stress stoppen, richtig abschalten, kraftvoll neu starten, Gräfe und Unzer Verlag, München.

5 Rondeck, Alexander (2021): Die Energie-Formel – Neue Wege der Medizin bei Erschöpfung und Stress, Herbig Verlag, Stuttgart, S. 26/27 ff.

6 Esch, Tobias (2017): Die Neurobiologie des Glücks – Wie die Positive Psychologie die Medizin verändert, 3. Auflage, Georg Thieme Verlag, Stuttgart.

7 Levy, Joel (2020): Psychologie mal einfach – Alles, was man wissen muss, Anaconda Verlag GmbH, Köln, S. 237–244.

8 Yerkes, Robert/Dodson, John D. (1908): The relation of strength of stimulus to rapidity of habit-formation, Journal of Comparative Neurology and Psychology 18, S. 459–482.

9 Dalsgaard, Matias in Forefront Magazine (2015): Leading the Insecure Overachiever – Matias Dalsgaard, CEO of GoMore, reveals how leading insecure overachievers the right way can empower, change, and increase your bottom line, http://www.forefrontmag.com/2015/01/leading-the-insecure-overachiever/, letzter Abruf: 27.11.2022.

Empson, Laura (2018): Are you an insecure overachiever, https://www.bbc.com/worklife/article/20180924-are-you-an-insecure-overachiever, letzter Abruf: 27.11.2022.

10 Munzert, Jörn/Raab, Markus/Strauß, Bernd (2020): Sportpsychologie – Ein Lehrbuch, 1. Auflage, W. Kohlhammer Verlag, Stuttgart, S. 286.

KAPITEL 4

1.

1 Vujicic, Nick (2012): Overcoming helplessness, https://www.youtube.com/watch?v=6P2nPl6CTlc, letzter Abruf: 27.11.2022.

2 Lyndley, Glenis (2005): No Limbs, No Limits – Being born limbless has not stopped Nick Vujicic from going places, https://web.archive.org/web/20050616010313/http:/www.signsofthetimes.org.au/archives/2005/march/0305article5.shtm, letzter Abruf: 27.11.2022.

3 Lo ff, Birgit: Täter suchen Opfer, keine Gegner – Training gegen Gewalt, https://www.ms.niedersachsen.de/startseite/z_ablage_alte_knotenpunkte/-12827.html, letzter Abruf: 27.11.2022.

4 Strunk, Guido/Schiepek, Günter (2014): Therapeutisches Chaos – Eine Einführung in die Welt der Chaostheorie und der Komplexitätswissenschaften, Hogrefe Verlag, Göttingen.

5 Panksepp, Jaak/Asma, Stephen/Curran, Glennon/Gabriel, Rami/Greif, Thomas (2010): The Philosophical Implications of A ffective Neuroscience, Cognitive Science Society, Portland, Oregon.

6 Roth, Gerhard/Strüber, Nicole (2018): Wie das Gehirn die Seele macht, 4. Auflage, Klett-Cotta, Stuttgart.
7 Wenger, Elisabeth/Lindenberger, Ulman (2016): Gehirnplastizität und das umgekehrte U – Zum Verlauf erfahrungsbedingter Veränderungen der Gehirnstruktur beim Menschen, https://www.mpg.de/10935590/mpib_jb_2016, letzter Abruf: 11.02.2023.

8 Bannert, Andrea (2021): Die Matrix – Sinneswahrnehmung im Gehirn, https://focus-arztsuche.de/magazin/gesundheitstipps/sinnesverarbeitung-im-gehirn, letzter Abruf: 27.11.2022.

9 Roth, Gerhard/Heinz, Andreas/Walter, Henrik (2020): Psychoneurowissenschaften, 1. Auflage, Springer Verlag, Berlin.

10 Deschaumes-Molinaro, Corinne/Dittmar, André/Vernet-Maury, Evelyne (1992): Autonomic Nervous System Response Patterns Correlate with Mental Imagery, Physiology and Behavior 51, S. 1021–1027, https://www.sciencedirect.com/science/article/abs/pii/003193849290086H?via%3Dihub, letzter Abruf: 27.11.2022.

11 Schubert, Torben/Eloo, Renée/Scharfen, Jana/Morina, Nexhmedin (2020): How imagining personal future scenarios influences affect – Systematic review and meta-analysis, Clinical Psychology Review 75, https://www.sciencedirect.com/science/article/abs/pii/S027273581930323X?via%3Dihub, letzter Abruf: 27.11.2022.

12 Siegel, Dan J. (2012): Pocket Guide to Interpersonal Neurobiology – an Integrative Handbook of the Mind, W. W. Norton & Company, New York/London.

2.

1 Cooley, Charles Horton (2018): Human Nature and the Social Order – The Interplay of Man's Behaviors, Character and Personal Traits with His Society, New York, Adansonia Publishing, S. 152.

2
Lauterbach, Heiner (2021): Was versteht man unter Method Acting, https://www.meetyourmaster.de/de/blog/method-acting, letzter Abruf: 27.11.2022.

Thomas, Matthew (2021): Here's why Daniel Day-Lewis got sick while filming 'Gangs of New York', https://www.thethings.com/heres-why-daniel-day-lewis-got-sick-while-filming-gangs-of-new-york/, letzter Abruf: 27.11.2022.

3 Aiken, Mary (2016): The cyber effect – A pioneering cyber-psychologist explains how human behavior changes online, Spiegel & Grau Verlag, New York.

4 Emotionsskala in Anlehnung an:
Panksepp, Jaak/Asma, Stephen/Curran, Glennon/Gabriel, Rami/Greif, Thomas (2010): The Philosophical Implications of Affective Neuroscience, Cognitive Science Society, Portland, Oregon.
Hawkins, David R. (2020): The Map of Consciousness explained – A proven energy scale to actualize your ultimate potential, Hay House Verlag, Carlsbad/New York/London/Sydney/New Delhi.

David R. Hawkins war ein US-amerikanischer Psychiater. Seine Skala hat er auf Basis von kinesiologischen Muskeltests ausgetestet. Daher hier ein wichtiger Hinweis: In der Wissenschaft sind diese Skala und auch der kinesiologische Muskeltest nicht anerkannt. Hawkins selbst hatte viele Kritiker.

Bereits Panksepp zeigt in seiner neurowissenschaftlichen Studie die sieben Primäremotionen auf und belegt, dass es Emotionen gibt, die uns Energie geben, und solche, die uns Energie rauben. Als Orientierung ist die Skalaerweiterung auf Basis der Tests von Hawkins daher dennoch hilfreich.

5 Hickok, Gregory (2015): Warum wir verstehen, was andere fühlen – Der Mythos der Spiegelneuronen, Carl Hanser Verlag, München.

6 Rizzolatti, Giacomo/Sinigaglia, Corrado (2008): Empathie und Spiegelneuronen – Die biologische Basis des Mitgefühls, Suhrkamp, Frankfurt am Main.

Hickok, Gregory (2015): Warum wir verstehen, was andere fühlen – Der Mythos der Spiegelneuronen, Carl Hanser Verlag, München.

Heyes, Cecilia/Catmur, Caroline (2021): What happened to Mirror Neurons? Association for psychological science, Perspectives on Psychological Science 17(1), S. 153–168.

7 Baer, Udo/Frick-Baer, Gabriele (2015): Kriegserbe in der Seele – Was Kindern und Enkeln der Kriegsgeneration wirklich hilft, Julius Beltz GmbH.

8 Eigene Darstellung in Anlehnung an:
Bateson, Gregory (1972): The logical categories of learning and communication – Steps to an Ecology of Mind, Chandler Pub., San Francisco, S. 279–308.

Dilts, Robert/DeLoizer, J. (2000): Encyclopedia of neuro-linguistic programming and NLP new coding, NLP University Press, Scotts Valley/California/USA.

Eilert, Dirk W. (2021): Integratives Emotionscoaching mit emTrace – Wie emotionale Veränderung wirklich gelingt, Junfermann Verlag, Paderborn.

9 Festinger, Leon (1957/1985): A theory of a cognitive dissonance, Stanford University Press, Stanford.

3.

1 Galef, Julia (2016): Why you think you're right – even if you're wrong, https://www.ted.com/talks/julia_galef_why_you_think_you_re_right_even_if_you_re_wrong, letzter Abruf: 27.11.2022.

2 Hamilton, David R. (2010): How your mind can heal your body, Hay House INC, New York, S. 58 ff.

3 Dweck, Carol (2007): Mindset – The Psychology of Success, Ballantine Books, New York.

4 Colvin, Geoff (2010): Talent Is Overrated – What Really Separates World-Class Performers from Everybody, Penguin Random House LLC., New York.

5 Munzert, Jörn/Raab, Markus/Strauß, Bernd (2020): Sportpsychologie – Ein Lehrbuch, 1. Auflage, W. Kohlhammer Verlag, Stuttgart, S. 286.

4.

1 Esch, Tobias (2017): Die Neurobiologie des Glücks – Wie die Positive Psychologie die Medizin verändert, 3. Auflage, Georg Thieme Verlag, Stuttgart.

2 Rogers, Carl R. (2020): Eine Theorie der Psychotherapie, der Persönlichkeit und der zwischenmenschlichen Beziehungen, 3. Auflage, Ernst Reinhardt Verlag, München.

3 Die Antwort, warum wir zu Handlungen angetrieben werden, findet sich in unserem Gehirn in unserem dopaminergen Belohnungssystem. Das Dopamin ist der Aktivator, der uns zur Belohnung hinbringen will (Wollen). Hierbei gibt es zwei Quellgebiete, in denen Dopamin produziert wird: die Substantia nigra im Mittelhirn und die VTA (Ventral Tegmental Area). Aus diesen zwei Gebieten verteilt sich das Dopamin dann über das mesolimbische System vor allem hin zum Nucleus accumbens. Das bewirkt, dass wir etwas erreichen möchten, und hilft uns dabei, uns auf die Dinge zu konzentrieren, die uns zur Belohnung bringen. Neben dem mesolimbischen System beeinflusst das Dopamin auch noch das mesostriatale System (Striatum) und das mesocorticale System (frontaler Cortex).

Satoshi, Ikemoto/Yang, Chen/Tan, Aaron (2015): Basal ganglia circuit loops, dopamine and motivation – A review and enquiry 290, S. 17–31, https://www.sciencedirect.com/science/article/pii/S0166432815002600?via%3Dihub, letzter Abruf: 22.02.2023.

4 Wise, Roy A./Robble, Mykel A. (2020): Dopamine and Addiciton, Annual Review of Psychology 71, https://www.annualreviews.org/doi/pdf/10.1146/annurev-psych-010418-103337, letzter Abruf: 28.11.2022.

5 Henning, Jürgen/Netter, Petra (2005): Biopsychologische Grundlagen der Persönlichkeit, Spektrum Akademischer Verlag, München.

6 Brand, Ralf (2010): Sportpsychologie Lehrbuch, VS Verlag für Sozialwissenschaften, Springer Fachmedien, Wiesbaden.

7 Munzert, Jörn/Raab, Markus/Strauß, Bernd (2020): Sportpsychologie – Ein Lehrbuch, 1. Auflage, W. Kohlhammer Verlag, Stuttgart, S. 233 ff.

8 Kuhl, Julias (1983): Motivation, Konflikt und Handlungskontrolle, Springer Verlag, Berlin.

9 Bannert, Andrea: Die Matrix – Sinneswahrnehmung im Gehirn, https://focus-arztsuche.de/magazin/gesundheitstipps/sinnesverarbeitung-im-gehirn, letzter Abruf: 26.02.2023

10 Matthews, Gail (2016): Study focuses on strategies for achieving goals, resolutions, Dominican University of California, San Rafael/California, https://www.dominican.edu/sites/default/files/2020-02/gailmatthews-harvard-goals-researchsummary.pdf.

11 Drucker, Peter F. (1977): People and Performance – The Best of Peter Drucker on Management, Routledge – Taylor & Francis Group, London/New York.

12 Hill, Patrick (2014): Having a Sense of Purpose May Add Years to Your Life, Association for psychological science, https://www.psychologicalscience.org/news/releases/having-a-sense-of-purpose-in-life-may-add-years-to-your-life.html, letzter Abruf: 27.11.2022.

5.

1 Börsenblatt (2018): Mut gehört dazu – Scheitern als Chance begreifen, https://www.boersenblatt.net/bookbytes/archiv/1418842.html, letzter Abruf: 28.11.2022.

2 Wittmann, M./Lehnho ff, S./Uhrig, M. K. (2006): Age e ffects in perception of time, Psychological Reports 99(3), S. 897–920.

3 Becker-Carus, Christian/Wendt, Mike (2017): Allgemeine Psychologie – Eine Einführung, 2. Auflage, Springer-Verlag, Berlin, S. 293.

4 Hoyer, Jürgen/Knappe, Susanne (2020): Klinische Psychologie & Psychotherapie, 3. Auflage, Springer Verlag, Berlin, S. 129.

5 Becker-Carus, Christian/Wendt, Mike (2017): Allgemeine Psychologie – Eine Einführung, 2. Auflage, Springer-Verlag, Berlin, S. 294.

6 Tewes, U./Wildgrube, K. (1999): Psychologie-Lexikon, 2. Auflage, Oldenburg Verlag, München/Wien, S. 162 ff.

7 Bak, Peter Michael (2019): Lernen, Motivation und Emotion – Angewandte Psychologie II, Springer Verlag, Berlin, S. 9 ff.

8 Lefrancois, G. R. (1986): Skinner und das operante Konditionieren. In: Leppmann, P. K., Angermeier, W. F., Thiekötter, T. J. (Hrsg.): Psychologie des Lernens. Springer-Lehrbuch. Springer Verlag, Berlin.
9 Bak, Peter Michael (2019): Lernen, Motivation und Emotion – Angewandte Psychologie II, Springer Verlag, Berlin, S. 39 ff.

10 Bandura, A. (2001): Social cognitive theory: An agentic perspective, Annual Review of Psychology 52(1), S. 1–26.
11 Kolk, Bessel van der (2021): Verkörperter Schrecken – Traumaspuren in Gehirn, Geist und Körper und wie man sie heilen kann, 7. Auflage, G. P. Probst Verlag, Lichtenau/Westfalen, S. 11.

12 Kahneman, Daniel (2016): Schnelles Denken, langsames Denken, Penguin Random House Verlagsgruppe, München.

13 Clear, James (2020): Die 1%-Methode – minimale Veränderung, maximale Wirkung, 10. Auflage, Wilhelm Goldmann Verlag, München.

14 Harrell, Eben (2015): How 1% Performance Improvements Lead to Olympic Gold, https://hbr.org/2015/10/how-1-performance-improvements-led-to-olympic-gold, letzter Abruf: 28.11.2022.

6.

1 Kuhl, Julius (1983): Motivation, Konflikt und Handlungskontrolle, Springer Verlag, Berlin.

2 Colvin, Geo ff (2010): Talent Is Overrated – What Really Separates World-Class Performers from Everybody, Penguin Random House LLC, New York.

3 Bischo ff, Christian (2018): Unbesiegbar – 55 Geheimnisse, wie du alle anderen überflügelst, 2. Auflage, Ariston Verlag in der Penguin Random House Verlagsgruppe, München.

7.

1 Wie, Zhenyu/Zhao, Zhiying/Zheng, Yong (2013): Neural Mechanism Underlying Social Conformity in an Ultimatum Game, Frontiers in Human Neuroscience, https://doi.org/10.3389/fnhum.2013.00896, letzter Abruf: 28.11.2022.

2 Bushman, Brad J. (2022): Does venting anger feed or extinguish the flame? Catharsis, Rumination, Distraction, Anger, and Aggressive Responding, Society for Personality and Social Psychology 28, https://doi.org/10.1177/0146167202289002, letzter Abruf: 28.11.2022.

3 Sapolsky, Robert M. (1996): Why Stress Is Bad for Your Brain, Science Org, Vol, 273, https://doi.org/10.1126/science.273.5276.749, letzter Abruf: 28.11.2022.

4 Chatzoudis, Georgis (2017): Anpassung an kranke gesellschaftliche Verhältnisse – Interview mit Hans-Joachim Maatz über das Phänomen der Normopathie, https://lisa.gerda-henkel-stiftung.de/anpassung_an_kranke_gesellschaftliche_verhaeltnisse?nav_id=7095, letzter Abruf: 28.11.2022.

5 Eilert, Dirk W. (2021): Integratives Emotionscoaching mit emTrace – Wie emotionale Veränderung wirklich gelingt, Junfermann Verlag, Paderborn, S. 200.

6 Byom, Lindsey J./Mutlu, Bilge (2013): Frontiers in Human Neuroscience, Brockhaus Psychologie, Mannheim.

Reinberger, Stefanie (2011): Das Gehirn – Die Neurobiologie des Mitfühlens, https://www.dasgehirn.info/denken/im-kopf-der-anderen/die-neurobiologie-des-mitfuehlens#:~:text=Unter%20Empathie%20verstehen%20Wissenschaftler%20die,zentrale%20Rolle%20f%C3%BCr%20die%20Empathief%C3%A4higkeit, letzter Abruf: 15.11.2022.

7 Luncz, Lydia v./Sirianni, Giulia/Mundry, Roger/Boesch, Christophe (2017): Costly culture – di fferences in nut-cracking e fficiency between wild chimpanzee groups, Animal behaviour 137, S. 63–73.

8 Richerson, Peter J./Boyd, Robert (2006): Not by genes alone – how culture transformed human evolution, University of Chicago Press, Danvers/USA.

9 Melloni, Luca/Schwiedrzik, Caspar M./Müller, Notger/Rodriguez, Eugenio/Singer, Wolf (2011): Expectations change the signatures and timing of electrophysiological correlates of perceptual awareness, The Journal of Neuroscience 31(4), S. 1386–1396.

10 Munzert, Jörn/Raab, Markus/Strauß, Bernd (2020): Sportpsychologie – Ein Lehrbuch, 1. Auflage, W. Kohlhammer Verlag, Stuttgart, S. 196 ff.

11 Jackson, J. M./Harkins, J. M. (1985): Equity in effort – an explanation of the social loafing effect, Journal of Personality and Social Psychology 49, S. 1199–1206.

12 Williams, K. D./Karau, S. J. (1991): Social loafing and social compensation, Journal of Personality and Social Psychology 61, S. 570–581.

13 Jackson, J. M./Harkins, J. M. (1985): Equity in effort – an explanation of the social loafing effect, Journal of Personality and Social Psychology 49, S. 1199–1206.

14 Stroebe, Wolfgang/Frey, Bruno (1982): Self-interest and collective action – The economics and psychology of public goods, 06/1982, https://doi.org/10.1111/j.2044-8309.1982.tb00521.x, letzter Abruf: 15.11.2022.

15 Kerr, Norbert L./Hertel, Guido (2011): The Köhler Group Motivation Gain – How to Motivate the 'Weak Links' in a Group, Social and Personality Psychology Compass 5/1, S. 43–55.

8.

1 Statista (2022): Marketinginvestitionen von Nike weltweit in den Geschäftsjahren von 2010 bis 2022, https://de.statista.com/statistik/daten/studie/970595/umfrage/marketinginvestitionen-von-nike-weltweit/, letzter Abruf. 15.11.2022.

2 Müller, Julia (2022): Kommunikationssperren – mit diesen Sätzen blockieren Sie jedes Gespräch, https://www.impulse.de/management/personalfuehrung/kommunikationssperren/7609076.html, letzter Abruf: 15.11.2022.

3 In Anlehnung an:

Die vier neurobiologischen Grundmotive:
Panksepp, Jaak (2004): A ffective Neuroscience – The foundations of human and animal emotions, Oxford University Press, New York.

DiSG® Persönlichkeitsmodell:
Das Modell, das auf den US-amerikanischen Psychologen William Moulton Marston zurückgeht und vom US-Psychologen John G. Geier weiterentwickelt wurde.
Motivkompass®:
Dirk W. Eilert im Rahmen des emTrace®
Siehe auch: Eilert, Dirk W. (2021): Integratives Emotionscoaching mit emTrace – Wie emotionale Veränderung wirklich gelingt, Junfermann Verlag, Paderborn.

9.

1 Schüring, Joachim (2003): Wie viele Zellen hat der Mensch?, https://www.spektrum.de/frage/wie-viele-zellen-hat-der-mensch/620672, letzter Abruf: 15.11.2022.

2 López-Lluch, G./Irusta, P. M./Navas, P./De Cabo, R. (2008): Mitochondrial biogenesis and healthy aging, Experimental Gerontology 43(9), S. 813–819.

3 Peters, Achim (2011): Das egoistische Gehirn – Warum unser Kopf Diäten sabotiert und gegen den eigenen Körper kämpft, Ullstein Buchverlage GmbH, Berlin, S. 17 ff.

4 Peters, Achim (2018): Unsicherheit – Das Gefühl unserer Zeit und was uns gegen Stress und gezielte Verunsicherung hilft, C. Bertelsmann Verlag in der Penguin Random House Verlagsgruppe, München.

5 Selye, H. (1950): Stress and the general adaptation syndrome, British Medical Journal 1(4667), S. 1383–1392.

6 Kirschbaum, C./Pirke, K. M./Hellhammer, D. H. (1993): The 'Trier Social Stress Test' – a tool for investigating psychobiological stress responses in a laboratory setting, Neuropsychobiology 28 (1–2), S. 76–81.

7 Peters, Achim (2011): Das egoistische Gehirn – Warum unser Kopf Diäten sabotiert und gegen den eigenen Körper kämpft, Berlin, Ullstein Buchverlage GmbH, S. 96 ff.

8 Peters, Achim (2018): Unsicherheit – Das Gefühl unserer Zeit und was uns gegen Stress und gezielte Verunsicherung hilft, C. Bertelsmann Verlag in der Penguin Random House Verlagsgruppe, München, S. 13 ff.

9 Rondeck, Alexander (2021): Die Energie-Formel – Neue Wege der Medizin bei Erschöpfung und Stress, Herbig Verlag, Stuttgart.

10 Austausch mit Dr. Damir del Monte/Hirnwelten/Geschäftsführer & Wissenschaftlicher Leiter encephalon – medicine and media production GmbH.

11 Deutsches Zentrum für Neurodegenerative Erkrankungen (DZNE) (2020): Greifswalder Forschende finden Zusammenhang zwischen körperlicher Leistungsfähigkeit und Größe des Gehirns – Gemeinsame Pressemitteilung des DZNE und der Universitätsmedizin Greifswald, https://www.dzne.de/aktuelles/pressemitteilungen/presse/ist-koerperliche-fitness-gut-fuer-den-kopf/, letzter Abruf: 15.11.2022.

12 Furst, Jay (2020): Expert Alert – Keep exercising: New study finds it's good for your brain's gray matter, https://newsnetwork.mayoclinic.org/discussion/keep-exercising-new-study-finds-its-good-for-your-brains-gray-matter/, letzter Abruf: 15.11.2022.

13 Wolf, Christian, Dr. (2021): Allround-Wundermittel fürs Gehirn – Klar, Sport ist gesund. Aber nicht nur für den Körper, er hält auch Geist und Gehirn fit – auf vielfältige und auch überraschende Weise, https://www.dasgehirn.info/handeln/sport/allround-wundermittel-fuers-gehirn?language=en, letzter Abruf: 15.11.2022.

14 Gard, T./Taquet, M./Dixit, R./Hölzel, B. K./Dickerson, B. C. (2015): Greater widespread functional connectivity of the caudate in older adults who practice kripalu yoga and vipassana meditation than in controls, Frontiers in human neuroscience 9, S. 137.

15 Gómez-Pinilla, F. (2008): Brain foods – The effects of nutrients on brain function, Nature Reviews Neuroscience 9(7), S. 568–578.

16 Chio, K. H./Birch, S. J. (1995): E ect of food texture and food preferences on salivation, oro-esophageal transit, and stomach emptying, Physiology & Behavior 58(3), S. 563–568.

Ohla, K./Busch, N. A./Lundström, J. N. (2019): The Role of Odor-Evoked Memory in Psychological and Physiological Health, Brain Sciences 9(6), S. 145.

17 Karlsson, H./Hirvonen, J./Kajander, J./Markkula, J./Rasi-Hakala, H./Salminen, K./Nägren, K./Aalto, S./Hietala, J. (2009): Research Letter – Psychotherapy increases brain serotonin 5-HT1A receptors in patients with major depressive disorder, Psychological Medicine 40 (3), S. 523–528.

10.

1 Eilert, Dirk W. (2021): Integratives Emotionscoaching mit emTrace – Wie emotionale Veränderung wirklich gelingt, Junfermann Verlag, Paderborn.

2 Siegel, Dan J. (2012): Pocket Guide to Interpersonal Neurobiology – an Integrative Handbook of the Mind, W. W. Norton & Company, New York/London.

3 Peters, Achim (2011): Das egoistische Gehirn – Warum unser Kopf Diäten sabotiert und gegen den eigenen Körper kämpft, Ullstein Buchverlage GmbH, Berlin, S. 258.

4 Froböse, Ingo (2016): Power durch Pause – Stress stoppen, richtig abschalten, kraftvoll neu starten, Gräfe und Unzer Verlag, München.

5 Bak, Peter Michael (2019): Lernen, Motivation und Emotion – Angewandte Psychologie II, Springer Verlag, Berlin, S. 67 ff.

KAPITEL 5

Porsche AG:
1 Porsche AG: Investor Relations, https://investorrelations.porsche.com/de/, letzter Abruf: 15.03.2023.

2 Porsche AG: Investor Relations – Publikationen, Konzernabschluss der Dr. Ing. h.c. F. Porsche Aktiengesellschaft, https://investorrelations.porsche.com/de/financial-figures/, letzter Abruf: 15.03.2023.

3 Porsche AG: Investor Relations – Corporate Governance, https://investorrelations.porsche.com/de/corporate-governance/, letzter Abruf: 15.03.2023.

Continental AG:
4 Continental AG: https://www.continental.com/de/, letzter Abruf: 15.03.2023.

5 Continental AG: Continental Geschäftsbericht, https://www.continental.com/de/investoren/finanzberichte/finanzberichte/, letzter Abruf: 15.03.2023.

6 Continental AG: https://www.continental.com/de/unternehmen/corporate-governance/vorstand/, letzter Abruf: 15.03.2023.

7 Novartis AG: https://www.novartis.com/de-de/ueber-uns, letzter Abruf: 15.11.2022.

Novartis AAA:
Advanced Accelerator Applications: https://www.adacap.com/de/our-business/, letzter Abruf: 15.11.2022.

8 CEO Magazine (2021): It's a huge gift, https://www.theceomagazine.com/executive-interviews/healthcare-pharmaceutical/sidonie-golombowski-da ffner/, letzter Abruf: 15.11.2022.

Jabra:
9 GN Group: Annual Report 2021 – Making Life Sound Better, https://www.gn.com/Investor/Financial-reports, letzter Abruf: 15.11.2022.

10 Jabra GN (2018): Jabra besetzt Position des Managing Directors für Consumer-Produkte in Zentraleuropa neu, https://www.jabra.com.de/about/news-and-press-releases/local/de/2018/press-release-13-07-2018, letzter Abruf: 15.11.2022.

Kölle-Zoo:
11 Kölle-Zoo: https://www.koelle-zoo.de/info/unternehmen/ueber-uns, letzter Abruf: 15.11.2022.

MP Group GmbH: https://mp.group/impressum.html, letzter Abruf: 15.11.2022.

Entdecke
weitere Bücher in unserem
Online-Shop

www.remote-verlag.de